Speak English
VERY WELL

(Warming up + Exercises 1 – 90)

1st edition

Han's English School, Australia

Speak English VERY WELL (Warming up + Exercises 1 - 90), 1st Edition

초판 1쇄 인쇄일: 2014년 06월 11일

초판 1쇄 발행일: 2014년 06월 16일

지은이: Seungwoo Han

펴낸이: 조서영

표지 및 편집 디자인: Seungwoo Han and Ilyoung Cho

펴낸곳: Han's English School, Australia

출판 등록: 제2014-000005호

주소: 부산광역시 연제구 거제 4동 649 - 19

대표 전화: 010 3153 3797

웹페이지: http://blog.daum.net/hansenglishschool (또는 Google 에서 han's english school 검색)

ISBN 979-11-952845-4-2 (04740)

ISBN 979-11-952845-1-1 (SET)

도서 유통: 도서출판 맑은샘

주소: 경기고 고양시 일산서구 중앙로 1456 604호 (주엽동18-2)

전화: 031 906 5006

팩스: 031 906. 5079

「이 도서의 국립중앙 도서관 출판시 도서목록(CIP)은 서지정보 유통지원 시스템 홈페이지(http://seoji.nl.go.kr)와 국가자료 공동목록 시스템 (http://www.nl.go.kr/kolisnet)에서 이용하실 수 있습니다. (CIP 제어번호: CIP 2014017576)」

Contents

기획 의도

말하기는 자신감이 제일 중요하다?

영어로 말을 할 때 가장 큰 어려움 중에 하나가 '자신감 결여' 라고 흔히들 말합니다. 물론 전적으로 틀린 말은 아닙니다. 그러면, 해결책으로 자신감만 키우면 된다는 얘기인데…… 음~~~ 그 자신감이 그냥 얼굴에 철판 깔고 많이 말하기만 하면 생길까요? 답은 '아닙니다' 입니다. 자신감 결여의 이유는 (얼굴) 낯짝의 두께' 라기 보다는 **'자기가 말을 해놓고도 맞는지 틀리는지 모르기 때문'** 이 대부분입니다. 그나마, 영어로 말을 뱉고서 뭔가 '이게 아닌데' 라고 느끼면 다행입니다. 그런데, 그 뭔가가 뭘까요? 그 뭔가는 단순히 단어 선택의 실수인 경우일 때도 있지만, 대부분 **어순의 부정확함과 접속사, 전치사의 부적절한 사용**이나 **그것들을 아예 사용하지 않음**에서 옵니다. 그러면 왜 이런 현상이 생길까요?

이 현상을 이해하기 위해서는 아기들이 모국어를 습득하는 과정을 먼저 이해해야 합니다. 외국어(제 2 언어, second language)를 습득하는 과정은 아기들이 모국어를 습득하는 과정과 매우 흡사합니다. 그 중 가장 공통적인 점은 어휘의 습득 순서입니다. 아기가 어떤 모국어를 가지고 있든지에 상관 없이 전 세계의 모든 아기들은 명사를 먼저 가장 먼저 습득하게 됩니다. 명사는 의사 소통에 있어서 가장 핵심적인 단어 입니다. 예를 들어, 아기들은 '엄마 물', '엄마 밥' 이런 식으로 명사만 나열하여 자기 의사를 전달합니다.

그 다음 단계가 동사 습득입니다. '엄마 물', '엄마 밥' 에서 '엄마 밥 줘' 라는 식으로 말을 하기 시작합니다. 그 밖의 다른 종류의 단어들(형용사, 부사, 후치사, 접속사 등)은 명사와 동사를 익힌 후에, 습득하여 사용하기 시작합니다. 아기들이 모국어를 배울 때 중요도의 순서대로 언어를 익힌다는 것이 참 놀라울 따릅니다. 명사와 동사만을 나열해도 기본적인 의사소통에는 문제가 없다는 것을 아는가 봅니다.

여하간, 아이들의 '명사와 동사 나열 + 부정확한 발음' 의 의사소통 방식은 이해하기가 만만치 않습니다. 그들의 말들을 알아듣기 위해서는, 더 많이 귀를 기울이고, 의미를 추측하고 상황을 이해하려 노력해야 합니다. 물론 이렇게 노력해도 의사소통이 시원치 않을 때가 종종 있습니다. 필자도 저희 집 막내와의 대화는 암호 해독 수준인 경우가 허다합니다. 그래도 대부분의 어른들은 너그러운 마음으로 이해를 합니다. 왜냐? 아이들이라서 귀엽기도 하거니와 원래 애들은 그렇게 말을 하니까요.

외국어 학습자들도 이런 언어적 본능을 충실하게 따르게 됩니다. 예로, 말을 할 때, 긴장하게 되면, 어순이고 문법이고 다 '나 몰라라' 하며, 단어들만 나열하게 되는데, 그 단어들의 대부분이 명사와 동사입니다.

그런데 문제는 여기서부터 시작합니다. 많은 어른들, 즉, 영어를 어느 정도 공부 했다는 성인들이 명사와 동사만을, 게다가 어순도 뒤죽 박죽으로 떠들어 놓고서, 듣는이가 이해해주기를 바라는 것은 상당히 무리한 요구입니다. 왜냐? 대부분의 어른들은 아기들처럼 귀엽지도 않고, 어른들의 언어적 상황은 대부분 그리 단순하지 않기 때문에. 처음 몇 번은 예의상 말을 들어주지만, 대부분의 영어권 사람들은 (사실 그 어떤 언어라도 비슷할 겁니다) 계속해서 명사와 동사만을 나열하는 사람과는 계속해서 이야기 하고 싶어하지 않습니다. 특히 요즘처럼 바쁜 세상에서 3-4세 언어 수준으로 언어를 구사하는 어른을 이해하려는 너그러운 마음을 가진 사람들은 그리 많지 않습니다.

그럼, "나 어떡해?" (책의 원리, 접속사와 전치사의 중요성)

결론을 먼저 말하자면, 접속사와 전치사에 편해지지 않고서는 절대로 제대로 된 영어를 구사할 수 없습니다. 전 세계의 거의 모든 언어는 접속사와 전치사(또는 비슷한 기능을 하는 단어들)를 가지고 있고, 이 단어들을 사용하여 한정된 어휘로 다양한 문장들을 만들어 냅니다. **접속사는 문장과 문장을 연결하는, 전치사는 문장에 다른 단어들(명사)을 연결하는 고리입니다.** 만약 이 고리들을 제대로 사용하지 못한다면, 매우 단순한 구조를 가진 문장(주어+동사+목적어)밖에는 사용하지 못하게 됩니다. 어설픈 영어(?)를 하는 분들의 공통적인 증상은 접속사와 전치사를 아예 사용하지 않거나 부적절하게 사용하여 그 한계가 매우 명확하다는 것입니다.

단어를 나열하는 수준에서 벗어서, 제대로 말(+작문)을 하기 위하여는 영문장의 가장 기본적인 틀인 주어 + 동사 + (목적어)를 확장하게 하는 접속사(40여 개)와 전치사(60여 개)의 정확한 개념, 의미, 용법을 알고 있어야 합니다. 바꾸어 말하면, 접속사와 전치사를 자유롭게 사용할 수 있게 되면 말하기와 작문 실력이 놀랄 만큼 향상됩니다. 영어 교육자로서의 양심과 인간으로서의 양심, 두가지를 걸고 맹세합니다.

책의 특징

표현을 나열하여 '무조건 외우면 된다' 라는 개념에서 탈피하여, '어떠한 상황에서도 의사 전달을 가능하게 하는 언어의 활용'을 강조합니다.

영어식 사고에 익숙해지기 위한 최고의 교재입니다. 영어식 사고가 중요하다라는 말을 대부분은 들어 보셨으리라 짐작합니다. 많은 학습자들이 영어를 잘 하기 위해서는 단어와 발음이 가장 중요하다고 말 합니다. 하지만, 영어식 사고의 핵심은 단어와 발음이 아니라 영어식 어순입니다. 이 교재는 해석이 단어의 기본 뜻을 벗어나지 않는 범위에서의 직역과 함께 영어식 어순으로만 되어 있습니다. 어순의 중요성에 관하여는 차후에 다시 설명합니다.

교재의 구성

이 교재는 총 3권, Warming Up + 200회의 연습 문제들(exercises)로 구성되어 있습니다. 일주일에 5회의 연습 문제를 학습하는 경우 약 40주, 주에 10회를 학습할 경우 약 20주에 걸쳐서 총 200회의 exercise 들을 마칠 수 있습니다. 일상에서 흔히 사용할 수 있는 3500여 가지의 기초 수준에서부터 고급 수준까지의 다양한 문장들로 채워져 있습니다.

Warming-up

Warming-up 에는 교재의 활용 방법과 접속사와 전치사의 기본 개념 및 활용을 자세하게 소개합니다. 또한, 잘못된 영어 공부 방법들과 바른 영어 공부 방법들을 소개합니다.

각각의 Excercise 는 **Figurative Expression + 콩글리시 + 접속사 + 전치사**로 구성되어 있습니다.

비유적 표현 (Figurative Expression, sayings, proverbs & colloquial expressions)

다양한 비유적 표현, 즉, 속담(sayings), 격언(proverbs), 그리고 구어체적 표현(colloquial expressions)들을 소개합니다. 국내의 많은 교재들이 아직도 구닥다리 표현들과 뒷 골목식 미국 slang, 또는 미국권 코미디언들이 몇 마디 떠든 것들을 마치 자연스러운 표현인양 소개하고 있습니다. 반면에 본 교재는 영어권에서 오랜 기간동안 사용되어 왔고 현재에도 널리 사용되고 있는, 자연스럽고 검증된 영어식 표현들로만 구성되어 있습니다. 미국, 영국, 호주, 캐나다 등 영어권 사람들이라면 누구라도 알고 있고 흔하게 사용하는 표현들, 즉, 여러분들이 사용해도 전혀 어색하지 않은 자연스러운 표현들만을 소개합니다.

비유적 표현의 정확한 이해와, 글을 이해하는 속도 향상에 많은 도움을 주는 영영 사전식 해설도 함께 수록되어있습니다.

콩글리시

어떤 한 언어의 단어들이 새로운 언어로 소개되는 경우, 가장 먼저 전파되는 것이 명사입니다. 이러한 단어들은 새로운 언어 환경에서 사용되면서 그 의미가 축소, 확대, 또는 전혀 다른 뜻으로 변화되고, 발음두 달라지는데, 이것은 전 세계 언어들 사이에 일반화된 현상입니다. 한국의 김치가 일본에 가면 /기무치/가 되면서 김치의 맛과 종류도 이상해지듯이 말입니다. 그러한 맥락에서 '콩글리시'라고 불리는 많은 어휘 (주로 명사)들이 생겨나게 되었습니다. 이런 단어들의 발음이 한글의 소리체계에 맞추어 변형되었고, 의미 또한 독특하게 변화되었습니다. 이런 자연스러운 언어적 현상들에 대하여 부끄러움을 느낄 필요는 전혀 없으나, 이 콩글리시로 인하여 의사 소통에 장애가 된다면 그것은 고쳐야 할 필요가 있습니다.

한국인이 널리 사용하는 200여 가지의 콩글리시를 소개했습니다. 단순하게 단어만을 고친 것이 아니라, 일상 생활에서 자연스럽게 사용할 수 있는 완전한 문장의 형태로 소개합니다.

접속사 (Conjunctions)

35개의 접속사 넣기 문제입니다. 단순하게 접속사를 익히기 위한 연습이 아니라, 표현 하나 하나가 일상의 다양한 상황들을 묘사합니다.

전치사 (Prepositions)

57개의 전치사 넣기 문제입니다. 연습문제 1부터 100까지는 일반적인 전치사, 즉, 동사나 다른 단어에 구애 받지 않는 또는 덜 받는 전치사 문제들이 소개됩니다. 즉, 상황에 따라서 다양한 전치사들이 동시에 답이 될 수 있습니다. 연습 문제 101에서 200까지는 관용적인 전치사, 즉, 어떤 동사나 명사 뒤에 따라 나오는 특정한 전치사를 묻는 문제들이 주를 이룹니다. 마찬가지로, 단순하게 전치사를 익히기 위한 문제들이 아니라, 표현 하나 하나가 일상의 다양한 상황들을 표현합니다.

기타

영어권에서 널리 사용되는 남자와 여자의 이름들을 문장들속에서 방대하게 소개하여 자연스럽게 익힐 수 있습니다. 그리고, 중간 중간에 한국인들이 이해하기 어렵거나 잘못 알고 있는 문법 사항이나 단어의 봉법들을 쉽고 간단히, 예문과 함께 소개했습니다. 또한, 문화적 차이로 오는 영어의 잘못된 사용을 막기위한 설명들도 소개되어 있습니다.

이 책의 공통 대상

단어만 나열하는 말하기에서 탈피하여, 자신있고 정확하게 다양한 표현을 말하고 싶은 모든 영어 학습자들, 생활 영어 책자 달달 외워서 영어로 한 두 마디 말하다가, 상대방이 생활 영어 책자에 쓰여진 순서대로 이야기하지 않고 다른 말로 대답하면 바로 벙어리가 되시는 분들.

효과 대상 1순위

쫌 되시는 분들. 웬만한 문장은 독해도 되고, 주어+동사+목적어 정도는 어순에 맞게 나오고, 웬만한 접속사와 전치사의 뜻은 알고 계시며, 조금 더 정확하고 다양한 표현들을 말하고 싶으신 분들. 필자의 양심을 걸고 1년 안에 당신의 말하기와 쓰기 실력에 날개를 달아드립니다.

효과 대상 2순위

단어는 좀 알고 웬만한 독해도 되지만, 영어로 말만 하면 어순 무시하고 단어만 튀어나오는 분들. 읽을 때는 접속사와 전치사가 좀 눈에 들어오지만 말할 때는, 접속사와 전치사 무(無)사용이 매우 자연스러운 분들. 1순위에 해당되는 분들보다 조금 더 시간이 걸리겠죠?

효과 대상 3순위

독해도 대충 대충, 말할 때는 단어 한 두 개와 body language 를 주된 무기로 승부를 걸며, 지금까지 접속사와 전치사의 기본 개념이나 뜻을 애써 무시해 오신분들. 일단 정확하게 이해하는 것이 먼저입니다. 접속사와 전치사를 무시해서는 절대로 정확한 이해(입력)가 불가능합니다. 정확한 입력이 가능할 때, 제대로 된 말하기, 쓰기(출력)이 나옵니다.

공통 문법/어휘 수준

중학교 교과서(+ 고1)수준의 어휘와 문법 수준. 참고로 이 책에는 기본적인 문법 설명은 거의 없습니다.

이 책을 보기 위해 알아야 하는 약어와 규칙들입니다.

약어

subj	subject	주어
obj	object	목적어
adj	adjective	형용사
adv	adverb	부사
st	something	
sb	somebody	
phras	phrasal verb	두 단어 이상 (대부분 동사 + 전치사)가 모여 새로운 뜻이 된 동사
pp	past participle	과거 분사형 (불규칙 동사표에서 세 번째 줄에 위치하는 단어들)
conj	conjunction	접속사
prep	prepositon	전치사

은/는, 이/가   **주어 표시어**

영어를 읽거나 쓸 때, 주어가 어디서부터 어디까지인지의 파악하는 것이 가장 기본입니다. 주어를 잘못 파악하면 해석이 엉망진창이 됩니다. 영어에는 없는 주어 표시어로서 문장의 어디까지가 주어인지 표시했습니다.

Eating before going to bed is not a good idea for a good sleep.

먹는 것, 자기 전에,는 그리 좋은 생각이 아니다, 숙면을 위한.

을/를   **목적어 표시어**

Tell me what you think about her.

말해라, 나에게, 당신이 생각하는 것을, 그녀에 관하여.

/   **거나 (or)**

James has a teenage daughter/son. 제임쓰는 가지고 있고 10대의 딸/아들을.

이 책의 모든 설명은 옆으로 누워 있지 않지만 (written in roman), *모든 예문은 오른쪽으로 살짝 누워 있습니다.*

(written in italic)

발음에 주의 하라고 f, v, th 철자 (특히 이름에)는 종종 **굵게** (written in bold type) 표기했습니다.

Vanessa, Jennifer, Cathy

또한, 발음의 정확도를 위해, 실제 소리나는 데로 발음을 최대한 한글표기 했습니다.

시드니 –> 씯니, 센터 –> 쎈터, 인터넽–>인터넽, 케이트(이름)–> 케잍

어떠한 동사나 명사 뒤에 특정한 전치사가 사용될 경우 그 동사나 명사를 **굵게** 표시했습니다.

First, fill the bowl _____ flour.

이 책에서는 종종 미국식 영어 철자와 영국식 영어 철자를 함께 표기했습니다. 예를 들어, color/colour 이런식으로. 간단하게 구분하는 방법은, 대부분의 경우 둘 중에 철자가 짧은 것이 미국식 영어 철자입니다. ^^;

Warming Up (정신 바짝 차리셔서 이 부분에 소개된 내용은 모두 이해해야 합니다. 이제 슬슬 시작합니다)

전 세계의 모든 언어는 공통된 구조를 가지고 있습니다. 거의 모든 언어에서 주어가 문장의 맨 앞에 위치하며, 거기서 나온 일반적 어순의 하나가 영어의 어순인 주어 + 동사 + 목적어 입니다. 그리고 또 다른 흔한 어순은, 한국어나 일본어의 주어 + 목적어 + 동사 입니다.

이 세상 누구도 모국어를 말할 때 외워서 말하는 사람은 없습니다. 인간의 언어적 사고 능력은 그리 단순하지 않아서 지구상의 모든 사람들은 말을 할 때, 주어가 들어갈 자리에 적절한 단어를 대입하고, 동사 자리에 적절한 동사를, 목적어 자리에 적절한 목적어를 대입하여 다양한 문장을 만들어 냅니다. 일종의 퍼즐처럼 그 조합의 수는 무한대 입니다. 아래는 주어, 동사, 목적어를 자유롭게 이동하여 문장을 만을 수 있는 아주 간단한 예문들입니다.

주어	동사	목적어
I	like	apples.
She	hates	bananas.
Jay	loves	chocolate.
They	killed	the snake.
The snake	bit	me.

접속사(conj)와 전치사(prep)의 위치

한국어가 주어 + 목적어 + 동사의 순서인 반면에, 영어는 주어 + 동사 + 목적어의 어순을 따른다는 것이 두 언어의 어순 차이의 전부라고 많은 학습자들은 생각합니다. 하지만, 불행(?)하게도 그 밖의 다른 곳에서도 어순의 차이가 나타납니다. 많은 분들이 간과하시는 접속사와 전치사의 어순입니다. 아래를 보시죠.

나는 바빴기 때문에(conj), 우체국에(prep) 갈 수 없었다.

Because(conj) I was busy, I couldn't go to(prep) the post office.

위의 예문에서 보다시피 한국어에서 **주어(나는) + 동사(바빴기) + 접속사(때문에)**의 어순을 취하나, 영어에서는 **접속사(Because) + 주어(I) + 동사(was)** 입니다. 한국어에서는 접속사가 주어와 동사 뒤에 위치하지만, 영어에서 대부분의 접속사는 주어 + 동사 앞에 옵니다. 예외적인 경우는 나중에 설명합니다. 또한 우리말에는 명사 뒤에 위치하는 후치사가, 영어에서는 명사 앞에 위치하는 전치사가 있습니다. 위의 예문에서 보다시피 한국어는 **명사(우체국) + 후치사(에)** 어순을, 영어에서는 **전치사(to) + 명사(the post office)**의 어순을 하고 있습니다. 또, 다른 예문을 보겠습니다.

내가 주겠다 당신에게 전화를 아침에, 내가 떠나기 전에.

I will give you a call in the morning before I leave.

마찬가지로, 한국어 예문에서는 **주어(내가) + 동사(떠나기) + 접속사(전에)**의 어순을, 영어 예문에서는 **접속사(before) + 주어(I) + 동사(leave)**의 어순을 취하고 있습니다. 전치사의 경우도, 한국어 예문에서는 **명사(아침) + 후치사(에)**의 어순을, 영어 예문에서는 **전치사(in) + 명사(the morning)**의 어순을 하고 있습니다.

주의 사항

본 연습 문제 한글 해설에 가급적이면 거의 모든 문장을 영어식 어순으로 해설을 하고 있으나, 접속사와 전치사는 이해의 불가항력 때문에 한국어 어순을 따릅니다.

I will give you call in the morning before I leave. 를 나는 주겠다 당신에게 전화를, 에아침, 전에 내가 떠나기 라고 직역을 해놓으면, '*에아침*'과 '*전에 내가 떠나기*'가 상당한 오해를 부를 수 있습니다. 대신에

나는 주겠다, 당신에게 전화를, 아침에, 내가 떠나기 전에. 라고 직역을 했습니다. 비록 접속사와 전치사가 이해를 돕기 위해 한국어 어순을 따르고 있지만, 영어에서는 **접속사 + 주어 + 동사**, 그리고, **전치사 + 명사** 의 순서가 기본 이라는 것을 꼭 기억하시길 바랍니다.

접속사 (conjunction)의 기본 개념 이해

영어에서 한 문장은 마침표가 기준입니다. 문장이 아무리 길어도, 예를 들어, 3줄이 넘어도 **문장의 첫 단어부터 마지막 단어 이후 마침표까지가 한 문장**입니다.

그럼, 영어에서 **한 문장** 이 되기 위한 최소 단위는 무엇일까요? 영어에서 한 문장이 성립되기 위해서는 최소한 하나의 **주어 + 동사** 가 있어야 합니다. 그러면, 한 문장(첫 단어부터 마침표까지)안에 동사가 두 개 들어가려면 반드시 필요한 것이 있는데 그것이 무엇일까요? 하나의 접속사입니다. 같은 원리로, 한 문장에 동사가 세 개가 들어가려면, 접속사는 반드시 두 개가 있어야 합니다. 한 문장에 동사가 네 개가 들어가려면, 접속사의 숫자는? 당연히 3개입니다. 그런데, 영어에서 한 문장에 동사를 네 개씩이나 넣어가며 문장을 만들게 되면 구타를 유발하는 경우가 종종 있어서, 그렇게 문장을 길게 쓰는 경우는 피해야 합니다. 어떤 언어든지 한 문장에 동사가 너무 많이 들어가면 의미가 복잡해져서, 언어의 기본 기능, 즉 의사 소통에 문제가 생깁니다. 읽는 사람이 무슨 말인지 도통 이해하기가 어렵기 때문에 구타가 유발 된다는…. ㅎㅎㅎㅎ

우리가 말을 할 때, 주어, 동사, 목적어를 상황에 따라 자유롭게 바꾸는 것처럼, 영어에서도 상황에 따라 여러 가지 접속사를 사용해야 합니다. 그럼 접속사는 왜 바꾸느냐??? 문장 전체의 의미를 바꾸려면 접속사도 바꿔야 합니다. 아래 예를 보시죠.

예문 1

I arrived home _____ my wife arrived.

빈칸의 답은? before, after, as, because, since 입니다.
before, 나는 도착했다 집에, 내 아내가 도착하기 전에.
after, 나는 도착했다 집에, 내 아내가 도착한 후에.
when, 나는 도착했다 집에, 내 아내가 도착했을 때.
as, 나는 도착했다 집에, 내 아내가 도착하는 것과 같이(동시에).
because, since, 나는 도착했다 집에, 내 아내가 도착했기 때문에.

예문 2

We can leave _____ you're ready.

이번에도 답은 하나가 아닙니다.

when, 우리는 떠날 수 있다, 당신이 준비되었을 때.

if, 우리는 떠날 수 있다, 만약 당신이 준비되었다면. (준비가 되었는지를 묻는 경우, 50% 확율)

once, 우리는 떠날 수 있다, 일단 당신이 준비되면 바로. (준비가 될 것은 기정 사실, 시간의 의미 강조)

예문 3

I don't know _____ she is coming.

이번에도 답이 많습니다.

if, whether, 나는 모른다, 그녀가 오는지(오고 있는지) 아닌지.

why, 나는 모른다, 왜 그녀가 오는지.

how, 나는 모른다, 어떻게 (교통 수단) 그녀가 오는지.

when, 나는 모른다, 언제 그녀가 오는지.

위 예문들에서 보시다시피, 같은 문장에서 접속사 하나만을 바꿔서 전혀 새로운 의미를 전달할 수 있게 해주는 것이 접속사의 기능입니다. 접속사를 자유자재로 사용해야만 다양한 의미의 문장을 말할 수 있습니다. 이 말은 접속사를 제대로 사용하지 못하면, 영어로 의사 소통을 하는데, 엄청난 제약이 따른다는 말입니다. 겁주는 것이 아니라 사실입니다.

전치사 (preposition)의 기본 개념 이해

한국이들이 많이 잘못 알고 것이 57개의 전치사 입니다. 일단 그 수가 많고 잘못된 교육 및 학습 습관으로 인하여 phrasal verbs (동사에 전치사가 붙어서 새로운 뜻이 되는 동사구(句), 숙어라고도 합니다)와 전치사를 혼돈하여 심각한 문제를 초래합니다.

우선, 전치사와 phrasal verb 의 차이를 알아보겠습니다.

*A pretty woman is walking **down the street**.* 예쁜 아가씨가 걷고 있다 **길 아래쪽으로**.

*He **broke** the window.* 그는 **부쉈다** 창문을.

*My car **broke down** again.* 나의 차는 **고장 났다** 또.

preposition 은 pre(앞의) + position(위치), 즉, '앞에 위치하는' 단어들입니다. 항상 명사 앞에 옵니다. 첫 번째 문장에서 the street(명사) 앞에 오는 down 은 전치사 입니다. 명사(the street)와 짝을 이룹니다. 반면에, 세 번째 문장의 down 뒤에는 명사가 없습니다. down 이 동사 break(부수다) 와 함께 '고장 나다' 라는 새로운 뜻을 만드는 phrasal verb 의 일부분입니다. phrasal verb 는 항상 동사와 짝을 이뤄 같이 써야 합니다. 동사의 일부이므로.

A pretty woman is walking. (O) 예쁜 아가씨가 걷고 있다.
A pretty woman is walking down. (X) 예쁜 아가씨가 걷고 있다 아래쪽으로.
*My car **broke** again. (X)* 나의 차는 **깨졌다** 또.

첫 번째 문장은 전치사와 명사(down the street)를 생략한 문장으로, 자연스러운 문장입니다. 두 번째 문장은 전치사 down 뒤에 명사가 없어서, 아주 특수한 경우를 빼고는 부자연스러운 문장입니다. 세 번째 문장에서는 phrasal verb 의 일부인 down 이 생략되어, broke 의 뜻이, '고장나다' 가 아니라, '깨지다' 로 변했습니다. 문맥상 어울리지 않는 동사가 되어 자연스러운 문장이 아닙니다. 또 다른 문장을 보겠습니다.

*You must concentrate **on your study**.* 당신은 집중해야 한다, **당신의 공부에**.

여기서 on 은 전치사 일까요? 아니면 동사와 함께 오는 phrasal verb 의 일부(항상 같이써야 하는)일까요? 답은 전치사입니다. 국내의 많은 학습지들이 concentrate on 이 phrasal verb, 즉, concentrate 을 쓸 때는 반드시 on 을 함께 써야 하는 것으로 소개하고 있습니다. 이것은 매우 잘못된 설명입니다. 전치사와 phrasal verb 를 구분하기 위해서는 **동사를 단독으로 사용할 수 있고, 그렇게 하고도 뜻이 변화하지(숙어화) 않는가**를 알아봐야 합니다.

You must concentrate.

위 문장이 옳은 문장일까요? 정답은 '예' 입니다. concentrate 을 단독으로 사용할 수도 있고, 그리해도 '집중하다' 라는 의미에는 전혀 변화가 없습니다. 앞서의 broke 와 break down 이 뜻이 달라진 것처럼 의미가 달라져야 concentrate on 이 phrasal verb 가 될 수 있습니다. 다음 예문을 보시죠.

You must concentrate on. (x) 당신은 집중해야 한다, 에

위 문장은 틀린 문장입니다. 전치사는 항상 명사와 짝을 이뤄 명사 앞에 위치하며, 단독으로 쓰이지 않습니다. 오른쪽의 한국말 해석이 이상하듯이, 영어로도 이상한 문장입니다.다른 문장들을 살펴 보겠습니다.

*I will participate <u>in</u> the study. (o) 나는 참여할 것이다, **그 연구에**.*

I will participate <u>in</u>. (x) 나는 참여할 것이다, <u>에</u>

I will participate. (o) 나는 참여할 것이다.

마찬가지로 in 은 동사 participate 의 일부가 아닌, the study (명사)앞에 오는 전치사 입니다.

정리해보면

1. 전치사는 반드시 명사 앞에 옵니다, 명사의 일부라는 이야기 (in the study, on the study, down the street).

2. 여러분들이 phrasal verb 라고 알고 있는 많은 것들이, 실제로는 그냥 "동사 + 전치사"입니다. 그 동사들은 단독 (전치사 없이)으로 사용할 수 있고, 많은 원어민들이 실제로 그렇게 사용합니다.

3. 한국어에도 전치사와 비슷한 단어들이 있습니다. 명사 뒤에 오는 후치사입니다. 위의 예문에서 '에, '으로' 따위 입니다.

한국의 대부분의 영어 학습자들은 상황에 따라서 특정한 전치사를 넣어야 한다고 배웠습니다. 예를 들어, 대도시나 나라 앞에는 in, 요일 앞에는 on, 월 앞에는 in, 이런 식으로. 물론 동사와 문맥에 따라서 특정한 전치사만이 답이 되는 경우도 있습니다. 하지만, 그렇지 않은 경우가 훨씬 많습니다. 전치사도 접속사와 마찬가지로, 어떤 문장에서 전치사 하나만을 바꾸어, 전혀 다른 의미의 문장을 만들 수 있습니다. 의미하고자 하는 바가 무엇인지에 따라서 다른 전치사를 사용해야 합니다. 예문을 살펴 보겠습니다.

예문 1

There is a bank _____ *the shopping center.* 있다 은행이, 쇼핑 쎈터 _____.

어떤 전치사가 정답일까요? 답이 하나일까요? 아닙니다. 경상도 사투리로는 '겁나게', 전라도 사투리로는 '허벌나게' 많습니다. 한 번 보죠.

above the shopping center 쇼핑쎈터 **위에(윗층에)**
behind the shopping center 쇼핑쎈터 **뒤에**
below the shopping center 쇼핑쎈터 **아래에** *(지하)*
beside/next to the shopping center 쇼핑쎈터 **옆에**
in the shopping center 쇼핑쎈터 **안에**
inside the shopping center 쇼핑쎈터 **안쪽에**
in front of the shopping center 쇼핑쎈터 **앞에**
near the shopping center 쇼핑쎈터 **근처에**
opposite the shopping center 쇼핑쎈터 **마주보고**
outside the shopping center 쇼핑쎈터 **밖에**
under the shopping center 쇼핑쎈터 **아래에** *(지하)*
with the shopping center 쇼핑쎈터**와 함께**
within the shopping center 쇼핑쎈터 **안에**

결국, 은행의 위치에 따라서 다른 전치사를 사용해야 합니다.

예문 2

I will give you a call _____ *Friday.* 나는 주겠다 당신에게 전화(통화)를 금요일 _____.

가장 흔하게 나오는 답이 on 입니다. 왜냐고요? 요일 앞에는 on 이라고 중, 고등학교 때 철저히 세뇌 당한 결과입니다. 그러면, 다른 답은? before (전에), after (이후에), by (까지)가 있습니다.

before Friday, 금요일 **이전에** *(금요일 포함하지 않음)*
after Friday, 금요일 **이후에** *(금요일 포함하지 않음)*
by Friday, 금요일**까지** *(금요일을 포함)*

예문 3

There is no one _____ *me.* 없다 아무도 나 _____.

학습자의 심리 상태(?) 따라, 다양한 답이 나옵니다.^^;

for 없다, 아무도, 나를 **위하는** *(외로운가 봅니다^^;)*

around 없다, 아무도, 내 **주위에는** *(외로운 경우이거나 말 그대로 주위에 아무도 없는 경우)*

with 없다, 아무도, 나**와는** *(나는 지금 혼자이다)*

below/under 없다, 아무도, 내 **밑에는** *(부하 직원이 없다)*

except/but 없다, 아무도, 나 **밖에는** *(나만 있다)*

like 없다, 아무도, 나와**같은** *(개성이 강한 존재이다)*

behind 없다, 아무도, 내 **뒤에는** *(말 그대로 뒤에 아무도 없는 경우와 후원자가 없는 경우)*

예문 4

*I will **help** you _____ your homework.* 나는 돕겠다 당신을 당신의 숙제**와** (하는 것을).

여기서는 답이 with 하나 입니다. help + someone + with something 의 구조입니다. 이 경우는 특정한 단어 (특히 동사)에 특정한 전치사가 사용되는 경우입니다.

예문 5

*You should **focus** _____ what you're doing out there.* 당신은 집중해야 한다, 당신이 하는 것**에**, 밖 그곳에서.

focus 는 concentrate 과 비슷한 의미로, '집중하다' 입니다. 이 경우에도 '~에' 에 해당하는 전치사는 on 입니다. 예문 4의 help 와 마찬가지로 특정한 동사와 함께 사용되는 경우입니다.

예문 6

*I'm _____ **charge** _____ the marketing department.* 나는 있다, 권한(책임)에, 영업부의 (내가 영업부의 책임자이다).

be + in charge + (of something) 은 '~ 에 권한을 가지고 있다' 라는 말입니다. 이 경우에도 특정한 단어(이번에는 명사) 앞 뒤로, 특정한 전치사가 오는 경우입니다. in 과 of 가 그들입니다. 그냥 of + st 을 생략하여, I'm in charge 라고도 말 할 수 있습니다. 주의할 것은 우리말에 '책임'은 권한과 잘못된 일에 대한 책임(be responsible)을 둘 다 의미합니다. 여기서 charge 는 권한/지휘권 만을 의미합니다.

'Who's in charge of the marketing department?' 'I'm in charge.' '누가 담당자 입니까, 영업부의?' '내가 담당자 입니다.'

이제는, 접속사와 전치사에 익숙해 지지 않고는 영어 실력이 절대 늘 수 없으며, 반대로, 이들의 자유로운 구사가 얼마나 많은 문장들을 새로이 만들어 내는지, 이제는 감을 잡으셨으리라 생각합니다. 이제 본격적으로 그들이 어떻게 쓰이는지 살펴보도록 하겠습니다.

접속사 (conjunction) 소개 – 본 연습 문제로 들어가기 전에 이해 중심으로 최소 2-3회 정독하시기 바랍니다.

모든 접속사든은 시간적 개념, 과/또는 공간적 개념을 기본으로 하고 있습니다. 이 개념들에서 의미가 확장되어 많은 접속사들이 추상적 개념도 가지게 됩니다. 여기서는 접속사의 가장 기본적인 시간적, 공간적 개념을 설명하며, 접속사의 추상적 개념으로의 사용은 연습 문제들을 통하여 차츰 소개됩니다. 대부분의 접속사 다음에는 주어+동사가 옵니다. 아래 문장에서 주어와 동사를 파악한 후, 그 밑에 연필로 '주어', '동사' 를 s 와 v 로, 접속사 밑에는 c 로 표시하시길 바랍니다. **한 문장에서 동사가 두 개 사용되면, 접속사가 반드시 하나 나와야 한다 (동사 두 개면, 접속사는 2개........)**는 사실을 염두해 두시길 바랍니다.

after ~ 후에 (주로 시간 개념) before 와 짝, 전치사 겸용

James left the party after Jenny arrived. 제임쓰는 떠났다 파티를, 제니가 도착한 이후에.

although ~ 일지라도 (불구하고) 같은 뜻, though 의 formal(문어체에 더 자주 쓰이는) 형태

Although her doctor asked her to rest, she left for Tokyo for the conference. 그녀의 의사가 요구했음에도 그녀에게 쉬라고, 그녀는 떠났다 토쿄를 향하여 그 회담을 위해.

and ~ 그리고 '주어 + 동사' 를 연결하기도 하지만 다른 품사 (명사, 형용사 등)를 연결하기도 하는 접속사

He plays the guitar and sings country songs. 그는 연주한다 기타를, 그리고 부른다 컨츄리풍 노래들을.
Can I have a piece of paper and a pencil please? 제가 가질 수 있습니까 한 장의 종이와 하나의 연필을?
She was pretty, slim and busty. 그녀는 예뻤고, 날씬했고, 가슴이 컸다 (얼짱, 쭉쭉 빵빵).

as ~ 이므로 (이유), 주로 formal English 에 많이 사용됩니다.

The summit was cancelled as the president was not able to attend it. 그 정상회담은 취소 되었다, 대통령이 참석할 수 없었으므로 그것을.

~ 듯이

As I explained on the phone, you will be interviewed next week. 내가 설명했듯이 전화로, 당신은 면접을 받을 것입니다 다음 주(에).

~ 하면서 (두 동사의 교차 시간이 짧음, 아래 예문의 경우 '본 것'과 '버스에서 내린 것'은 아주 잠깐입니다.)

I saw Peter as I was getting off the bus. 나는 보았다 피터, 내가 내리면서 버스를.

~ 만큼 전치사 겸용, as ~ as 구문을 해석하기도 활용하기도 참 까다롭죠? 그것은 학습자들의 머리가 나빠서가 아니라 많은 영어 학습서들이 as ~ as 구문을 숙어라고 (그래서 무조건 외우라고) 잘못 가르쳐 왔기 때문입니다. 모든 as ~ as 구문에서 첫 번째 as 는 무조건 부사입니다. 우리말로 해석이 되지 않는 경우가 많아서, 대부분의 경우 해석을 아예 하지 않아도, 문장의 의미를 이해하는데 전혀 문제가 없습니다. 중요한 것은 두 번째 as 의 해석 및 활용입니다. 두 번째 as 는 무조건 접속사 아니면 전치사 입니다. 다시 말하면, as ~ as 구문의 두 번째 as 뒤에는 무조건 '주어 + 동사' 가 아니면 '명사' 가 나오고, 뜻은 '~ 만큼' 입니다. 아래에 정리되어 있습니다. 잘 기억해 두시길 바랍니다.

as (adverb) + 형용사/부사 + as (만큼, 접속사) 주어 + 동사

as (adverb) + 형용사/부사 + as (만큼, 전치사) 명사 (예문은 전치사 설명을 참고하세요.)

I was trying to be as nice(adj) as I could to them. 나는 노력하고 있었다 착하려고, 내가 할 수 있는 만큼 그들에게

Harry visits his mother as often(adv) as he can. 해리는 방문한다, 그의 어머니를, 자주, 그가 할 수 있는 만큼.

before ~ 전에 (주로 시간 개념) after 와 짝, 전치사 겸용

Say goodbye before you go. 인사해라, 당신이 가기 전에.

because ~ 때문에 (이유), since(때문에)보다 구어체적 느낌이며, as(이므로)보다는 강한 느낌, 공식적인 글을 쓸 때 '때문에' 라는 접속사를 써야 할 시에는 1:1:1의 비율, 즉 because 한 번, since 한 번, as 한 번씩 번갈아 쓰면 이상적입니다.

We didn't enjoy the day because the weather was so awful. 우리는 즐기지 못했다 그 날을, 날씨가 매우 끔찍했기 때문에.

but 그러나 전치사 겸용

It's an old car but it's very reliable. 이것은 오래된 차이다, 그러나, 이것은 매우 믿음직하다 (고장 안 나고 잘 굴러간다).

how 어떻게, 얼마나

Do you know how old he is? 당신은 아는가, 얼마나 나이 먹었는지 그가?

My car broke down again. I don't know how I get home. 내 차가 고장났다 또. 나는 모른다, 어떻게 내가 갈지 집에.

if ~ 라면, ~ 한다면 조건적 의미, 확률 50%

We'll stay at home if it rains. 우리는 머물 것이다 집에, 비가 내린다면.

~ 인지 아닌지 whether 와 같은 뜻

I don't know if she is coming. 나는 모른다, 그녀가 올지 (안 올지).

like ~ 같이/처럼 전치사 겸용

Don't talk to me like you talk to your child. 말하지 마라 나에게, 당신이 이야기 하는 것 처럼 당신 아이에게.

nor ~ 도 아니다 neither 뒤에 따라 나오는, 부정의 의미가 포함된 접속사입니다. 이 말은 nor 를 단독으로 사용할 수 없다는 이야기로, 반드시 neither 와 함께 사용해야 합니다. neither ~ nor 구분을 잘 살펴보면 대부분의 경우 neither 와 nor 뒤에는 수식하는 문장 구성 요소 (주어, 동사, 보어, 목적어 따위)가 같습니다. 아래 예문의 경우, 첫 번째 문장은 neither 뒤에 my fault 와 nor 뒤에 his(그의 잘못)가 같은 종류의 문장 구성 요소(이 경우는 be 동사 뒤 보어)이며, 두 번째 문장의 경우, neither 와 nor, 둘 다 Matt 와 Julie 라는 주어를 부정하고 있습니다.

It was neither my fault, nor his. 이것은 아니다 나의 잘못도, 그의 잘못도.

Neither Matt nor Julie said anything. 맷도 줄리도 말하지 않았다 아무것도.

once 일단 ~ 하게 되면 if(조건적 의미)와 구별되는 시간적 의미입니다. 즉, if 는 어떤 일이 일어날 확률이 50% 이지만, once 는 그 일이 일어날 확률이 거의 100% 라고 보면 됩니다. 그리고, once 뒤의 동사와, 다음 동사가 시작되기까지의 시간 차이가 매우 적습니다. 무슨 소리냐???? 예문을 보겠습니다.

We can start once she arrives. 우리는 시작할 수 있다, 일단 그녀가 도착하면.

도착하기로 되어있는, 즉 도착하는 데에는 별 문제가 없는 상황이며, 도착하면 바로 시작할 수 있다는 이야기입니다. 다음 문장과 비교해 보세요.

We can start if she arrives. 우리는 시작할 수 있다, 만약 그녀가 도착한다면.

그녀가 도착할지 안 할지 알 수가 없는 상황입니다.

or ~ 나 and 와 비슷하게 문장(주어+동사)를 연결하기도 하지만, 때로는 다른 품사들을 연결하기도 합니다. 그리고 either 뒤에도 따라 옵니다. neither 와 마찬가지고 either 와 or 뒤에는 대부분 같은 문장 구성요소가 옵니다.

Would you like coffee or something? 당신은 좋아합니까, 커피나 아니면 다른 것을?

You either go there alone or just don't go. 당신은 가라 그곳에 혼자서, 아니면 그냥 가지 마라.

그렇게 하지 않으면 ~ 할 것이다

Wear the coat or you'll catch a cold. 입어라, 그 코트를, 그렇지 않으면, 너는 잡을 (걸릴) 것이다, 감기를.

since ~ 이래로 (시간적 개념), 전치사 겸용, 100 문장 중, 99 문장은 **주어 + 동사 + since 주어 + 동사** 구조에서 첫 번째 동사의 시제(주절의 시제)는 현재 완료(have pp)이고, since 바로 오른쪽의 동사 시제(종속절의 시제)는 과거입니다.

*It **has been**(현재완료) five years since her father **died**(과거).* 이것은 되어 왔다 5년이, 그녀의 아버지가 죽은 이래로.

~ 때문에 because 보다 더 formal(공식적) 표현입니다. 기본 의미인 '이래로' 라는 의미와 혼돈을 피하기 위하여, 문장이 과거 시제를 가지고 있을 때는 보통 사용하지 않습니다. 즉, 거의 문장의 동사가 현재 또는 미래 시제일 경우에만 because 대신 사용합니다.

Since the committee is not able to come up with any solution, perhaps we should ask someone else.
그 위원회가 낼 수 없으므로 어떤 해결책을, 아마도 우리는 요구해야 한다 다른 사람에게.

so (that) 그래서 원래 형태는 so that 이지만, 대부분 that 을 생략하여 사용합니다.

I was very hungry, so (that) I went to a fast food restaurant and had a hamburger. 나는 매우 배 고팠다, 그래서 나는 갔다 빠른 음식점에, 그리고 먹었다 햄버거를.

than ~ 보다 많은 분들이 than 이 뒤에 주어+동사를 사용할 수 있는 접속사라는 것을 잘 모르고 계십니다. 전치사를 겸용합니다.

You need that money more than I do. 당신은 필요하다 그 돈을 더 많이, 내가 그런 것(필요한 것)보다.

that ~ 라고 목적절(subj + verb) 연결, 종종 생략 가능합니다.

I can't believe (that) she's only 17. 나는 믿을 수 없다, 그녀가 단지 열 일곱살 이라는 것을.

그것은, 앞의 명사(주어) 지칭 소위 이야기하는 관계 대명사 주격으로 쓰이는 경우인데, '대명사' 에 집중하지 말고, '접속사' 라는 것을 명심해야 합니다. 접속사가 주어를 포함하는 경우로 that (접속사 겸 주어) + 동사 의 구조를 가집니다. which 와 혼용 가능하나 일반적으로 사람을 지칭하지는 않습니다.

They've got a printer that(conj & subj) prints on clothes. 그들은 가지고 있다 인쇄기를, 그것은 인쇄한다 옷들 위에.

그것을, 앞의 명사(목적어) 지칭 관계 대명사의 목적격으로 쓰이는 경우로, 마찬가지로, '대명사' 에 집중하지 말고, '접속사' 라는 것을 명심해야 합니다. 구어체에서는 대부분 생략되나 (생략을 안하면 이상할 정도), formal writing (공식적인 글)에서는 거의 생략하지 않습니다. that (접속사 겸 목적어) + 주어 + 동사 의 구조를 가집니다. which 와 바꿔 쓸 수 있으나 마찬가지로 사람을 지칭하지는 않습니다.

I don't know where I left the pen(that, conj & obj) I bought yesterday. 나는 모르겠다, 어디에 내가 두었는지 그 펜을, (그것을) 내가 샀다 어제.

문장 맨 앞의 it 을 받는 that 주어 + 동사 영어는 주어가 긴 것을 그리 좋아하지 않아서 it(가짜 주어)이 먼저 나와, that 이하(진짜 주어)를 대신하는 경우가 흔합니다. 절대 생략하지 않습니다.

It is well known that women live longer than men. 이것(that 이하)은 잘 알려져 있다, 여자가 산다는 것 더 길게(오래) 남자보다.

though ~ 일지라도 although 와 같은 의미로, 좀 더 informal(비 공식적) 표현. 대부분의 공식 문서에서는 although 가 선호됩니다.

Though she's almost 40, she's still beautiful. 그녀가 거의 마흔 일지라도, 그녀는 여전히 아름답다.

unless ~ 하지 않는다면 if ~ not 과 같은 의미입니다.

He won't go to bed unless you read him a storybook. 그는 가지 않을 것이다 잠자러, 당신이 읽어(주지) 않는다면 그에게 하나의 이야기 책을.

until ~ 까지 (시간 개념)

I will wait here until you finish the work. 나는 기다릴 것이다, 이곳에서, 당신이 마칠 때까지 그 일을.

what ~ 것 전통 문법책에서 관계부사로 소개하는 것에 목숨 걸지 마세요. 그냥 접속사 겸 목적어 (더 흔함), 또는 접속사 겸 주어로 이해하세요. 앞에 위치한 명사를 지칭하는 that 이나 which 와는 달리, 앞에 가리키는 주어나 목적어가 없이 단독으로 사용되며, 절대 생략할 수 없습니다.

Show me what (conj & obj) you bought. 보여 달라 내게, 당신이 산 것을.

Tell me what (conj & subj) happened. 말해 나에게, 무엇이 일어났는지를 (무슨 일이 있었는지).

whatever 무엇을 ~든지, 무엇이 ~ 든지 바로 위의 what 에 ever 가 붙은 형태로, what 과 마찬가지로 **접속사 겸 목적이** (더 흔함), 또는 **접속사 겸 주어**로 사용되고, 앞에 위치한 명사를 지칭하는 that 이나 which 와는 달리, 앞에 가리키는 주어나 목적어 없이 단독으로 사용되며. 생략할 수 없습니다.

Whatever I suggest, he always disagrees. 내가 무엇을 제안하든지, 그는 언제나 동의하지 않는다.

Whatever happens, you must get there by 7. 무슨 일이 일어나더라도, 당신은 반드시 도착해야 한다 그곳에 일곱 시까지.

when ~ 할 때

I'll phone you again when I get home. 내가 전화하겠다 당신을(에게) 다시, 내가 도착할 때 집에.

whenever ~ 할 때 마다

Whenever I hear that tune, I think of you. 내가 들을 때 마다 저 음(곡)을, 나는 생각한다 당신을.

where 곳 (장소)

Stay where you are. 있어라, 당신이 있는 곳에.

그곳에서 (앞의 장소 지칭)

I've just come back from New Zealand where I spent two weeks. 나는 막 돌아왔다 뉴질랜드로부터, 그곳에서 나는 보냈다 2주를.

wherever 어느 곳이든지

Sit wherever you like. 앉아라, 어느 곳이든지 당신이 좋아하는.

whereas 반면에 while 과 비슷한 의미를 가지고 있으나, formal 표현.

The old system was fairly complicated whereas the new one is really simple. 지난 씨스템은 매우 복잡했다, 반면에 새로운 것은 정말 간단하다.

whether ~ 인지 (아닌지) if 와 같은 의미. 문장 마지막에 or not 은 일반적으로 생략합니다.

Mark asked me whether I needed any help (or not). 막은 물었다 나에게, 내가 필요로 하는지 도움을. (아니면 필요없는지)

~ 상관 없이 '상관 없이' 라는 의미로 사용될 때 or not 은 생략하지 않습니다.

Whether you like it or not, I will call your dad. 당신이 좋아하든지 이것을, 아니든 (좋든 싫든), 나는 전화할 것이다 너의 아빠를.

which 무엇/어떤 (이미 정해진 몇 개중 하나)

I don't know which one I have to choose. 나는 모르겠다, 어떤 것을 내가 선택해야 하는지.

그것은, 앞의 명사(주어) 지칭 소위 이야기하는 관계 대명사 주격으로 쓰이는 경우인데, '대명사' 에 집중하지 말고, '접속사' 라는 것을 명심해야 합니다. 접속사가 주어를 포함하는 경우로 which (접속사 겸 주어) + 동사 의 구조를 가집니다. that 과 혼용하며 사람을 지칭하지는 않습니다.

Have you seen the letter which(conj & subj) arrived this morning? 당신은 보았나 그 편지를, 그것은 도착했다 오늘 아침?

그것을, 앞의 명사(목적어) 지칭 관계 대명사의 목적격으로 쓰이는 경우입니다. 마찬가지로, '대명사' 에 집중하지 말고, '접속사' 라는 것을 명심해야 합니다. 구어체에서는 종종 생략되나, formal writing (공식적 글)에서는 거의 생략하지 않습니다. which (접속사 겸 목적어) + 주어 + 동사 의 구조를 가집니다. that 과 혼용 가능하며 사람을 지칭하지는 않습니다.

The book (which, conj & obj) I bought last week is really interesting. 그 책, (그것을) 나는 샀다 지난 주,는 정말 흥미롭다/재미있다.

whichever 무엇이든지 (이미 정해진 몇 개중 하나, whatever 보다는 적은 느낌)
It will be a difficult operation whichever method you choose. 이것은 될 것이다 어려운 수술이, 어떤 방법을 당신이 선택하든지.

while ~ 동안에
They arrived while we were having dinner. 그들은 도착했다, 우리가 먹고 있는 동안에 저녁을.

반면에 whereas와 같은 뜻으로, whereas 의 informal 형태
Jessy likes meat while Steve likes vegetables. 제씨는 좋아한다 고기를 반면, 스팁은 좋아한다 야채들을.

who 누구
I don't know who he is. 나는 모른다, 그가 누구인지.

그 사람이/은, 앞의 사람(주어) 지칭 생략하면 안됩니다. who (접속사 겸 주어) + 동사의 구조.
Do you know the people who(conj & subj) live over the road? 당신은 압니까 그 사람들을, 그들은 삽니다 길 건너에?

그 사람을, 앞의 사람(목적어) 지칭 생략하지 않으면 좀 이상하게 들릴 정도이므로 대체로 생략합니다. who (접속사 겸 목적어) + 주어 + 동사의 구조
The person (who, conj & obj) I wanted to see was away on holiday. 그 사람, (그를) 내가 원했다 보기를,은 자리에 없었다 휴가로.

참고: 전통적인 문법책에서는 관계 대명사 that 은 앞의 사물 또는 사람을 지칭한다고 말하지만, 현대 영어에서 앞에 지칭하는 명사가 사람일 경우 관계사 that 을 쓰는 경우는 거의 없습니다. 아래 예문을 참고 하세요.
The woman who lives next door is a doctor. (o)
The woman that lives next door is a doctor. (x)

whoever 누구든지, 접속사 겸 주어 앞에 지칭하는 명사 없이 사용되고 생략할 수 없습니다.

I'll take whoever(conj & subj) wants to go. 나는 데리고 가겠다, 누구든지 원하는 가기를.

Whoever(conj & subj) is responsible for this will be punished. 누구든지 (그가 누구든지 상관없이) 책임 있는, 이것에, 는 처벌 받을 것이다.

whose 앞 사람의 (소유) 접속사 겸 주어의 일부로 사용되어 **사람 + whose + 명사 + 동사**의 구조를 가집니다.

That's the man(사람) whose(conj) car(명사) was stolen(verb) last month. 저기가 그 남자다, 그 사람의 차는 도난 당했다 지난 달.

why 왜 (이유)

I have no idea why the television isn't working. 나는 전혀 모르겠다, 왜 텔레비전이 작동하지 않는지.

전치사 (preposition) 소개 – 본 연습 문제로 들어가기 전에 이해 중심으로 최소 2-3회 정독하시기 바랍니다.

접속사와 마찬가지로 모든 전치사는 시간적 개념, 과/또는 공간적 개념을 기본으로 하고 있습니다. 이 개념들에서 의미가 확장되어 많은 전치사들이 추상적 개념을 가지게 됩니다. 전치사의 가장 기본적인 시간적, 공간적 개념을 설명하며 전치사의 추상적 개념으로의 사용은 연습 문제들을 통하여 차츰 소개됩니다.

많은 전치사가 부사(adverb)로도 사용되나, 이 교재에서는 전치사 뒤에는 반드시 명사가 나오는, 즉 전치사로 쓰이는 경우만을 소개합니다. 마찬가지로 문장의 주어와 동사를 s, v 로 각각 표기하고, 전치사는 p, 그리고 그 뒤에 나오는 명사는 N 으로 표기하면서 preposition + noun 구조에 익숙해 지시길 바랍니다. 동사가 변형되어 만들어진 전치사들, 예를 들어, concerning, regarding, including, past 등 과 사용 빈도가 매우 낮은 전치사들, amid, beneath, as to 등은 소개하지 않습니다.

about ~ 관하여 '관하여' 라는 의미로 가장 일반적으로 사용할 수 있는 전치사입니다. formal 형태는 on 입니다.
Sally lied about her age. She is 45. 쎌리는 거짓말했다 그녀의 나이에 관해. 그녀는 마흔 다섯이다.

above ~ 위에 (바로 위, 수직 개념) below 와 짝으로 좌,우의 움직임이 거의 없는 정적인 느낌입니다.
Tony's new office is above the bank. 토니의 새로운 사무실은 있다 그 은행 위에.

across ~ 가로질러 동사 cross(건너다)에서 온 전치사입니다.
This is the only bridge across the river. 이것은 유일한 다리이다 강을 가로지르는.

여기 저기/곳곳에 어떤 것이 사방 팔방(십자 모양)으로 여기 저기 곳곳에 있는 모양을 나타냅니다.
There are over 100 discount stores across the country. 있다 100개가 넘는 할인 상점들이 그 나라 곳곳에.

after ~ 후에 (시간 개념) before 와 짝
I go swimming every day after work. 나는 간다 수영하러 매일 일과 후에

~ 뒤에 (공간 개념) before 와 짝
You were after me. 당신은 있었다 내 뒤에. (줄에서 나보다 나중이다)

against ~ 반(反)하여
Walking against the strong wind is very hard. 걷는 것, 강풍에 반하여,은 매우 어렵다.
They married against her parents' wishes. 그들은 결혼했다 부모님들의 소망에 반하여 (반대했는데도 결혼했다).

힘을 많이 들인 접촉 on 이 모든 접촉의 기본이나 접촉의 강도에 따라 on 이나 against 를 선택합니다.
Julia was leaning against me. 줄리아는 기대어 있었다 나에게 (거의 축 쳐져서 매달려 있는).
I put the ladder against the roof. 나는 두었다 사다리를 지붕에 단단하게 받쳐.

along ~ 를 따라서 어떤 길다란 모양의 것에 줄지어 있거나 그것을 지나가는 모양입니다.

We were driving along Riverside Road. 우리는 운전하고 있었다 강변 도로를 따라서.

among/ amongst ~ 속으로/중에 의미상 뒤에 반드시 셋 이상의 복수형 명사가 나와야 합니다.

The girl quickly disappeared among the crowd. 소녀는 빠르게 사라졌다 군중 속으로.

You get paid the most among us. You pay for the meal. 당신은 지불(급여) 받는다 가장 많이 우리들 중에. 당신이 내라 식사를 위하여 (니가 밥 사라). 여기서 us 는 세 명 이상

around ~ 둘러(서)

Everyone was sitting around the table. 모든 사람이 앉아있었다 탁자를 둘러서.

~ 여기 저기/전역에 across 와 비슷한 의미이나 across (사방 팔방) 보다 조금 정돈되고 빙 두른 느낌

There are about 40 universities around Australia. 있다 약 40 여 개의 대학들이 호주 전역에.

as ~ 로서 명사 앞에 as 가 단독으로 오는 경우는 99.9% '로서' 로 해석됩니다.^^;

Dad used to dress up as Santa Claus on every Christmas Eve. 아빠는 차려 입곤 했다 싼타 클로쓰로서 매 성탄 전야에.

~ 만큼 접속사 겸용, as ~ as 구문을 해석하기도 활용하기도 참 까다롭죠? 그것은 학습자들의 머리가 나빠서가 아니라 많은 영어 학습서들이 as ~ as 구문을 숙어라고 (그래서 무조건 외우라고) 잘못 가르쳐 왔기 때문입니다. 모든 as ~ as 구문에서 첫 번째 as 는 무조건 부사입니다. 우리말로 해석이 되지 않는 경우가 많아서, 대부분의 경우 해석을 아예 하지 않아도, 문장의 의미를 이해하는데 전혀 문제가 없습니다. 중요한 것은 두 번째 as 의 해석 및 활용입니다. 두 번째 as 는 무조건 접속사 아니면 전치사 입니다. 다시 말하면, as ~ as 구문의 두 번째 as 뒤에는 무조건 '주어 + 동사' 가 아니면 '명사' 가 나오고, 뜻은 '~ 만큼' 입니다. 아래에 정리되어 있습니다. 잘 기억해 두시길 바랍니다.

as (adverb) + 형용사/부사 + as (만큼, 접속사) 주어 + 동사 (예문은 전치사 설명을 참고하세요.)

as (adverb) + 형용사/부사 + as (만큼, 전치사) 명사

You are as tall as my brother. 당신은 크다 나의 형/동생 만큼.

My brother get paid as much as me. 나의 형/동생은 지불된다(돈 번다) 나 만큼.

at ~ 에 (시간)

The film starts at 8 o'clock. 그 영화는 시작한다 여덟 시 정각에.

~ 에/에서 (장소)

I live at 38 Victoria Street. 나는 산다, 38 빅토리아 거리에서. 주소를 말합니다. 물론 상황에 따라서는 노숙인을 의미할 수도 있습니다. ^^;

Let's meet at the cinema. 만나자, 극장에서. 영화관 안인지 바깥인지는 알 수 없는 상황입니다. 아마도 늘 만나는 장소가 있는가 봅니다. 이야기 하지 않아도 되는.

~ 정도 (주로 단위의 숫자 앞에)

*The Toyota was travelling at **about** 50 kph.* 그 토요타 (자동차)는 이동하고 있었다 **대략**(adj, 생략 가능) 시속 50킬로로.

because of ~ 때문에 informal 표현이고 due to(formal)와 짝입니다.

She stayed at home because of her illness. 그녀는 머물렀다 집에 그녀의 질병 때문에.

before ~ 전에 (시간 개념) after 와 짝

Harry arrived just 10 minutes before the ceremony. 헤리는 도착했다, 딱 10분 전에 그 행사(식).

~ 앞에 (공간 개념)

You were before me. 당신은 있었다 내 앞에.(줄에서 나보다 먼저이다)

behind ~ 뒤에

Bianca was standing behind me. 비안카는 서 있었다 내 뒤에.

beside ~ 곁에 next to 와 비슷한 의미

I sit beside Wendy in the classroom. 나는 앉는다 웬디 곁에 교실에서.

besides ~ 말고도 사용 빈도가 상대적으로 낮은 전치사 중 하나 입니다. 필자가 고등 학생일 때, 학생들을 헤깔리게 해서 틀리게 하려고, beside 와 함께 선생님들과 문제집들이 많이 써먹던 전치사입니다. 그때 그 시절에는 실제 사용 빈도가 중요했던 것이 아니라 변별력(?)을 위해 문제를 최대한 헤깔리게 해야 했던 것이 미덕이던 시절입니다. 요즘도 그런지는 여러분들의 판단에 맡기겠습니다.

People choose jobs for other reasons besides money. 사람들은 선택한다 직업들을 다른 이유들로, 돈 말고도.

between ~ 둘 사이에 between 뒤에는 반드시 복수 명사(가 나오거나, 두 명사가 and 로 연결됩니다. among 과 비교해 보세요.

I sat down between Sue and Jane. 나는 앉았다 수와 제인 사이에.

It's strictly between us. 이것은 철저하게 우리들 사이입니다. (우리끼리의 비밀 입니다) 여기서 us 는 두 명입니다.

beyond ~ 저 너머에 (공간 개념), 저~~~~~~어 너머 입니다.

There is a huge sheep farm beyond the river. 있다 매우 큰 양 농장이 강 너머에

~ 한참 지나서/한참 넘겨서 쭉 (시간 개념)

I think that the conflict in the Middle East will continue beyond this century. 나는 생각한다 분쟁, 중동에서의,은 계속 될 것이라고, 이번 세기를 한참 넘겨서.

but ~ 제외하고 except 와 의미가 같으나, 일반적으로 anything, anyone, anybody, any+명사, nothing, no one, nobody, everything,

everyone, all 뒤에서만 사용합니다.

Everybody was there but James. 모든 사람들이 있었다 그곳에 제임쓰만 제외하고.

The shop opens every day _____ public holidays. 그 상점은 연다 매일, 공휴일들만 제외하고. 여기서는 except 만 자연스러운 답입니다. 좀 그렇죠? 한 끝 차이인데……하지만 원어민들이 그렇게 쓰니, 그들에게 따질 수도 없는 노릇입니다. ^^;

by ~ 곁/가에

Jane went and sat by Patrick. 제인은 가서 앉았다 팰릭 곁에. *Emily was standing by the window, looking outside.* 에밀리는 서 있었다, 창가에, 보고 있었다 밖을.

~ 로 (교통 수단) air, car, ferry, train, bus 앞에 옵니다. 주의할 것은 그 교통 수단들 앞에 관사(a/the)가 붙지 않습니다.

Josh always travels by (무관사) train. 조씨는 항상 이동한다(다닌다) 열차로.

~ 에 의하여 수동의 의미로, 어떤 사람이나 것에 '의하여' 라는 의미

This house was built by my grandfather in the 1960s. 이 집은 지어졌다 나의 할아버지에 의하여 1960년대에.

~ 까지 시간 개념의 '까지' 입니다. 거리 개념은 아니라는 이야기. 주의 할 것은 until 도 우리말에는 '까지' 라고 해석이 되나, 영어에서 이 두 전치사는 구별되어 사용됩니다. 문장의 동사가 '일시적 동작' 이면 by, '지속적 동작' 이면 until 을 사용합니다. 기억하는 요령은 by 는 철자가 짧고 (일시적 동작), until 은 철자가 더 긺(지속적 동작)니다.

You must hand in your assignment by next Friday. 당신은 제출해야 한다 당신의 과제물을 다음 금요일까지. 동사 hand in 은 '제출하다' 라는 1회성 동작입니다.

You can keep the book until the end of this month. 당신은 가지고 있을 수 있다 그 책을, 말까지 이번 달의. 동사 keep 은 '가지고 있다' 라는 지속적인 동작입니다.

despite ~ 에도 (불구하고) 접속사 although 와 though 에 해당하는 전치사입니다. 한국의 많은 영어 학습서에 비슷한 말로 소개되는 구문, in spite of 는 영어에서 거의 사용되지 않습니다. 왜냐고요? 굳이 세 단어로 표현하지 않아도 되지요, 한 단어(despite)로 표현할 수 있는데. 그러니 여러분도 in spite of 는 굳이 쓰지 마시길.

Despite all our efforts to save the company, it went bankrupt. 우리의 모든 노력에도 회사를 살리려는, 그것은 되었다 파산.

down ~ 아래로 종종 방향성을 가진 동작 동사와 함께 사용됩니다. up 과 짝.

A pretty woman is walking down the street. 예쁜 여자가 걸어가고 있다 길 아래로.

읽을 때 is walking down + the street 이 아니라, is walking + down the street 으로 분리해서 읽습니다. down 은 동사의 일부가 아니라 명사와 함께 오는 전치사이기 때문에.

due to ~ 때문에 because of 의 formal 형태

Many overseas students have suffered recently due to the weak Korean currency. 많은 유학생들이 고생했다 최근에, 약한 한국 통화 때문에.

during ~ 동안에, 기간 앞에, for 와 구분하세요. for 는 대부분 **수사 + 기간** 앞에는 사용합니다.

During the summer, I worked as a lifeguard at a beach. 여름 동안에, 나는 일했다 인명 구조원으로 바닷가에서.

I have been doing this work for 12 months now. 나는 해오고 있는 중이다 이 일을 12개월 동안 지금(까지).

except ~ 제외하고 but 과 같은 의미

Everyone except Adam went to the concert. 모든 사람, 애덤을 제외하고, 이 갔다 그 공연에.

for ~ 위하여

I've got a present for you. 나는 가지고 있다 선물을 당신을 위하여(위한).

~ 동안에 for 가 '동안에' 라는 뜻으로 사용될 때는 거의가 **수사 + 기간** 앞에 옵니다. 수사는 '하나'라는 의미의 관사 a 와 a few, a couple of 등도 포함합니다. 나머지는 during 사용.

We have known each other for ten years. 우리는 알아왔다 서로를 10년 동안.

I will be away for a few days. 나는 있을 것이다 떨어져 몇 일 동안 (어디 가 있을 것이다).

~ 로/에 (이유) 꼭 '때문에' 라고 해석되어야만 '이유' 의 의미를 가지는 것은 아닙니다.

Thank you for your help. 감사합니다 당신께 당신의 도움에.

from ~ 부터 (공간)

How do I get there from here? 어떻게 내가 가나 그곳에, 이곳으로부터.

~ 부터 (시간)

I will be at home from 6 pm. 나는 있을 것이다 집에, 오후 여섯 시부터.

in ~ 안에 (공간) 주로 사방이 막혀 있는 경우나 정(靜)적인(움직이지 않는) 동사 + in + 큰 범위의 지형(도시, 나라 등)에 사용합니다.

There's some milk in the fridge. 있다 약간의 우유가 냉장고 안에.

I will be staying in Tokyo for a week. 나는 머물게 될 것이다 동경에 일주일 동안.

~ 만에/쯤 걸려서 (시간) in + 시간 은 '그 시간쯤이 걸린다'는 말이고, within + 시간 은 '그 시간 이내에 언제든지' 라는 의미입니다.

Wait! I will get there in half an hour. 기다려! 나는 도착하겠다 그곳에, 30 분만에. (30분은 걸린다)

Wait! I will get there within half an hour. 기다려! 나는 도착하겠다 그곳에, 30 분 이내에.(대략 15-29분 사이에)

in front of ~ 앞에 서로 마주 보고 있는 앞이 아니라 '앞에 위치한' 입니다.

There is a park in front of Central station. 있다 공원이 중앙역 앞에.

inside ~ 안(쪽)에, in(안) + side(쪽)가 어원으로 대부분 밀폐된 경우에만 사용합니다.

I will leave the keys inside the box. 나는 두겠다 그 열쇠들을 그 상자 안에.

into ~ 안으로 in(안) + to(으로)가 어원으로 방향성을 가진 동사와 사용합니다.

The children dived into the river. 아이들은 뛰어들었다 강속으로.

~ 로 명사가 다른 형태로 바뀌는 경우에 사용합니다.

The man turned into a beast. 그 남자는 변했다 야수로. 동화 미녀와 야수의 한 장면입니다.

like ~ 같이/처럼 접속사 겸용

He was so hungry and he ate like a pig! 그는 매우 배가 고팠다, 그리고 그는 먹었다 돼지처럼!

near ~ 근처에

The library is near the city hall. 그 도서관은 있다 시청 근처에.

next to ~ 옆에 beside, by 와 비슷한 뜻으로 '옆' 이라는 느낌이 좀 더 강합입니다.

The post office is next to the bank. 우체국은 있다 은행 옆에.

of ~ 의 무생물 명사의 소유격으로 사용

The color of her dress was purple. 색깔, 그녀 드레쓰의,은 보라색이었다.

~ 대하여, 주의 할 것은 about 과 확실히 구분해야 합니다. about 은 어떤 것의 관한 여러 가지 정보나 동향을 말하고, of 는 이름 따위 앞에 사용되어 매우 단편적인 정보에 관한 것입니다. 예문을 참고하세요.

He's never heard of John Lennon. 그는 한 번도 들어본 적이 없다, 존 레논이라는 이름을. 존 레논이라는 이름/사람을 들어 본적이 없음.

He's never heard about John Lennon recently. 그는 한 번도 들어본 적이 없다, 존 레논에 관하여 최근에 이미 존 레논이 누구인지 아는 상태로, 존 레논에 관한 다른 소식을 최근에 들어본 적이 없음.

off ~ 분리 off 의 가장 기본적인 의미는 '분리'입니다. on(접촉)이 짝입니다. 자세한 설명은 잠시 후에.

I got off the train at City Hall Station. 나는 내렸다 열차로부터(분리), 시청역에서. 읽을 때 I got + off the train 으로 분리해서 읽어야 합니다. I got off + the train 이 아니라 I got + off the train 입니다.

on 접촉 조금이라도 분리되어 있거나 공중에 떠 있으면 on 을 사용하지 않습니다. off 와 짝.

There are three cups on the table. 있다 세 개의 컵들이 탁자에.

그럼 이쯤에서 질문 들어 갑니다. 왜 그 많은 전치사 중에서 on 과 off 가 '전구 따위를 켜다/끄다' 의 의미의 숙어 (phrasal verb), **turn on** 과 **turn off** 의 일부가 되었을까요? on 과 off 의 기본 개념을 생각하면 쉽습니다. 전기가 공급이 되어야 전구에 불이 들어옵니다. 전선이 접촉(on)이 되면 전기가 연결되어 불이 켜지고, 전선이 분리(off)가 되면 전기가 차단, 불이 꺼집니다. 그리고, 왜 하필 turn 일까요? 초창기의 스위치는 돌리는(turn) 형태였습니다, 마치 70-80년대에 TV 채널을 돌려서 바꿨던 것처럼. 그래서 우리말에서 '채널 바꾸라'는 의미로 '다른 데로 돌려봐/틀어봐' 라고 말하지요.

~ 관한/관하여 about (informal)과 거의 같은 뜻이지만 formal 합니다.
I've been reading a book on the Korean War recently. 나는 읽어오고 있는 중이다 책을, 한국 전쟁에 관한 최근에.

onto ~ 표면으로 on + to 의 구조로, 방향성을 가진 동작 동사와 함께 사용합니다.
She dropped the cup onto the floor. 그녀는 떨어뜨렸다 그 컵을 바닥으로.

opposite ~ 맞은 편에 마주보고 있는 상황입니다. opposite to 는 잘못된 표현입니다. 사용하지 마세요.
There is a huge shopping center opposite the park. 있다 매우 큰 쇼핑 쎈터가 공원 맞은 편에.

outside ~ 밖에 out + side 의 구조로 당연히 inside 의 반대말입니다. 참고로 out 은 단독으로 전치사로 사용하지 않습니다.
I'll meet you outside the cinema at 2. 나는 만날 것이다 당신을 영화관 밖에서 두 시에.

over ~ 위로 under 와 짝을 이루며 지면과의 접촉 없이 좌우의 움직임이 꽤 있는 동(動)적인 느낌을 가집니다. 아래 예문을 보시고 above (바로 위)와 비교해 보세요.
Look! A plane is flying over the harbour. 봐라! 비행기가 날고 있다 항구 위로.

~ 건너 편에 across 와 거의 같은 뜻
There's a bus stop over the road. 있다 버쓰 정류장이 길 건너에.

~ 걸쳐서 (시간) 어떤 기간에 걸쳐 어떠한 행동이 일시적으로 발생하는 것이 아니라 반복될 때 사용합니다.
Over the last decade, the country has developed a lot. 지난 십 년에 걸쳐서, 그 나라는 발전해 왔다 많이.

per ~ 당/에 태생이 좀 전치사 같지 않지만 단위(kilometers, miles, hour, day, week etc) 앞에 사용합니다. 대부분의 경우 관사 a/an 으로 대체 가능합니다.
The price of petrol is $1.30 per liter. 가격, 휘발유의,은 1달러 30센트이다 리터당.
It's $150 per person per night. 이것은 150달러입니다 한 사람당, 하루 밤에.

since ~ 이래로 쭉 접속사 겸용으로, since 뒤에 나오는 명사는 무조건 과거의 시점이고 문장의 동사는 99% 현재 완료형 (have pp)입니다.
We've been waiting here since 5. 우리는 기다려 오고 있다 이곳에서, 다섯 시 이래로.

than ~ 보다 접속사 겸용

This car is cheaper than the other. 이 자동차는 더 싸다 저 다른 것보다.

through ~ 관통/통과하여 (공간 개념)

She smiled at him as she walked through the door. 그녀는 미소 지었다 그에게, 그녀가 걸으면서 문을 통과하여.

~ 통과하여/내내 (시간 개념) 아래 throughout 보다는 연속성이 약합니다.

The weather forecast said that it will rain through the weekend. 기상 예보는 말했다, 비가 내릴 것이라고, 주말내내.
주말 내내 비가 오기는 하는데 중간에 잠깐 잠깐 비가 오가 오지 않는 경우도 있을 것 이라는.

throughout ~ 짝 (공간 개념) around 나 across 보다 좀 더 '쫘~악' 깔린 느낌입니다.

The company has its customer service centers throughout the country. 그 회사는 가지고 있다 이것의 소비자 써비쓰 쎈터들을 그 나라에 짝 (방방 곡곡 없는 곳 없이).

~ 내내 (시간 개념) 위에 through 비교하여 연속성이 강합니다. 거의 '한 순간도 쉬지 않는다'는 느낌.

E-mart opens every weekend throughout the year. 이맡은 연다 매 주말 일년 내내.

to ~ 로 (방향)

She stood up and walked to the window. 그녀는 일어나서 걸었다 창문으로.

towards ~ 로 향하여 to 와 거의 같은 뜻이나, '향하여' 라는 느낌이 매우 강함.

He was walking towards me. 그는 걷고 있었다 나를 향하여.

under ~ 아래에 over 와 짝을 이루며, below 보다 더 넓은 범위의 '아래'를 말합니다. below 가 들어가는 대부분의
자리에 under 를 사용할 수는 있으나, below 가 under 를 대신하는 경우는 많지 않습니다.

They were hiding under a table. 그들은 숨어 있었다 탁자 아래에.

underneath ~ 접촉된 바로 아래에 아래는 아래인데 예문에서처럼 아래 면에 붙어 있는 경우입니다.

The letter was hidden underneath the table using sticky tape. 그 편지는 숨겨 있었다 그 탁자 바로 아래에, 끈끈한
테잎을 사용하여.

unlike ~ 와 같지 않게 like 의 반대말이나 접속사로는 사용하지 않습니다.

It's unlike Greg to be late. 이것은 그랙답지 않다, 늦는 것은.

until ~ 까지 시간 개념의 '까지' 입니다. 거리 개념은 아니라는 이야기. 주의 할 것은 by 도 우리말에는 '까지' 라고 해석이 되나, 영어에서 이 두 전치사는 구별되어 사용됩니다. 문장의 동사가 '일시적 동작' 이면 by, '지속적 동작' 이면 until 을 사용합니다. 기억하는 요령은 by 는 철자가 짧고 (일시적 동작), until 은 철자가 더 긴 (지속적 동작)니다.

You must hand in your assignment by next Friday. 당신은 제출해야 한다 당신의 과제물을 다음 금요일까지. 동사 hand in 은 '제출하다' 라는 1회성 동작입니다.

You can keep the book until the end of this month. 당신은 가지고 있을 수 있다 그 책을 말까지, 이번 달의. 동사 keep 은 '가지고 있다' 라는 지속적인 동작입니다.

up ~ 위로 down 의 반대어로 주로 방향성을 가진 동작동사와 함께 사용됩니다. 마찬가지로 up 은 동사의 일부가 아닌 명사 앞에 오는 전치사로 walked up + the hill 이 아니라 walked + up the hill 입니다.

Everybody walked up the hill. 모든 사람이 걸었다 언덕 위로.

versus ~ 대 운동 경기 따위에서 '한국 대 일본' 이런 식으로 말할 때 '대결'의 뜻입니다.

There's going to be a soccer match tonight, Korea versus Japan. 있을 예정이다 축구 경기가 오늘 밤, 한국 대 일본.

via ~ 를 거쳐서 장소나 사람 따위를 '거친다(경유)' 라는 의미, 항상 '움직임'을 나타내는 동사와 사용합니다.

We flew to Seoul via Tokyo. 우리는 날아갔다 서울로, 토쿄를 경유하여.

with ~ 와 (함께)

I saw Bob with his girlfriend in town. 나는 보았다 봅을 그의 여자 친구와 (함께 있는) 시내에서.

~ 로 (수단, 도구)

Cut the rope with this knife. 잘라라 그 밧줄을 이 칼로.

~ 로 (이유)

The girl was trembling with fear. 그 소녀는 떨고 있었다 공포로.

앞의 명사에 정보 추가

Have you seen a lady with a black suitcase? 당신은 보았는가 한 여성을, 검정색 여행 가방을 가지고 있는?

I'm looking for a house with a huge backyard. 나는 찾고 있다 단독 주택을, 매우 큰 뒷마당이 딸린.

within ~ 이내에 (공간)

There is no village within 50kms. 없다 마을이, 오십 킬로미터쓰 이내에

~ 이내에 (시간)

We should have the test results back within 24 hours. 우리는 가질 것이다 실험 결과들을 돌려, 24시간 이내에.

without ~ 없이

Homes without a garden are not very popular among families with children in Australia. 집들, 정원이 없는,은 그리 인기가 없다, 가족들사이에, 아이들이 있는, 호주에서는.

worth ~ **가치가 나가는** 전통적인 전치사는 아니나, 워낙 자주 사용되는 전치사라서 소개 합니다.

'How much is your car worth?' 'It is worth around $20,000.' 얼마나 당신의 차는 가치가 나갑니까?' '이것은 약 이만 달러의 가치가 나갑니다.'

다음 여섯 쪽은 연습 문제 풀 때, 간편한 사용을 위해 접속와 전치사를 요약해 놓았습니다. 총 3 부 입니다. 하나를 잘 잘라서 쓰시고, 낡거나 잃어버리면 또 다른 한 부를 잘라서 쓰시길 바랍니다.

Conjunctions

after ~ 후에 (시간 개념) *James left the party after Jenny arrived.*

although ~ 일지라도 formal *Although her doctor asked her to rest, she left for Tokyo for the conference.*

and 그리고 *He plays the guitar and sings country songs. She was pretty, slim and busty.*

as ~ 이므로 (이유, formal) *The summit was cancelled as the president was not able to attend it.* ~ 듯이 *As I explained on the phone, you will be interviewed next week.* ~ 하면서 *I saw Peter as I was getting off the bus.* ~ 만큼 *Harry visits his mother as often as he can. I was trying to be as nice as I could to them.*

before ~ 전에 (시간 개념) *Say goodbye before you go.*

because ~ 때문에 (이유) *We didn't enjoy the day because the weather was so awful.*

but 그러나 *It's an old car, but it's very reliable.*

how 얼마나 *Do you know how old he is?* 어떻게 *My car broke down again. I don't know how I get home.*

if ~ 라면, 한다면 조건적 의미, 확률 50% *We'll stay at home if it rains.* ~인지 아닌지 *I don't know if she is coming.*

like ~ 같이/처럼 *Don't talk to me like you talk to your child.*

nor ~ 도 아니다 *It was neither my fault, nor his. Neither Matt nor Julie said anything.*

once 일단 ~ 하게 되면 시간적 의미 확률 99% *We can start once she arrives.*

or ~ 나 *Would you like coffee or something? You either go there alone or just don't go.* 그렇게 하지 않으면 ~ 할 것이다 *Wear the coat or you'll catch a cold.*

since ~ 이래로 *It has been(현재 완료) five years since her father died(과거).* ~ 때문에 (formal, 현재/미래) *Since the committee is not able to come up with any solution, perhaps we should ask someone else.*

so (that) 그래서 *I was very hungry, so (that) I went to a fast food restaurant and had a hamburger.*

than ~ 보다 *You need that money more than I do.*

that ~ 라고 목적절(subj + verb) 연결 *I can't believe (that) she's only 17.* 그것은, 앞의 명사(주어) 지칭 *They've got a printer that(conj & subj) prints on clothes.* 그것을, 앞의 명사(목적어) 지칭 *I don't know where I left the pen(that, conj & obj) I bought yesterday.* 문장 맨 앞의 it 을 받는 that 주어 + 동사 *It is well known that women live longer than men.*

though ~ 일지라도 informal *Though she's almost 40, she's still beautiful.*

unless ~ 하지 않는다면 *He won't go to bed unless you read him a storybook.*

until ~ 까지 (시간 개념) *I will wait here until you finish the work.*

what ~ 것 *Show me what(conj & obj) you bought. Tell me what(conj & subj) happened.*

whatever 무엇을 ~ 든지, 무엇이 ~ 든지 *Whatever(conj & obj) I suggest, he always disagrees. Whatever(conj & subj) happens, you must get there by 7.*

when ~ 할 때 *I'll phone you again when I get home.*

whenever ~ 할 때 마다 *Whenever I hear that tune, I think of you.*

where 곳 (장소) *Stay where you are.* 그곳에서 (앞의 장소 지칭) *I've just come back from New Zealand where I spent two weeks.*

wherever 어느 곳이든지 *Sit wherever you like.*

whereas 반면에 formal *The old system was fairly complicated whereas the new one is really simple.*

whether ~ 인지 (아닌지) *Mark asked me whether I needed any help (or not).* 상관 없이 *Whether you like it or not, I will call your dad.*

which 무엇/어떤 (이미 정해진 몇 개중 하나) *I don't know which one I have to choose.* 그것은, 앞의 명사(주어) 지칭 *Have you seen the letter which(conj & subj) arrived this morning?* 그것을, 앞의 명사(목적어) 지칭 *The book(which, conj & obj) I bought last week is really interesting.*

whichever 무엇이든지 (이미 정해진 몇 개중 하나) *It will be a difficult operation, whichever method you choose.*

while ~ 동안에 *They arrived while we were having dinner.* 반면에 *Jessy likes meat while Steve likes vegetables.*

who 누구 *I don't know who he is.* 그 사람이/은, 앞의 사람(주어) 지칭 *Do you know the people who(conj & subj) live over the road?* 그 사람을, 앞의 사람 (목적어) 지칭 *The person(who, conj & obj) I wanted to see was away on holiday.*

whoever 누구든지 *I'll take whoever(conj & subj) wants to go.* 접속사 겸 주어 *Whoever(conj & subj) is responsible for this will be punished.*

whose 앞 사람의 (소유) *That's the man whose(conj) car(명사) was stolen(verb) last month.*

why 왜 (이유) *I have no idea why the television isn't working.*

33

Prepositions

about ~ 관하여 *Sally lied about her age. She is 45.*

above ~ 위에 (바로 위, 수직 개념) *Tony's new office is above the bank.*

across ~ 가로질러 *This is the only bridge across the river.* 여기 저기/곳곳에 *There are over 100 discount stores across the country.*

after ~ 후에 (시간 개념) *I go swimming every day after work* 뒤에 (공간 개념) *You were after me.*

against ~ 반(反)하여 *Walking against the strong wind is very hard. They married against her parents' wishes.* 힘들 낳이 글인 집촉 *Julia was leaning against me. I put the ladder against the roof.*

along ~ 를 따라서 *We were driving along Riverside Road.*

among/amongst ~ 속으로/중에 *The girl quickly disappeared among the crowd. You get paid the most among us.*

around ~ 둘러(서) *Everyone was sitting around the table.* ~ 여기 저기/전역에 *There are about 40 universities around Australia.*

as ~ 로서 *Dad used to dress up as Santa Claus on every Christmas Eve.* ~ 만큼 *You are as tall as my brother. My brother get paid as much as me.*

at ~ 에 (시간)*The film starts at 8 o'clock.* ~ 에/에서 (장소) *Let's meet at the cinema.* ~ 정도 (단위 앞에) *The Toyota was travelling at about 50 kph.*

because of ~ 때문에 *She stayed at home because of her illness.*

before ~ 전에 (시간 개념) *Harry arrived just 10 minutes before the ceremony.* ~ 앞에 (공간 개념) *You were before me.*

behind ~ 뒤에 *Bianca was standing behind me.*

below ~ 아래에 (바로 아래, 수직 개념) *The post office is directly below Sam's office.*

beside ~ 곁에 *I sit beside Wendy in the classroom.*

besides ~ 말고도 *People choose jobs for other reasons besides money.*

between ~ 둘 사이에 *I sat down between Sue and Jane. It's strictly between us.*

beyond ~ 저 너머에 (공간 개념)*There is a huge sheep farm beyond the river.* ~ 지나서/넘겨서 쪽 (시간 개념) *I think that the conflict in the Middle East will continue beyond this century.*

but ~ 제외하고 *Everybody was there but James.*

by ~ 곁/가에 *Jane went and sat by Patrick. Emily was standing by the window, looking outside.* ~ 로 (교통 수단) *Josh always travels by (무관사) train.* ~ 에 의하여 *This house was built by my grandfather in the 1960s.* ~ 까지 (일시적 동작 동사와 함께) *You must hand in your assignment by next Friday.*

despite ~ 에도 (불구하고) *Despite all our efforts to save the company, it went bankrupt.*

down ~ 아래로 *A pretty woman is walking down the street.*

due to ~ 때문에 formal, *Many overseas students have suffered recently due to the weak Korean currency.*

during ~ 동안에 *During the summer, I worked as a lifeguard at a beach.*

except ~ 제외하고 *Everyone except Adam went to the concert.*

for ~ 위하여 *I've got a present for you.* ~ 동안 *We have known each other for ten years.* ~ 로/에 (이유) *Thank you for your help.*

from ~ 부터 (공간 개념) *How do I get there from here?* ~ 부터 (시간 개념) *I will be at home from 6 pm.*

in ~ 안에 *There's some milk in the fridge. I will be staying in Tokyo for a week.* ~ 만에/쯤 걸려서 *Wait! I will get there in half an hour.*

in front of ~ 앞에 *There is a park in front of Central station.*

inside ~ 안(쪽)에 (밀폐) *I will leave the keys inside the box.*

into ~ 안으로 *The children dived into the river.* ~ 로 (형태 변화) *The man turned into a beast.*

like ~ 같이/처럼 *He was so hungry and he ate like a pig!*

near ~ 근처에 *The library is near the city hall.*

next to ~ 옆에 *The post office is next to the bank.*

of ~ 의 *The color of her dress was purple.* ~ 대하여 (피상적) *He's never heard of John Lennon.*

off 분리 *I got off the train at City Hall Station.*

on 접촉 *There are three cups on the table.* ~ 관한/관하여 formal, *I've been reading a book on the Korean War recently.*

onto ~ 표면으로 *She dropped the cup onto the floor.*

opposite ~ 맞은 편에 *There is a huge shopping center opposite the park.*

outside ~ 밖에 *I'll meet you outside the cinema at 2.*

over ~ 위로 *Look! A plane is flying over the harbour.* ~ 건너 편에 *There's a bus stop over the road.* ~ 걸쳐서 *Over the last decade, the country has developed a lot.*

per ~ 당/에 *The price of petrol is $1.30 per liter. It's $150 per person per night.*

since ~ 이래로 쭉 *We've been waiting here since 5.*

than ~ 보다 *This car is cheaper than the other.*

through ~ 관통/통과하여 (공간 개념) *She smiled at him as she walked through the door.* ~ 통과하여/내내 (시간 개념) *The weather forecast said that it will rain though the weekend.*

throughout ~ 짝 (공간 개념) *The company has its customer service centers throughout the country.* ~ 내내 (시간 개념) *E-mart opens every weekend throughout the year.*

to ~ 로 (방향) *She stood up and walked to the window.*

towards ~ 로 향하여 *He was walking towards me.*

under ~ 아래에 *They were hiding under a table.*

underneath ~ 접촉된 바로 아래에 *The letter was hidden underneath the table using sticky tape.*

unlike ~ 와 같지 않게 *It's unlike Greg to be late.*

until ~ 까지 (지속적 동작 동사와 함께) *You can keep the book until the end of this month. You can use the tool until this weekend.*

up ~ 위로 *Everybody walked up the hill.*

versus ~ 대 *There's going to be a soccer match tonight, Korea versus Japan.*

via ~ 를 거쳐서 *We flew to Seoul via Tokyo.*

with ~ 와 (함께) *I saw Bob with his girlfriend in town.* ~ 로 (수단, 도구) *Cut the rope with this knife.* ~ 로 (이유) *The girl was trembling with fear.* 명사에 정보 추가 *I'm looking for a house with a huge backyard.*

within ~ 이내에 (공간 개념) *There is no village within 50km.* ~ 이내에 (시간 개념) *We can have the test results back within 24 hours.*

without ~ 없이 *Homes without a garden are not very popular among families with children in Australia.*

worth 가치가 나가는 *'How much is your car worth?' 'It is worth around $20,000.'*

Conjunctions

after ~ 후에 (시간 개념) *James left the party after Jenny arrived.*

although ~ 일지라도 formal *Although her doctor asked her to rest, she left for Tokyo for the conference.*

and 그리고 *He plays the guitar and sings country songs. She was pretty, slim and busty.*

as ~ 이므로 (이유, formal) *The summit was cancelled as the president was not able to attend it.* ~ 듯이 *As I explained on the phone, you will be interviewed next week.* ~ 하면서 *I saw Peter as I was getting off the bus.* ~ 만큼 *Harry visits his mother as often as he can. I was trying to be as nice as I could to them.*

before ~ 전에 (시간 개념) *Say goodbye before you go.*

because ~ 때문에 (이유) *We didn't enjoy the day because the weather was so awful.*

but 그러나 *It's an old car, but it's very reliable.*

how 얼마나 *Do you know how old he is?* 어떻게 *My car broke down again. I don't know how I get home.*

if ~ 라면, 한다면 조건적 의미, 확률 50% *We'll stay at home if it rains.* ~인지 아닌지 *I don't know if she is coming.*

like ~ 같이/처럼 *Don't talk to me like you talk to your child.*

nor ~ 도 아니다 *It was neither my fault, nor his. Neither Matt nor Julie said anything.*

once 일단 ~ 하게 되면 시간적 의미 확률 99% *We can start once she arrives.*

or ~ 나 *Would you like coffee or something? You either go there alone or just don't go.* 그렇게 하지 않으면 ~ 할 것이다 *Wear the coat or you'll catch a cold.*

since ~ 이래로 *It has been(현재 완료) five years since her father died(과거).* ~ 때문에 (formal, 현재/미래) *Since the committee is not able to come up with any solution, perhaps we should ask someone else.*

so (that) 그래서 *I was very hungry, so (that) I went to a fast food restaurant and had a hamburger.*

than ~ 보다 *You need that money more than I do.*

that ~ 라고 목적절(subj + verb) 연결 *I can't believe (that) she's only 17.* 그것은, 앞의 명사(주어) 지칭 *They've got a printer that(conj & subj) prints on clothes.* 그것을, 앞의 명사(목적어) 지칭 *I don't know where I left the pen(that, conj & obj) I bought yesterday.* 문장 맨 앞의 it 을 받는 that 주어 + 동사 *It is well known that women live longer than men.*

though ~ 일지라도 informal *Though she's almost 40, she's still beautiful.*

unless ~ 하지 않는다면 *He won't go to bed unless you read him a storybook.*

until ~ 까지 (시간 개념) *I will wait here until you finish the work.*

what ~ 것 *Show me what(conj & obj) you bought. Tell me what(conj & subj) happened.*

whatever 무엇을 ~ 든지, 무엇이 ~ 든지 *Whatever(conj & obj) I suggest, he always disagrees. Whatever(conj & subj) happens, you must get there by 7.*

when ~ 할 때 *I'll phone you again when I get home.*

whenever ~ 할 때 마다 *Whenever I hear that tune, I think of you.*

where 곳 (장소) *Stay where you are.* 그곳에서 (앞의 장소 지칭) *I've just come back from New Zealand where I spent two weeks.*

wherever 어느 곳이든지 *Sit wherever you like.*

whereas 반면에 formal *The old system was fairly complicated whereas the new one is really simple.*

whether ~ 인지 (아닌지) *Mark asked me whether I needed any help (or not).* 상관 없이 *Whether you like it or not, I will call your dad.*

which 무엇/어떤 (이미 정해진 몇 개중 하나) *I don't know which one I have to choose.* 그것은, 앞의 명사(주어) 지칭 *Have you seen the letter which(conj & subj) arrived this morning?* 그것을, 앞의 명사(목적어) 지칭 *The book(which, conj & obj) I bought last week is really interesting.*

whichever 무엇이든지 (이미 정해진 몇 개중 하나) *It will be a difficult operation, whichever method you choose.*

while ~ 동안에 *They arrived while we were having dinner.* 반면에 *Jessy likes meat while Steve likes vegetables.*

who 누구 *I don't know who he is.* 그 사람이/은, 앞의 사람(주어) 지칭 *Do you know the people who(conj & subj) live over the road?* 그 사람을, 앞의 사람 (목적어) 지칭 *The person(who, conj & obj) I wanted to see was away on holiday.*

whoever 누구든지 *I'll take whoever(conj & subj) wants to go.* 접속사 겸 주어 *Whoever(conj & subj) is responsible for this will be punished.*

whose 앞 사람의 (소유) *That's the man whose(conj) car(명사) was stolen(verb) last month.*

why 왜 (이유) *I have no idea why the television isn't working.*

Prepositions

about ~ 관하여 *Sally lied about her age. She is 45.*

above ~ 위에 (바로 위, 수직 개념) *Tony's new office is above the bank.*

across ~ 가로질러 *This is the only bridge across the river.* 여기 저기/곳곳에 *There are over 100 discount stores across the country.*

after ~ 후에 (시간 개념) *I go swimming every day after work.* 뒤에 (공간 개념) *You were after me.*

against ~ 반(反)하여 *Walking against the strong wind is very hard. They married against her parents' wishes.* 힘을 많이 들인 접촉 *Julia was leaning against me. I put the ladder against the roof.*

along ~ 를 따라서 *We were driving along Riverside Road.*

among/amongst ~ 속으로/중에 *The girl quickly disappeared among the crowd. You get paid the most among us.*

around ~ 둘러(서) *Everyone was sitting around the table.* ~ 여기 저기/전역에 *There are about 40 universities around Australia.*

as ~ 로서 *Dad used to dress up as Santa Claus on every Christmas Eve.* ~ 만큼 *You are as tall as my brother. My brother get paid as much as me.*

at ~ 에 (시간)*The film starts at 8 o'clock.* ~ 에/에서 (장소) *Let's meet at the cinema.* ~ 정도 (단위 앞에) *The Toyota was travelling at about 50 kph.*

because of ~ 때문에 *She stayed at home because of her illness.*

before ~ 전에 (시간 개념) *Harry arrived just 10 minutes before the ceremony.* ~ 앞에 (공간 개념) *You were before me.*

behind ~ 뒤에 *Bianca was standing behind me.*

below ~ 아래에 (바로 아래, 수직 개념) *The post office is directly below Sam's office.*

beside ~ 곁에 *I sit beside Wendy in the classroom.*

besides ~ 말고도 *People choose jobs for other reasons besides money.*

between ~ 둘 사이에 *I sat down between Sue and Jane. It's strictly between us.*

beyond ~ 저 너머에 (공간 개념)*There is a huge sheep farm beyond the river.* ~ 지나서/넘겨서 쪽 (시간 개념) *I think that the conflict in the Middle East will continue beyond this century.*

but ~ 제외하고 *Everybody was there but James.*

by ~ 곁/가에 *Jane went and sat by Patrick. Emily was standing by the window, looking outside.* ~ 로 (교통 수단) *Josh always travels by (무관사) train.* ~ 에 의하여 *This house was built by my grandfather in the 1960s* ~ 까지 (일시적 동작 동사와 함께) *You must hand in your assignment by next Friday.*

despite ~ 에도 (불구하고) *Despite all our efforts to save the company, it went bankrupt.*

down ~ 아래로 *A pretty woman is walking down the street.*

due to ~ 때문에 formal, *Many overseas students have suffered recently due to the weak Korean currency.*

during ~ 동안에 *During the summer, I worked as a lifeguard at a beach.*

except ~ 제외하고 *Everyone except Adam went to the concert.*

for ~ 위하여 *I've got a present for you.* ~ 동안 *We have known each other for ten years.* ~ 로/에 (이유) *Thank you for your help.*

from ~ 부터 (공간 개념) *How do I get there from here?* ~ 부터 (시간 개념) *I will be at home from 6 pm.*

in ~ 안에 *There's some milk in the fridge. I will be staying in Tokyo for a week.* ~ 만에/쯤 걸려서 *Wait! I will get there in half an hour.*

in front of ~ 앞에 *There is a park in front of Central station.*

inside ~ 안(쪽)에 (밀폐) *I will leave the keys inside the box.*

into ~ 안으로 *The children dived into the river.* ~ 로 (형태 변화) *The man turned into a beast.*

like ~ 같이/처럼 *He was so hungry and he ate like a pig!*

near ~ 근처에 *The library is near the city hall.*

next to ~ 옆에 *The post office is next to the bank.*

of ~ 의 *The color of her dress was purple.* ~ 대하여 (피상적) *He's never heard of John Lennon.*

off 분리 *I got off the train at City Hall Station.*

on 접촉 *There are three cups on the table.* ~ 관한/관하여 formal, *I've been reading a book on the Korean War recently.*

onto ~ 표면으로 *She dropped the cup onto the floor.*

opposite ~ 맞은 편에 *There is a huge shopping center opposite the park.*

outside ~ 밖에 *I'll meet you outside the cinema at 2.*

over ~ 위로 *Look! A plane is flying over the harbour.* ~ 건너 편에 *There's a bus stop over the road.* ~ 걸쳐서 *Over the last decade, the country has developed a lot.*

per ~ 당/에 *The price of petrol is $1.30 per liter. It's $150 per person per night.*

since ~ 이래로 쭉 *We've been waiting here since 5.*

than ~ 보다 *This car is cheaper than the other.*

through ~ 관통/통과하여 (공간 개념) *She smiled at him as she walked through the door.* ~ 통과하여/내내 (시간 개념) *The weather forecast said that it will rain though the weekend.*

throughout ~ 짝 (공간 개념) *The company has its customer service centers throughout the country.* ~ 내내 (시간 개념) *E-mart opens every weekend throughout the year.*

to ~ 로 (방향) *She stood up and walked to the window.*

towards ~ 로 향하여 *He was walking towards me.*

under ~ 아래에 *They were hiding under a table.*

underneath ~ 접촉된 바로 아래에 *The letter was hidden underneath the table using sticky tape.*

unlike ~ 와 같지 않게 *It's unlike Greg to be late.*

until ~ 까지 (지속적 동작 동사와 함께) *You can keep the book until the end of this month. You can use the tool until this weekend.*

up ~ 위로 *Everybody walked up the hill.*

versus ~ 대 *There's going to be a soccer match tonight, Korea versus Japan.*

via ~ 를 거쳐서 *We flew to Seoul via Tokyo.*

with ~ 와 (함께) *I saw Bob with his girlfriend in town.* ~ 로 (수단, 도구) *Cut the rope with this knife.* ~ 로 (이유) *The girl was trembling with fear.* 명사에 정보 추가 *I'm looking for a house with a huge backyard.*

within ~ 이내에 (공간 개념) *There is no village within 50km.* ~ 이내에 (시간 개념) *We can have the test results back within 24 hours.*

without ~ 없이 *Homes without a garden are not very popular among families with children in Australia.*

worth 가치가 나가는 *'How much is your car worth?' 'It is worth around $20,000.'*

Conjunctions

after ~ 후에 (시간 개념) *James left the party after Jenny arrived.*

although ~ 일지라도 formal *Although her doctor asked her to rest, she left for Tokyo for the conference.*

and 그리고 *He plays the guitar and sings country songs. She was pretty, slim and busty.*

as ~ 이므로 (이유, formal) *The summit was cancelled as the president was not able to attend it.* ~ 듯이 *As I explained on the phone, you will be interviewed next week.* ~ 하면서 *I saw Peter as I was getting off the bus.* ~ 만큼 *Harry visits his mother as often as he can. I was trying to be as nice as I could to them.*

before ~ 전에 (시간 개념) *Say goodbye before you go.*

because ~ 때문에 (이유) *We didn't enjoy the day because the weather was so awful.*

but 그러나 *It's an old car, but it's very reliable.*

how 얼마나 *Do you know how old he is?* 어떻게 *My car broke down again. I don't know how I get home.*

if ~ 라면, 한다면 조건적 의미, 확률 50% *We'll stay at home if it rains.* ~인지 아닌지 *I don't know if she is coming.*

like ~ 같이/처럼 *Don't talk to me like you talk to your child.*

nor ~ 도 아니다 *It was neither my fault, nor his. Neither Matt nor Julie said anything.*

once 일단 ~ 하게 되면 시간적 의미 확률 99% *We can start once she arrives.*

or ~ 나 *Would you like coffee or something? You either go there alone or just don't go.* 그렇게 하지 않으면 ~ 할 것이다 *Wear the coat or you'll catch a cold.*

since ~ 이래로 *It has been(현재 완료) five years since her father died(과거).* ~ 때문에 (formal, 현재/미래) *Since the committee is not able to come up with any solution, perhaps we should ask someone else.*

so (that) 그래서 *I was very hungry, so (that) I went to a fast food restaurant and had a hamburger.*

than ~ 보다 *You need that money more than I do.*

that ~ 라고 목적절(subj + verb) 연결 *I can't believe (that) she's only 17.* 그것은, 앞의 명사(주어) 지칭 *They've got a printer that(conj & subj) prints on clothes.* 그것을, 앞의 명사(목적어) 지칭 *I don't know where I left the pen(that, conj & obj) I bought yesterday.* 문장 맨 앞의 it 을 받는 that 주어 + 동사 *It is well known that women live longer than men.*

though ~ 일지라도 informal *Though she's almost 40, she's still beautiful.*

unless ~ 하지 않는다면 *He won't go to bed unless you read him a storybook.*

until ~ 까지 (시간 개념) *I will wait here until you finish the work.*

what ~ 것 *Show me what(conj & obj) you bought. Tell me what(conj & subj) happened.*

whatever 무엇을 ~ 든지, 무엇이 ~ 든지 *Whatever(conj & obj) I suggest, he always disagrees. Whatever(conj & subj) happens, you must get there by 7.*

when ~ 할 때 *I'll phone you again when I get home.*

whenever ~ 할 때 마다 *Whenever I hear that tune, I think of you.*

where 곳 (장소) *Stay where you are.* 그곳에서 (앞의 장소 지칭) *I've just come back from New Zealand where I spent two weeks.*

wherever 어느 곳이든지 *Sit wherever you like.*

whereas 반면에 formal *The old system was fairly complicated whereas the new one is really simple.*

whether ~ 인지 (아닌지) *Mark asked me whether I needed any help (or not).* 상관 없이 *Whether you like it or not, I will call your dad.*

which 무엇/어떤 (이미 정해진 몇 개중 하나) *I don't know which one I have to choose.* 그것은, 앞의 명사(주어) 지칭 *Have you seen the letter which(conj & subj) arrived this morning?* 그것을, 앞의 명사(목적어) 지칭 *The book(which, conj & obj) I bought last week is really interesting.*

whichever 무엇이든지 (이미 정해진 몇 개중 하나) *It will be a difficult operation, whichever method you choose.*

while ~ 동안에 *They arrived while we were having dinner.* 반면에 *Jessy likes meat while Steve likes vegetables.*

who 누구 *I don't know who he is.* 그 사람이/은, 앞의 사람(주어) 지칭 *Do you know the people who(conj & subj) live over the road?* 그 사람을, 앞의 사람 (목적어) 지칭 *The person(who, conj & obj) I wanted to see was away on holiday.*

whoever 누구든지 *I'll take whoever(conj & subj) wants to go.* 접속사 겸 주어 *Whoever(conj & subj) is responsible for this will be punished.*

whose 앞 사람의 (소유) *That's the man whose(conj) car(명사) was stolen(verb) last month.*

why 왜 (이유) *I have no idea why the television isn't working.*

Prepositions

about ~ 관하여 *Sally lied about her age. She is 45.*

above ~ 위에 (바로 위, 수직 개념) *Tony's new office is above the bank.*

across ~ 가로질러 *This is the only bridge across the river.* 여기 저기/곳곳에 *There are over 100 discount stores across the country.*

after ~ 후에 (시간 개념) *I go swimming every day after work.* 뒤에 (공간 개념) *You were after me.*

against ~ 반(反)하여 *Walking against the strong wind is very hard. They married against her parents' wishes.* 힘을 많이 늘인 접속 *Julia was leaning against me. I put the ladder against the roof.*

along ~ 를 따라서 *We were driving along Riverside Road.*

among/amongst ~ 속으로/중에 *The girl quickly disappeared among the crowd. You get paid the most among us.*

around ~ 둘러(서) *Everyone was sitting around the table.* ~ 여기 저기/전역에 *There are about 40 universities around Australia.*

as ~ 로서 *Dad used to dress up as Santa Claus on every Christmas Eve.* ~ 만큼 *You are as tall as my brother. My brother get paid as much as me.*

at ~ 에 (시간)*The film starts at 8 o'clock.* ~ 에/에서 (장소) *Let's meet at the cinema.* ~ 정도 (단위 앞에) *The Toyota was travelling at about 50 kph.*

because of ~ 때문에 *She stayed at home because of her illness.*

before ~ 전에 (시간 개념) *Harry arrived just 10 minutes before the ceremony.* ~ 앞에 (공간 개념) *You were before me.*

behind ~ 뒤에 *Bianca was standing behind me.*

below ~ 아래에 (바로 아래, 수직 개념) *The post office is directly below Sam's office.*

beside ~ 곁에 *I sit beside Wendy in the classroom.*

besides ~ 말고도 *People choose jobs for other reasons besides money.*

between ~ 둘 사이에 *I sat down between Sue and Jane. It's strictly between us.*

beyond ~ 저 너머에 (공간 개념)*There is a huge sheep farm beyond the river.* ~ 지나서/넘겨서 쭉 (시간 개념) *I think that the conflict in the Middle East will continue beyond this century.*

but ~ 제외하고 *Everybody was there but James.*

by ~ 곁/가에 *Jane went and sat by Patrick. Emily was standing by the window, looking outside.* ~ 로 (교통 수단) *Josh always travels by (무관사) train.* ~ 에 의하여 *This house was built by my grandfather in the 1960s.* ~ 까지 (일시적 동작 동사와 함께) *You must hand in your assignment by next Friday.*

despite ~ 에도 (불구하고) *Despite all our efforts to save the company, it went bankrupt.*

down ~ 아래로 *A pretty woman is walking down the street.*

due to ~ 때문에 formal, *Many overseas students have suffered recently due to the weak Korean currency.*

during ~ 동안에 *During the summer, I worked as a lifeguard at a beach.*

except ~ 제외하고 *Everyone except Adam went to the concert.*

for ~ 위하여 *I've got a present for you.* ~ 동안 *We have known each other for ten years.* ~ 로/에 (이유) *Thank you for your help.*

from ~ 부터 (공간 개념) *How do I get there from here?* ~ 부터 (시간 개념) *I will be at home from 6 pm.*

in ~ 안에 *There's some milk in the fridge. I will be staying in Tokyo for a week.* ~ 만에/쯤 걸려서 *Wait! I will get there in half an hour.*

in front of ~ 앞에 *There is a park in front of Central station.*

inside ~ 안(쪽)에 (밀폐) *I will leave the keys inside the box.*

into ~ 안으로 *The children dived into the river.* ~ 로 (형태 변화) *The man turned into a beast.*

like ~ 같이/처럼 *He was so hungry and he ate like a pig!*

near ~ 근처에 *The library is near the city hall.*

next to ~ 옆에 *The post office is next to the bank.*

of ~ 의 *The color of her dress was purple.* ~ 대하여 (피상적) *He's never heard of John Lennon.*

off 분리 *I got off the train at City Hall Station.*

on 접촉 *There are three cups on the table.* ~ 관한/관하여 formal, *I've been reading a book on the Korean War recently.*

onto ~ 표면으로 *She dropped the cup onto the floor.*

opposite ~ 맞은 편에 *There is a huge shopping center opposite the park.*

outside ~ 밖에 *I'll meet you outside the cinema at 2.*

over ~ 위로 *Look! A plane is flying over the harbour.* ~ 건너 편에 *There's a bus stop over the road.* ~ 걸쳐서 *Over the last decade, the country has developed a lot.*

per ~ 당/에 *The price of petrol is $1.30 per liter. It's $150 per person per night.*

since ~ 이래로 쭉 *We've been waiting here since 5.*

than ~ 보다 *This car is cheaper than the other.*

through ~ 관통/통과하여 (공간 개념) *She smiled at him as she walked through the door.* ~ 통과하여/내내 (시간 개념) *The weather forecast said that it will rain though the weekend.*

throughout ~ 쫙 (공간 개념) *The company has its customer service centers throughout the country.* ~ 내내 (시간 개념) *E-mart opens every weekend throughout the year.*

to ~ 로 (방향) *She stood up and walked to the window.*

towards ~ 로 향하여 *He was walking towards me.*

under ~ 아래에 *They were hiding under a table.*

underneath ~ 접촉된 바로 아래에 *The letter was hidden underneath the table using sticky tape.*

unlike ~ 와 같지 않게 *It's unlike Greg to be late.*

until ~ 까지 (지속적 동작 동사와 함께) *You can keep the book until the end of this month. You can use the tool until this weekend.*

up ~ 위로 *Everybody walked up the hill.*

versus ~ 대 *There's going to be a soccer match tonight, Korea versus Japan.*

via ~ 를 거쳐서 *We flew to Seoul via Tokyo.*

with ~ 와 (함께) *I saw Bob with his girlfriend in town.* ~ 로 (수단, 도구) *Cut the rope with this knife.* ~ 로 (이유) *The girl was trembling with fear.* 명사에 정보 추가 *I'm looking for a house with a huge backyard.*

within ~ 이내에 (공간 개념) *There is no village within 50km.* ~ 이내에 (시간 개념) *We can have the test results back within 24 hours.*

without ~ 없이 *Homes without a garden are not very popular among families with children in Australia.*

worth 가치가 나가는 *'How much is your car worth?' 'It is worth around $20,000.'*

Exercise 1 으로 본격적으로 들어가기 전에 머리도 식힐 겸, 다음 몇 쪽에 나와 있는 '영어를 못하는 지름길'에 당신도 있지 않은지 한 번 살펴보시길 바랍니다. 물론 못하는 지름길과 더불어 바른 길도 소개합니다.

영어를 대하는 우리들의 올바른 자세

영어는 수학이나 물리학처럼 고도의 논리를 다루는 학문이 아닙니다. 그냥 전 세계의 여러 언어들 중 한 언어일 뿐입니다. 그러나, 그 방대한 양 때문에 익숙해지기까지는 많은 시간을 필요로 합니다. 그래서 저는 영어는 머리로 공부하는 것이 아니라 시간으로 공부하는 것이라 말합니다. 즉, 누구든지 일정 시간을 동안 영어 학습에 할애하면 학습량에 비례하는 수준의 영어를 할 수 있습니다.

그러나 여기서 시작되는 의문이 하나 있습니다. 많은 분들이 공감하시겠지만, '**같은 시간을 할애하여 영어 공부를 했는데도 결과는 개인에 따라 천차 만별**' 이라는 것입니다. 마치 중, 고교시절에 어떤 녀석은 맨날 노는 것 같으면서도 상위권 성적을 유지하고, 필자처럼 맨날 공부해도 중간 밖에 못 가는 학생들도 있었듯이. 영어의 경우에 이러한 현상이 특히 두드러집니다. 그럼 이유는 뭘까요? 이유는 단 한가지 입니다. **누가 얼마만큼 효과적인 학습을 했느냐**, 즉 학습 방법의 문제입니다.

영어는 수학처럼 단계적으로 학습하는 그런 '학문'이 아닙니다. 최소한의 규칙(문법)만 가지고서, 다양한 단어들과 표현들을 가지고, 아주 아주 커다란 보드에 퍼즐을 맞추는 것에 비유할 수 있습니다. 문법은 그 퍼즐 조각들을 맞추는 가장 기본적인 원리를 설명해 놓았을 뿐이고, 각각의 퍼즐 조각들을 자꾸 접하며, 자꾸 익숙해 지면서, 제자리를 찾아가는 것(이해, 활용)입니다. 어느 정도 양의 퍼즐 조각들이 제자리를 찾아가면 큰 그림이 보이기 시작하는데, 이 때가 영어라는 퍼즐의 큰 그림이 이해되기 시작되고 '혼자서 나머지 퍼즐을 맞출 수 있다' 라는 자신감이 붙기 시작하는 때입니다. 영어의 퍼즐은 정말 방대해서, 완벽하게 맞추는 것은 원어민들에게도 쉽지 않은 일입니다. 마치, 모든 한국인 또는 일본인들이 자국어를 완벽하게 할 수 없듯이 말이지요. 그래서 다 맞춘 퍼즐을 기대하시기 보다는 맞춰 나가는 재미를 느끼시는 것이 영어를 잘 할 수 있는 기본 마음가짐입니다.

그래서 뭘 어쩌라는 것인데?

그러면 얼마만큼 비효율적으로 공부를 했기에 영어가 그리 힘든지 한 번 구체적으로 알아보도록 하겠습니다. 아래는 많은 영어학습자들이 가지는 대표적인 14가지 잘못된 학습 태도 및 방법입니다. 저는 개인적으로 '**영어를 못하는 지름길**' 이라고 부릅니다.

광고,"3 개월로 입이 열리고 귀가 뚫린다." "신나는 영어 회화 구문. 이 책 한 권으로 영어 회화 문제없다."
문제 많습니다. 이 말이 사실이라면 한국에 영어 못하는 사람 없고, 3개월 이상 해외 어학 연수를 하는 사람들은 지능이 거의 돌고래 수준이거나 돈이 남아도는 관광객들입니다. 이런 광고를 하는 저자들은 정말 그렇게 될 것이라고 착각하고 있거나, 아니면 그렇게 되든지 말든지 돈만 벌면 된다는 영어에 관한 비전문가, 즉 장사꾼들일 뿐입니다.

어떤 언어로 자유롭게 의사 소통이 가능할 정도의 수준에 6개월 만에 도달한 경우는 인류 역사상 단 한 번도 없습니다. 이렇게 단 한 건도 보고 된바 없는 불가능한 일이 왜 당신에게만은 가능하리라 생각합니까? 정말 그렇게 해주는 책이 있다면 그 책은 세계 언어학계의 기적이며 노벨상을 적어도 10번은 연속으로 수상해야 되지 않을까 싶습니다.

"영어권에서 몇 년 살면 영어 문제 없어", "영어권에서 학교 몇 년 다니면 영어야 뭐 저절로….."

역시 문제 많습니다. 잘 아시죠? 아직 노트처럼 주위글 둘러보세요. 수두룩……. 10년을 넘게 쉴 이도 체계적인 학습 없이는 안되고, 조기 유학생들의 영어 실력, 특히 읽기, 쓰기 실력을 잘 살펴보시면 속이 깝깝해지면서 소화불량에 걸리실 겁니다. 외국에서 몇 년이 산 것이 중요한 것이 아니고 몇 년을 어떻게 학습했느냐가 중요합니다. 그래서 한국에서 기본이 탄탄한 학생들이 영어권에 나와서, 영어 실력이 훨씬 빨리 느는 이유가 여기에 있습니다.

"영어는 무조건 외워야 해. 외우는 것이 짱이야".

한국말로 된 시 한 편도 외우기 힘든 것이 사람의 뇌 구조입니다. 노래방가서 가사 안보고 1절부터 2절까지 한 번도 안 틀리고 부를 수 있는 한국 가요가 몇 곡이나 되는지 가슴에 손을 얹고 생각해 보세요. 필자의 경우, 가수 김광석씨의 '너무 아픈 사랑은 사랑이 아니었음을' 이란 곡을 지난 15년 동안, 기타와 함께 직접 악보를 보며, 적어도 300회 이상 노래를 했음에도, 아직도 1절과 2절 가사가 종종 섞여버립니다. 이런데도 영어로 된 문장 한 단락도 외우지 못한다고 댁의 자녀를 돌머리라고 구박하지는 않으신가요? 어른들과는 달리 애들은 나이가 어려서 충분히 외울 수 있다고 생각하십니까? 전 세계 어떤 사람도 말을 외워서 하는 사람은 없습니다. 한국말을 외워서 하십니까? 외우지 않은 상황이 오면 꿀 먹은 벙어리가 되는가요?

인간의 두뇌는 대화의 내용은 기억하지만, 듣고 읽은 단어나 문장 구조를 그대로 기억하지는 못합니다. 대신에, 내용을 기억해 두었다가, 자기 자신만의 어휘와 자신에게 익숙한 문장구조를 사용하여 내용을 되살려내는 탁월한 능력을 가지고 있습니다.

"영어는 회화가 중요해. 회화만 잘 되면 나머지야 뭐~~~."

요즘 해외 영어 연수를 경험한 학생들을 어렵지 않게 만나 볼 수 있습니다. 영어 한마디 못하던 자녀를 해외로 유학 보내고 나서, 자녀가 방학 동안 한국에 계신 부모님을 방문합니다. 그 자녀가 영어로 몇 마디 떠듭니다. 그러면, 영어를 잘 모르는 부모님들은 '와! 조기 유학 보내길 정말 잘했어! 라는 감탄을 합니다.

그런데, 그 학생들이 일상적인 의사 소통에는 문제가 없는 듯 한데, 학교 교과서(원어민 학생들이 보는 수준)를 이해하는데 애를 먹지는 않습니까? 글은 술술 잘 쓰는가요? 한국에서 기초가 탄탄하지 않은 조기 유학생이 외국 연수 1년 만에 습득하여 구사하는 영어 수준은 원어민 기준으로 높게 잡아봐야 초등학교 저 학년 수준입니다. 만 5세에서 8세의 영어 실력이라고 보면 됩니다. 한국어를 모국어로 하는 만 5-8세의 어린이가 수준 높은 말과 글을 구사할 수 없고, 뉴스나 신문의 사설을 이해할 수 없고, 대입 논술 시험을 치를 능력이 되지 않듯이, 영어 해외 연수 6개월에서 1년으로 너무 많은 것을 기대할 수는 없습니다.

결론은, 영어로 몇 마디 떠든다고 감탄하기에는 너무 이르다는 겁니다.

"그 동안 독해로 시간을 너무 낭비했어. 이제부터 말하기와 작문에 집중이다!"

입력이 없는 출력은 불가능합니다. 아기들이 모국어를 배울 때 가장 먼저 하는 것이 뭘까요? 말하기 일까요? 아니면 천재 유아의 글쓰기일까요? 아시다시피 듣기가 가장 먼저입니다. 듣기(입력)를 바탕으로 말을 하는 것입니다. 마찬가지로 잘 쓰기 위해서는 또 다른 입력, 즉, 읽기가 필요합니다. 읽기, 듣기를 소홀히 해서는 절대로 말하기와 쓰기 수준을 높일 수 없습니다.

"읽기, 쓰기는 되는데 말하기가 안 된다."

과연 그럴까요? 말하기가 안 되는 분들의 공통점은 읽기, 쓰기도 잘 안됩니다. 대충 읽고 단어 몇 개, 머릿속에 집어넣어 한 번 흔들어 섞어서, 대충 이해하는 실력을 가지고 읽기가 된다고 생각하십니까? 그렇게 해서 객관식 문제 찍어 맞추면 독해를 잘하는 것인가요? 맨날 대충 대충 해석하니 작문에도 자신이 없습니다. 왜냐고요? 써 놓고도 맞는지 틀리는지 모르니. 정말 읽기, 작문을 제대로 하시는 분들은 3 개월에서 6 개월만 훈련하면 말도 잘합니다.

"문법이 제일 중요해. 난 문법을 먼저 마스터할거야. 그러면 나머지는 술술 ~~"

이런 마음을 가지고 기초 영문법 교재나 Grammar in Use 등을 여러 번 독파하시려 하는 분들이 있습니다. 결론부터 말씀 드리면, 이러한 문법책을 100회 이상 봐도 영어는 넘기 힘든 산입니다. 왜냐고요? 문법책만 죽어라 봤으니 실력이 늘리가 없지요. 문법책은 책의 특성상 문법이라는 법칙을 아주 쉬운 문장 구조와 단어를 사용하여 설명해 놓은 책입니다. 여기에 함정이 있습니다. 모든 문장들이 간단한 문장 구조와 단어로 구성되어 있어, 대부분의 기초 영문법의 예문 수준은, 높게 잡아야 원어민 초등학교 저학년의 영어수준입니다.

여기서 문법책만 죽어라 공부하는 학습자가 영어가 안 되는 이유에 대한 답이 나옵니다. 초등학교 저학년 영어 수준의 영어 문장만 죽어라 보면서, 막상 실전에서 어려운 단어가 들어간 변형된 문법 구조(성인 수준의 영어)를 만나면 해석이 전혀 안 되는 것이 당연합니다. 독해가 제대로 되지 않으니 뉴스 청취 같은 것은 꿈 같은 이야기 입니다.

또한, 문법책은 특성상 모든 문법 사항을 포함하여야 하기 때문에 중요도나 빈도가 떨어지는 문법도 많이 포함되어 있습니다. 문법을 알면 도움이 되기는 합니다만, 문법에 목숨을 걸면, 영어는 포기하게 됩니다. 필자가 우연히, 한국 유명 인터넷 방송국의 '고2 분사 구문' 강의를 접한 적이 있었습니다. '필자가 공부하던 80년 대 말과 비교하여 지금의 문법 강의가 얼마나 달라졌는가' 라는 강한 궁금증이 발동했습니다. 하지만, 저의 현재 영어 실력으로도 이해하기 어려운 문법 사항들을 그 강사 분이 열변을 토해내는 것을 본 후, 20 여년 전과 별 달라진 것이 없다는 결론을 내리게 되었습니다.

또, 문법적으로 맞는다고 다 좋은 글은 아닙니다. 실례로, 문법적으로 전혀 문제가 없는, 일본인 번역사가 영어로 번역한 상품 설명서를 필자가 싹그리 뜯어 고친 적이 있습니다. 대부분의 원어민들이 이해하기 매우 어려운 문장들이었습니다.

주어, 동사, 목적어 및 품사(특히 접속사와 전치사)의 이해, 그리고 기타 몇 가지 기본적인 문법 사항의 이해만 가지고도 제대로 독해를 할 수 있습니다. 문법책은 말 그대로 참고서 입니다. 한 번, 많으면 두 번 정도 이해 중심으로 (암기 중심으로가 아니라) 독파하시고, 필요할 때마다 참고하는 것으로 충분합니다.

"독해는 단어만 많이 알면 자동 해결이야."

이 원리대로라면 노트는 단어를 사전에서 찾은 후에는 독해가 술술 되어야 합니다. 그런데, 현실은 전혀 그렇지 않습니다. 모르는 단어의 뜻을 사전에서 다 찾았는데도 독해가 되지 않던 적은 없으십니까? 없다면 거짓말입니다. 그래서, 또 대충 대충 어림잡아 해석을 합니다. 이때부터는 영어 실력보다 학습자의 국어 실력과 상상력이 독해를 하는데 핵심적인 역할을 맡게 됩니다. 이렇게 상상력에 의존하여 독해를 하니, 작문을 할 때도 정확하게 하는 것이 아니라 상상에 의지하게 됩니다. 독해에는 원리가 있습니다. 문장의 기본적인 구성요소 (주어, 동사, 목적어), 접속사, 전치사, 그리고 동사 친구들(?)을 제대로 이해하면 정확하게 독해를 할 수 있습니다.

"영어는 무조건 원어민에게 배워야 해. 원어민이 훨씬 잘 가르쳐."

입장을 바꿔서……한국말 잘 한다고 영어권 사람들에게 한국말을 잘 가르치실 수 있는 분이 몇 분이나 됩니까? 물론 원어민이 발음은 더 좋습니다. 그러나, 한국인들이 모국어의 언어 구조의 체계적인 이해가 부족하듯 원어민들도 마찬가지입니다. 한국인들이 영어를 배우는데 있어서의 어려움과 영어와 한국어의 구문적, 문법적, 음성학적, 의미론적, 문화적 차이 등을 이해해야 효과적인 수업이 될 수 있습니다.

영어 essay writing(논술)에 관하여도 마찬가지 입니다. 한국어가 모국어인 모든 한국인이 한국어 논술을 잘 쓸 수 없듯이, 원어민이라고 무조건 essay writing 을 잘 할 수는 없습니다. 심지어 대학을 졸업한 원어민에게도 essay writing 은 만만하지 않은 작업입니다. 학점을 턱걸이로 졸업한 그런 원어민 대졸자들에게 essay writing 은 더욱 어려운 작업입니다. 혹시라도 원어민을 자녀의 essay writing 선생님으로 두실 경우에는 반드시 그 선생님의 대학시절 성적표를 확인하시길 바랍니다. 무자격 원어민 선생님보다는 실력 있는 한국인 선생님이 더 나은 선택입니다.

"발음이 문제일 때는 일단 '꽈/굴려'야 돼."

백날 혀 꼬아도 안됩니다. 누가 그러더군요. '안되면 더 꽈/더 굴려!'. 그래도 안 되는 것은 안됩니다. /l/ & /r/, /b/ & /v/, /f/ & /p/, /s/ & /sh/ /d/ & /th/를 확실히 구분하여 발음할 줄 알아야 하며, 영어와 한국어의 음성학적 공통점과 차이를 이해하여 연음과 종음 등을 제대로 발음해야 원어민의 발음에 근접하게 됩니다.

"영어를 잘 하는 사람은 따로 있다니 깐!!!! 난 안 돼".

학창시절을 되짚어 보면 같은 시간을 공부하는데도 영어 성적이 천차만별입니다. 왜일까요? 지능 탓일까요? 누구는 말을 잘하는 뇌 구조가 아닌가? 그런데, 지금까지의 글 이해하는데 문제 없으셨죠? 영어는 말입니다. 상당한 두뇌가 있어야 할 수 있는 수학이나 물리학과는 달리, 누구나 효과적인 방법으로 공부하면 영어를 잘 할 수 있습니다. 한국어로 의사소통에 문제없으시면 영어로도 가능합니다.

"난 생활 영어만 하면 돼!!"

생활 영어라……음……… 보통 생활 영어라는 작은 책자들이 시중에 많이 나와 있고, 많은 학습자들이 그 책을 달달 외워보기도 합니다. 그런데, 그 생활 영어라는 책으로 정말 생활이 되던가요? 화장실이 어디 있고 식당이 어디 있고 가격은 얼마고 말한 수 있는 것 등으로 생활이 되든가요? 이 수준은 생활 영어수준도 아니고 원어민 4-5세 아이의 영어 실력도 안 되는 여행 영어입니다. 이 실력으로 영어권 국가에서 성인이 정상적인 일상 생활이 되고, 업무적인 영어 구사가 가능하다고 생각하십니까? 생활 영어 생활 영어 백날 공부해 봤자 영어로 된 편지에 긴장되고 짜증나며, 마지 못해 사전을 찾아도 2%가 아닌 20% 부족해서 또 상상력에 의존하게 됩니다. 완전하게 이해를 못하니 항상 남한테 물어보게 되고 답장은 꿈도 못 꿉니다. 정상적인 성인들의 생활이 절대 될 리 없습니다. 성인의 일상 생활이 안 되는 수준만을 공부하며 정상적인 성인의 일상 생활이 되기 바라기를 몇 년 하다 보면 결국은 '난 안 되구나!'하고 포기하게 됩니다. 결론은 간단합니다. 원하는 수준만큼, 필요한 수준만큼으로 영어를 접하고 학습해야, 그 수준으로 영어를 구사하게 됩니다.

"이 학원 다니면/ 이 선생님이랑 공부하면 영어 해결된 데!!!!"

물론 좋은 선생과 자격 미달의 선생의 차이는 하늘과 땅 차이 입니다. 비유하자면 훌륭한 영어 선생님은 학생들이 건강할 수 있도록, 몸에 좋은 음식을 골고루 차려주시는 엄마와 같고 자격 미달 선생님은 라면과 인스턴트 식품으로 아이들의 당장의 배고픔을 채우려고는 하나, 결국 균형 잡힌 영양 섭취를 불가능하게 하는 엄마와 비슷합니다. 그러나 아무리 훌륭한 엄마가 만든 밥상도 떠 먹는 것은 직접 떠 먹어야 하고, 때로는 손수 밥상을 차려 먹을 줄도 알아야 합니다. 차려주는 밥상도 직접 떠 먹지 아니하고 혹시나 먹어도 억지로, 수동적으로 먹으니 소화가 제대로 될 리가 없습니다. 영어 공부를 할 때도 마찬가지입니다. 마지못해서 또는 시험 때문에 억지로 영어를 공부하는 것이 아니라, 좀 더 긍정적인 마음을 가지고 접근하여, 영어를 자기 발전 수단으로 여길 때, 더욱 노력하게 됩니다. 물론 흥미도 더욱 생깁니다. 그러니 밥맛 또한 더 좋아집니다. 아무리 좋은 선생님과 공부를 해도 본인의 긍정적인 노력이 없으면 그 결과는 아주 미미합니다.

호주나 영국 영어는 이상해서 못 알아먹겠어. 그래서 미국 영어를 배워야 해!

서울 사람이 충청도 가면 의사 소통이 안 되나요? 영국인이나 호주인이 미국 영화나 드라마나 영화를 이해하지 못할까요? 물론 영국 영어, 미국 영어, 호주 영어 사이에는 약간의 발음, 어휘, 철자 등의 차이는 있습니다. 그러나, 이 차이는, 감히 말씀 드리자면, 서울 표준어와 부산 사투리의 차이도 되지 않습니다. 가장 큰 차이는 억양인데, 영국 사람 말을 알아들으면 미국인의 말도 알아들을 수 있고, 반대로, 영국인이나 호주인의 말을 알아듣지 못하면 미국인의 영어도 알아듣지 못하는 경우가 허다합니다.

바람직한 영어 공부 방법과 습관

앞선 '영어를 못하는 지름길' 에서 영어를 못하는 다양한 원인들을 알아 보았습니다. 그러면 당장 눈앞의 중간고사나 점수만을 위한 시험 영어가 아니라, 진짜 영어를 잘하기 위한 바람직한 영어 공부 방법과 습관에 대하여 포괄적으로 살펴보겠습니다. 물론 진짜 영어를 잘하는 사람은 시험 점수도 좋습니다.

우선, '영어를 못하는 지름길' 에서 벗어나야 합니다. 그리고, 본 교재를 철저하게 교재 사용 방법대로 공부를 하세요. 그대로만 하면 일단은 한 단계 위에서 놀(?) 수 있습니다. 말하기, 듣기, 읽기, 쓰기에 확실한 기본기를 쌓게 합니다.

또한, 편식하지 않습니다. 읽기, 듣기, 쓰기, 말하기를 골고루 연습합니다, 매일 조금씩이라도. 영어는 하루에 7시간을 공부하는 것보다, 하루에 한 시간씩 일주일에 걸쳐 일곱번 공부하는 것이 훨씬 더 효과적입니다. 영어를 잘 하고 싶은 사람이 하루에 한 시간도 영어에 투자를 하지 않는다면 방법은 없습니다.

Reading Comprehension and vocabulary (읽고 이해하기와 어휘)

구체적으로 설명해 보겠습니다. 학습자의 수준보다 약간 높은 수준 또는 본인이 소화하기를 원하는 수준의 읽기 교재를 정합니다. 이유는, 이미 언급했듯이, 맨날 원어민 초등학생 저학년 수준으로만 공부하면 죽었다 깨어나도 초등학생 수준을 벗어날 수 없습니다. 간단한 논리죠? 초등학교 저학년 한글 동화 십 만권을 읽어도 신문 사설을 이해하지 못하는 것과 같습니다.

교재는 가급적 영어를 모국어로 하는 저자가 쓴 자료를 사용합니다. 이유인즉, 영어를 외국어로 하는 사람들은 절대로 원어민의 언어적 감각을 따라 갈 수 없습니다. 원어민 전문가들이 저술한 글들에서 자연스러운 영어식 표현들을 다양하게 접할 수 있습니다. 필자는 월간지 Readers Digest 영문판을 추천합니다. 쉬운 자료에서부터 난이도가 좀 되는 자료까지 다양한 주제의 글들이 수록되어 있습니다. 인터넷에서도 읽어 볼 수 있습니다.

다음으로 공부할 분량을 결정합니다. 예를 들면, 하루에 한 단락에서부터 또는 한 두 페이지 정도까지. 자료가 정해졌으면 한 단락을 사전 없이 스스로의 힘으로만 해석해 봅니다. 한 단락을 다 읽은 후에, 다시 처음으로 돌아가 사전을 찾아가며 해석을 합니다. 이 과정은 모르는 단어를 한 번이 아니라 두 번 궁금하게 하고, 그 과정을 통하여 단어를 더 잘 기억하게 합니다.

모르는 단어가 나오면 절대 외우려 들지 마세요. 오래 기억하려면 절대 쓰지도 말고, 문장에서 어떤 식으로 사용되는지 이해만 합니다. 언급했듯이, 단어만 안다고 해석이 다 되는 것이 아닙니다. 문장에서 어떤 식으로 활용되었는지를 이해하고, 이렇게 이해를 거친 단어들은 두 세 번 정도만 더 만나게 되면 대부분 저절로 기억이 됩니다. 또, 철자는 그리 중요하지 않습니다. 영어를 많이 접하다 보면 철자의 일정한 형태들이 보이기 때문에, 철자 때문에 고생하는 경우는 몇 단어 되지 않게 됩니다. 이해를 마친 후, 학습자가 직접 두 세 번 정도 발음해 보도록 합니다. 이 과정은 말하기와 듣기 능력 향상에 많은 도움이 됩니다.

먼저 문장의 주어와 동사를 파악합니다. 아무리 문장이 길어도 main subject 와 main verb 만 잘 찾으면 해석의 70%는 해결되었다고 보면 됩니다. 거꾸로, main subject 와 main verb 를 잘못 찾으면, 정확한 해석이 절대 될 수 없습니다. 학습자가 주어라고 생각하는 부분 뒤에는 반드시 동사가 나와야 하고, 마찬가지로 main verb 라고 생각 되는 단어 앞까지가 무조건 main subject 입니다. 지면 관계상 더욱 더 자세하게 설명 못함이 안타까울 뿐입니다.

문장의 정보를 순서대로 이해하는 습관을 가져야 합니다. 어떤 언어의 원어민도 모국어를 처음부터 끝까지 들은 후에, 거꾸로 다시 올라가면서 이해하지 않습니다. 한국어로 자연스럽게 번역하는 것에 중점을 두어, 자꾸 한국어 어순으로 옮겨서(뒤에서부터 거꾸로) 이해하기 시작하면, 문장의 의미를 절대 빠르게 이해할 수 없고, 이렇게 습관이 들면 듣기 능력에 치명타를 가지고 오게 됩니다. 왜냐고요? 글은 천천히 독자의 속도에 맞춰서 거꾸로도 읽어보고 바로도 읽어볼 시간이 있지만, 라디오나 방송에서는 청취자가 거꾸로 이해할 수 있을 만큼의 시간을 절대 주지 않고 다음 문장으로 넘어가 버립니다. 처음 한 문장 이해하려고 고민하는 사이에 나머지 열 문장을 놓쳐 버립니다. 본 교재의 한글 해설처럼 영어식 어순으로 그냥 이해하고 넘어가고, 한국어의 어순으로 옮기는 습관을 배제합니다.

영영 사전을 사용합니다. 영영 사전의 가장 큰 잇점은 한국어로 옮겨질 때에 생기는 오역을 방지하는 것입니다. 또한, 영영 사전의 해설을 읽고 이해하는 것만으로도 영어 실력 향상에 많은 도움을 가져다 줍니다. 필자는 Longman Dictionary of Contemporary English 를 추천합니다. 보기도 편하고, 사전 구입시 딸려오는, 컴퓨터에서 사용하는 전자식 사전은 정말 사랑스울 정도 입니다. 요즘에는 app 으로도 구입하실 수 있습니다. 필자가 이렇게 롱맨을 추천한다고 해서 롱맨 출판사에서 밥이라도 한 끼 사준다거나 하지는 않습니다. 참 아쉽습니다. ^^;

이 책의 집필을 마친 후, 읽기 교재, Read & Understand English VERY WELL 집필 예정입니다. 솔직히 언제 책으로 나올지는 모릅니다. 책 쓰는 일이 엄청난 시간이 소요되는 지라. 그 때까지 필자의 독해 필살기는 강의로 밖에 전달이 될 수 없음이 또한 안타깝습니다.

Listening Comprehension (듣고 이해하기, 청취)

가장 힘들고, 노력해도 잘 늘지 않는 것이 청취입니다. 먼저 그 이유를 알아보겠습니다. 인간은 엄마 배속에서부터 소리를 듣기 시작합니다. 엄마의 말소리, 음악 소리 등 여러 가지 소리들을 들으며 성장합니다. 하지만, 인간이 소리를 구분하는 능력은 만 1세 이후부터 점점 감소하여, 만 12 세 전후로 완전히 소멸됩니다. 이 시기 이후로는 아무리 노력을 해도, 원어민의 소리 구분 능력을 절대 따라 갈 수 없습니다. 소리를 구분하는 능력이 떨어지니, 이 시기가 지나면 발음도 원어민 수준으로 구사할 수 없습니다. 그 예로, 초등학생때 원어민의 발음을 접한 사람들은 발음이 원어민에 가까운 반면, 사춘기를 지나서 원어민 발음을 접한 사람은, 나이 서른이 넘어 외국어를 처음 배우는 사람과 발음상에서 별 차이가 없습니다.

정리하면, 어떤 한 언어의 원어민이 100 만큼의 모국어 발음들을 구분하는 능력을 가지고 있다고 했을때, 제 2 언어 학습자가 후천적 학습과 훈련으로 인하여 극대화 할 수 있는 소리 구분 능력은 약 70 에서 80 정도가 최대치라는 것입니다. 즉, 발음이 조금 부정확 할 경우 원어민에 비해 그 부정확한 발음을 이해하는 정도가 그 만큼 떨어진다는 뜻입니다. 예를 들어, 영어권 사람과 직접 이야기를 할 때는 어느 정도 들리는데 반해, 영화를 볼 때는 잘 들리지 않는 이유가 그것입니다. (대부분의 영화 배우들의 발음은 그리 정확하지 않습니다)

그러면, 말을 알아 듣는 것을 포기 할 것이냐? 물론 그럴 수는 없습니다. 말은 언어의 기본이기에. 일단 알고있는 단어와 분상 구소라노 나 일아들이아 힙니디.

많은 학습자들이 듣기 연습 시에 한글이나 영문 자막과 같이 듣기를 하는데, 이렇게 하면 듣기 실력은 절대 늘지 않습니다. '영문 자막과 같이 들어보면 잘 들리나요?' 라는 질문에 '네' 라고 대답하신 분들은 대단한 착각을 하고 계신 겁니다. 그것은 단지 '들린다' 라는 착각일 뿐이라는 얘기입니다. 소리의 미세한 차이를 구분하는 능력 없이, 그냥 자기가 듣는 소리를 자막에 끼워 맞추는 과정을 통해, 자기가 그것을 제대로 알아들었다는 착각을 하는 겁니다. 처음에는 더뎌도, 한글이나 영문 자막 없이 듣는 연습을 해야 제대로 들리기 시작합니다. 적어도 하루에 30분 이상은 듣기 훈련을 하십시오. 라디오 방송이나 TV 뉴쓰가 좋은 청취 교재입니다. 이유는 라디오는 시각적 힌트를 주지 못하기 때문에 전체적으로 발음이 매우 정확한 편이고, TV 뉴쓰의 경우 매우 정확한 발음에 더불어, 시각적 정보 또한 함께 전달되기 때문입니다. 다만 아쉬운 것은 뉴쓰에 사용되는 어휘 수준이 꽤 높은 편입니다.

반면, 듣기 능력을 향상하는 데에 가장 어려운 자료는 TV sitcom 입니다. 배우들의 발음도 그리 정확하지 않은 편이고, 대화에 문화적 차이와 상황의 미묘함을 이해해야만 웃을 수 있는, 즉, 복선이 깔린 대화가 너무 낳이 나와서 이해하기가 쉽지 않습니다.

바쁜 이들에게 시간 대비 효과가 가장 좋은 듣기 연습은 따로 시간을 내어 공부한다기 보다는 원문 없이 계속해서 조금씩이라도 듣는 것입니다. 당장은 이해하지 못하더라도 계속해서 '배째' 라는 배짱으로 꾸준하게 듣는 것이 중요합니다. 이 과정을 거쳐, 소리에 익숙해 지고, 아는 단어들과 문장 구조는 먼저 건질 수 있게 됩니다. 집에서 청소할 때나 차에서나 아니면 이어폰을 꼽고라도 자주 듣고, 소리에 익숙해 지는 것이 관건입니다. 처음에는 힘들고 막막하지만, 차츰 차츰 늘어가는 실력에 스스로 대견해 할 날이 올 것을 확신합니다. 다만, 다른 입력 채널, '읽기' 와 동반될 때 더 좋은 효과를 얻을 수 있습니다.

Speaking (말하기)

언어학의 세부 과목 중에 '모국어 습득' 이라는 과목이 있습니다. 이 과목에서는 아이의 언어 습득 및 출력(말하기) 과정 등을 여러 가지 실험을 통해 통계적으로 증명합니다. 예를 들면, '아이들이 언어를 습득할 때 특정한 종류의 어휘와 소리들을 먼저 습득하고 발음하며, 이러한 현상은 영어를 모국어로 하고 있든 한국어를

모국어로 하고 있든 상관없이 전 세계의 모든 아이들에게서 나타나는 공통적 현상이다' 라는 등의 내용을 증명합니다. 이 과목에서 한 가지 흥미로운 가설은 '모국어를 아무리 들려줘도 아이가 의사를 표현하려는 과정을 거치지 않게 되면, 그 아이는 말을 거의 하지 못한다' 입니다. 아이들은 일반적인 언어 환경에서 만 다섯 살 정도면, 웬만한 자기 의사 표현은 합니다. 그런데, 아이를 태어나서부터 특수한 환경, 즉, '최소한의 호기심만을 불러 일으키는 작은 방(예를 들어, 창문도 없고 벽은 그냥 평범한 밝은 단색)에서 생명만 유지시키면서, 모국어를 들려 주는 것만으로는, 그 아이는 다섯 살이 되어도 말을 거의 하지 못한다' 는 가설 입니다. 당연히 아이는 정상적인 사고를 가지지 못하게 될 것이고, 발달에도 커다란 장애를 가지게 될 것입니다.

마찬가지로, 영어(외국어)를 공부함에 있어서도 그 '의사를 표현하려는 과정' 없이는 절대 제대로 된 출력(말하기, 쓰기)가 나오지 않습니다. 그 대표적인 예로, 많은 토익 및 수능 고득점자들이 영어를 이해는 하지만, 영어로 말을 잘하지는 못합니다. 여기서의 의사 표현 과정은 호기심, 즉, '저 상황/이럴 때는 어떻게 영어로 말하지?' 라는 의문을 항상 머리 속에 넣고 다니는 것을 말합니다. 혹자는 '영어식 사고를 습관화 해야 하며, 꿈도 영어로 꾸라' 라고 합니다. 뭐 틀린 말은 아니지만, 너무 이상적이어서 결국 헛소리에 불과합니다. 뭘 알아야 꿈도 영어로 꾸든지 말든지 합니다. 꿈을 영어로 꾸는 일은 말 그대로 꿈이니 너무 연연하지 않아도 됩니다. 참고로 필자도 영어로 꿈을 꾸어본 적이 거의 없습니다. 그래도 영어권에서 영어쓰며, 가르치며 밥 먹고 삽니다. ^^;

여하간, '저 상황/이럴 때는 어떻게 영어로 말하지?' 라는 질문을 하루에 최소 10번씩 스스로에게 합니다. 그러다 차츰 그 회를 늘입니다. 이쯤 되면 '답을 맞춰 볼 수도 없는데 그게 무슨 소용이냐?' 라고 많은 분들이 반문합니다. 물론 누가 옆에서 매 번 도와주지 않는 이상 답을 맞춰볼 도리는 없습니다. 그러나, 그러한 궁금증은 인간의 기억력을 엄청나게 향상시킵니다. 예를 들어, 평소에 궁금해 하던 사실을 우연히 알게 되면 웬만해서는 잊지 않습니다. 반대로, 평소에 별 관심이 없는 사항들은 그 사실을 접하고도 거의 기억하지 못하고 지나갑니다. 요는, 당장은 모르더라도 꾸준히 입력(읽기, 듣기)을 하는 과정 중에 '이걸 영어로 뭐라 하나' 라는 질문을 던졌던 비슷한 상황을 접하게 되면 '아 이거였구나' 하며 바로 이해 및 기억이 됩니다. 반대로, 이런 궁금함의 과정이 없이는 절대 영어 실력(특히 말하기, 쓰기)는 늘지 않습니다. 협박이 아니라 사실을 말씀 드리는 겁니다. 이 말이 거짓이면 저는 더 이상 영어를 가르치지 않겠습니다.

정리하면, 여러 학습자들이 영어로 말하기를 어려워하는 이유 중에 하나는, 자기가 말하고자 하는 표현을 영어로 잘 모르기 때문입니다. 알아야 자신 있게 말하거나 쓸 수 있기에, 입력(듣기, 읽기)을 병행해야 합니다. '저 상황/이럴 때는 영어로 뭐라고 할까?' 라는 질문과 함께.

발음은 영어를 못하는 지름길의 내용에서 나온 영어의 고유한 발음들을 연습하시고, 본 교재의 한글 해설 발음을 참고하시길 바랍니다.

마지막으로 본 교재의 공부 방법을 철저히 따르고, 접속사와 전치사에 유의하며 교재 사용법을 따라 충실하게 학습하는 것이 말하기의 필살기입니다.

쓰기

읽기와 마찬가지로, 쓰기를 할 때도 가장 기본은 주어와 동사입니다. 많은 학습자들이 마음이 급한 나머지 주어와 동사가 제대로 갖추어 지지 않은 문장을 쓰곤 하는데, 이렇게 되면 나머지 부분을 아무리 잘 써도 의미가 잘못 전달될 확률이 매우 높습니다. 반대로, 주어와 동사를 제대로 확립한 문장은 의미의 절반 이상은 이미 정확하게 전달했다고 보면 됩니다.

말하기와 마찬가지로 본 교재의 공부 방법에 따라서 교재를 충실하게 학습하는 것이 쓰기의 필살기입니다. 말을 할 수 있으면 쓰는 것은 저절로 되니까.

문법

문법는 외우는 깃이 아닙니다. 문법 용어에 억매여서도 아됩니다. 괜찮은 문법책을 선정한 후, 정해진 분량을 이해 중심으로 학습합니다. 이해를 제대로 하면 기억은 자연스럽게 됩니다. 그렇게 1회, 최대 2회정도 학습 후, 문법책은 궁금할 때마다 가끔씩 찾아보는 것으로 족해야 합니다. 언급했듯이 문법을 공부하는 이유는, 문법책에 나온 쉬운 문장들만을 이해하고 문제를 푸는 것이 아니라, 그것들을 바탕으로 좀 더 복잡한 문장을 이해하고 활용하는 것임을 명심하시길 바랍니다.

말하는 문법책 Grammar in Real Life - GIRL 을 소개합니다.

기획 의도

기획 의도는 "영어권 사람들이 생활에서 실제로 사용하는 핵심 문법만을 공부한 후, 영어다운 영어로 말하기와 글 쓰기" 입니다. 더 이상의, 이하의 이유도 없습니다. 여기에 하나 더 추가하자면 영어다운 표현들을 제대로 이해(듣기, 읽기)하기입니다. 별 것 아니죠? 당연한 것이니까요. 하지만 이 당연한 목표들을, 기존의 많은 문법책들은 충족시키지 못하고 있습니다.

대상

– '뭔 놈의 문법 용어가 이렇게 많아?' '아이고 머리 아파라, 용어 뜻 이해하다가 볼 장 다 보겠다' 하시는 분들

– '문법 규칙 복잡한 것만으로도 머리가 아파 죽겠구먼, 예외는 뭐 이리 많다냐' 하시는 분들

– 문법책을 한 권 다 떼었음에도 문장 하나 말하고 쓰려면 벌벌 떠시는 분들

– 혹시라도 영어로 대화할 기회가 생기면, 수년간 공부했던 문법은 전혀 적용되지 않고, 단어 나열 + body language 로만 승부를 보시는 분들

– 중, 고교때 공부했던, 또는 공부하는 기본 단어만으로 단순 여행 영어를 벗어난, 다양한 상황에서 실전 영어를 구사하고 싶은 분들

– 어학 연수나 유학 떠나기 전에, 실전 문법을 마스터하기 원하는 분들

– IELTS, OPIC, TOEIC/TOFEL speaking 과 Writing 에 탄탄한 기본기와 고득점을 원하시는 분들.

Grammar in Real Life – GIRL 의 특징

* 복잡한 문법 용어 NO!!!!

* 영어권에서 실생활에 사용되는 핵심 문법 99% 정리합니다.

* 단순히 정답을 찾거나 빈 칸을 채우는 연습이 아니라, 2000 여개에 이르는 문장을 직접 구사하게 합니다.

* 단순 여행 여행 수준을 벗어난 다양한 상황을 말하게 합니다.

* 문장을 만들면서 저절로 익혀지는 문법 사항들은 따로 설명하지 않습니다.

* 영어식 어순에 저절로 익숙해지게 합니다.

총 30 단원 (각 권당 14단원 + 종합 연습 문제 하나)으로 구성되어 있습니다. 하루에 한 단원씩 공부해서 한 달 만에 영어권에서 필요한 핵심 문법들을 모두 익히고, 그에 상응하는 문장들을 자연스러운 영어로 구사 할 수 있게 도와 줍니다.

구글에서 Han's English School 을 검색하시어, 1권을 무료로 다운로드 받을 수 있습니다.

50

교재 사용 방법

자극은 기억을 오래 지속하는 데에 그 효과가 넘성납니다. 배우 기뻤던 일, 슬펐던 일, 또는 충겨저인 일들을 생생하게 기억하는 이유는 그 순간에 자극이 컸기 때문입니다. 마찬가지로 모든 영어 학습의 기본은 먼저 해설/해석을 보지 않고 자기 힘으로만 시도, 즉, 두뇌에 자극을 주는 것입니다. 의문을 갖고, 고민을 하는 과정 자체가 커다란 자극이 되어, 그런 자극 없이 해설/해석을 바로 보는 것 보다 기억에 많은 도움이 됩니다.

Warming up

이미 살펴보았듯이, 접속사와 전치사의 기본 개념과 그들의 자세한 소개가 되어있습니다. 철저하게 학습해야 하는 부분입니다. 무조건 암기하는 것이 아니라, 철저하게 이해를 하고 연습 문제로 들어가야 합니다. 연습 문제로 들어가기 전에 2-3회 이해 위주로 읽어봅니다. 기억은 연습 문제들을 풀다 보면 저절로 됩니다.

Exercises

Figurative Expression

한글 해설부터 바로 보지 말고, 우선 영영 사전식 의미 설명을 먼저 보시기 바랍니다. 그 다음 한글 해설을 보고, 스스로의 힘만으로 예문을 해석한 뒤, 한글 해석을 참고합니다.

콩글리시

우선 콩글리시가 무엇인지 파악하고서, 한글 해설을 먼저 봅니다. 그 다음 모든 예문들을 직접 해석해 보도록 합니다. 그리고, 한글 예문 해석을 참고합니다.

접속사와 전치사

해설과 답을 확인하지 않고 (종이 따위로 가리세요), 접속사와 전치사의 요약만을 참고하여, 10 문제 모두를 답해 봅니다. 그 다음에 한글 해설을 참고하여 답을 맞추어 봅니다.

마지막 단계

가장 중요한 단계입니다. 보통 한 회에 Figurative Expression, 콩글리시, 접속사, 전치사를 망라하여, 총 15-20 문장이 소개됩니다. 이 모든 연습 문제들을 한글 해석만을 보고, 영어로 말해봐야 합니다. 한 문장, 한 문장을 말해보고서, 바로 바로 확인해 봅니다.

왜 금방 한 것을 또 하느냐고요? 이유는 간단합니다. 우선은, 영어식 어순에 익숙해 지기 위함이고, 또 하나는 말하기 실력 향상입니다. 아무리 영어를 잘 알아듣는 사람도, 자기가 생각해 보지 않고, 해보지 않은 말은 절대 말 할 수 없거나 매우 서툽니다. 많은 토익 고득점자들이 말하기에 서툰 이유가 이것입니다. 여하간, 이 말을 바꾸어 말하면, 자기가 생각하고 해본 말은 웬만해서는 잘 잊혀지지 않습니다.

이런 질문들을 가끔 하십니다. '내가 이런 문장들을 영어로 말할 수 있을 것 같으면 내가 왜 이 책을 사서 공부를 하나?' 물론, 그렇게 할 수 있을 것이라고 기대하지도 않습니다. 다만, 중요한 것은, '영어로 말을 할 수 있기 때문에 말하는 것이 아니라', '영어로 말을 하기 위해서 말을 해봐야 합니다'. '영어로 이런 말을 어떻게 하지? + 무슨 수를 써서라도 한 번 의사 전달을 해보자'라는 과정을 거쳐야, 영어로 말을 할 수 있습니다.

다시 말하지만, 한국어 해석을 보고, 정확하게 영어로 말을 할 수 있는 것이 목표가 아니라, 자기가 생각한 것을 영어식 어순으로, 의사 전달 할 수 있으면, 그것으로 1 단계 성공입니다.

그리고, 문장이 어느 정도 구사되면, **명사(또는 상황) 바꾸기**, 즉 문장의 명사만을 학습자가 원하는 단어로 바꾸어 **새로운 문장을 만드는 것입니다.** '이것이 뭔 소린겨????', 다음 예문을 보겠습니다.

예문 1
*I couldn't go to **the post office** because I was so busy.*
→ *I couldn't go to **the bank** because I was so busy* 또는, *John couldn't go to **the bank** because **he** was so busy.*

예문 2
*There is **a bank** near the shopping center.*
→*There is **a subway station** near the shopping center,* 또는, *There is **a subway station** near **the university**.*

인간의 두뇌는 남의 말이나 글을 그냥 읽을 때, 또는 들을 때보다, 자기가 하고 싶은 말을 할 때, **훨~~~~얼~~~~~씬 기억을 잘 합니다.** 이유는, 앞서 설명했듯이, 두뇌에 자극이 더 가해지기 때문입니다. 중요한 것은 억지로 아무 명사나 끼워 넣지 말고, **영어로든 한국어로든 상관없이 말하고 싶었던 또는, 말 해야 했던 학습자의 경험과 기억을 바탕으로 새로운 문장을 만들어야** 합니다.

교재 사용 방법을 철저하게 준수하여 학습을 하면, 하나의 excercise 가 결코 만만한 양이 아닙니다. 특히 처음에는 말이죠. 하지만, 이 방법으로 꾸준히 연습을 하면 실수가 줄면서 점점 더 완벽한 문장으로 말하는 여러분 자신을 보며 매우 놀라게 될 것임을 확신합니다.

그리고, 첨부된 audio file 들을 가장 효과적으로 활용하는 방법은 진도에 맞추지 말고, Ex 1 부터 Ex 201까지 무작위로 듣는 것입니다. '과연 그럴까' 라는 생각이 들겠지만, 시간대비 가장 효율적인 방법입니다.

Exercises 예문들의 특징
Exercises 의 모든 예문들은 일상에서의 다양한 상황과 주제들을 표현하고자 노력했습니다. 기존의 교재들이 중립적이고 지극히 평범한 주제들을 바탕으로한 문장들로만 구성되어 있는 반면, 본 교재는 많은 사람들이 흔하게 사용하는 생활적인 표현들로부터 정치적, 사회적 현상에 대한 의견들까지도 포함하고 있습니다. 이런 표현들은 필자의 개인적 시각이라기 보다는 신문, 방송, 인터넷 댓글 등에서 흔하게 거론되어지는 의견들에 바탕을 두고 있습니다. 그러한 문장들이 학습자의 의견과 다르더라도 너그러이 여기시어 학습에 걸림돌이 되는 일이 없기를 바란다는 필자의 당부입니다. ^^;

그리고, 가끔씩 비슷하거나 같은 해설이 띄엄 띄엄 반복되는 경우가 있습니다. 학습자들이 잠시라도 자연스럽게 복습을 하게끔 만든 필자의 의도이니 오해(실수?, 지면이 아까워서?) 없으시길 부탁드립니다.

Figurative Expressions (Sayings, Proverbs & Colloquial expressions)

Nothing ventured, nothing gained to say that nothing can be achieved without taking a risk

영어권 전체에 비교적 잘 알려진 미국 속담입니다. 직역을 하면 '무험무득', 즉 '모험이 없이는 얻는 것도 없다' 라는 모험심이 강한 미국인의 성향을 잘 나타내는 격언입니다. 문장의 기본인 '주어+동사' 의 구조가 지켜지지 않은, 사자성어와 비슷한 구조를 가지고 있습니다.

• *You love her? Then go and tell her. Nothing ventured, nothing gained.*

• *These days, many people, especially young people, are afraid of starting something new. All they want is to do something safe. That's why there are so many university students studying in order to be public servants. Where are your dreams? Your dreams cannot be achieved without taking a risk. Like the proverb says, 'Nothing ventured, nothing gained'.*

• *너 사랑해 그녀를? 그러면 가서 말해 그녀에게. 모험 없이는 얻는 것이 없잖아.*

• *요즘, 많은 사람들, 특히 젊은 사람들은 두려워한다, 시작하는 것을, 무엇인가 새로운 것을. 모든 것, 그들이 원하는,은 하는 것이다, 무엇인가 안전한 것을. 그것이 이유이다, 있는지, 많은 대학생들이, (그들은) 공부한다, 되기 위해 공무원들이. 어디에 있는가, 당신은 꿈들은? 당신은 꿈들은 성취되어 지지 않는다, 취하지 않고서는 위험을. 그 격언이 말하는 것 처럼, '무험무득'.*

Konglish   팬티/빤쓰

우선 빤쓰는 일본식 발음입니다, 토속적인 우리말이 되어진 느낌이 있기는 합니다만. 단수로 쓰지 않고 항상 복수형으로 씁니다. 그래서, panties/팬티쓰/, underpants/언더팬츠/, briefs/브리f쓰/로 발음해야 합니다. 가장 실수하기 쉬운 경우가 panties 인데, 영어권에서는 panties 는 여자의 (하의)속옷만을 의미합니다. 그래서 남자분들이 panites 를 입고 있다고 하시면, pervert/퍼벝/(변태)로 여겨질 오해의 소지가 있으니 심히 주의 하셔야 합니다. 반면에 underpants 와 briefs 는 남,녀 (아래) 속옷 모두를 의미합니다.

• *I need to buy some panties for my daughters.*

• *I am planning to buy a bra and panties set for my wife/girlfriend for her birthday.*

• *I have bought some underpants/briefs for my husband and daughters.*

• *나는 필요가 있다 살, 약간의 팬티쓰를, 나의 딸들을 위해.*

• *나는 계획 중이다, 살 것을, 브라와 팬티쓰 쎝을 나의 아내/나의 여자 친구를 위해, 그녀의 생일을 위해*

• *나는 샀다, 약간의 언더팬츠/브립쓰를, 나의 남편과 딸들을 위해.*

panties/briefs/underpants

briefs/underpants

Conjunctions

1. _____ you called the police, what did you do?

2. _____ Rebecca joined the company only a year ago, she's already been promoted twice.

3. The cost of the repairs was much lower _____ I thought.

4. If she said _____ she'd come, she'll come.

Prepositions

1. This is a book _____ politics.

2. Our office is _____ the post office.

3. There is a deep crack _____ the ceiling.

4. There is some sugar _____ the cupboard.

5. I saw Jim this morning. He was going _____ the paper shop/the news agency.

6. My mother has a car _____ yours.

Conjunctions

1. 당신이 전화한 후에 *after*/전에 *before*, 경찰을, 무엇을 당신은 했습니까?

2. 레베카가 합류했을지라도 *although*, *though*/합류한 이래로 *since*, 회사를 단지 1년 전에, 그녀는 이미 승진되었다 두 번이나.

3. 비용, 수리들의,이 훨씬 더 낮았다, 내가 생각했던 것보다 *than*.

4. 만약 그녀가 말했다면, 그녀가 올 것이라고 *(that)*, 그녀는 올 것이다.

Prepositions

1. 이것은 책이다 정치에 관한 *about*, *on* (formal).

2. 우리의 사무실은 있다, 우체국 위에 *above*/아래에 *below*/근처에 *near*/옆에 *next to*, *beside*/뒤에 *behind*/맞은편에 *opposite*/건너에 *across*.

3. 있다, 깊은 금이 천정을 가로질러서 *across*/천정에 *in*. in 은 천정의 일부분에 금이 있을 경우

4. 있다, 약간의 설탕이 찬장 안에 *in*/안쪽에 *inside*.

특이한 경우에는 찬장 on (위)나 near (근처에)도 가능합니다.

5. 나는 보았다, 짐을 오늘 아침에. 그는 가고 있었다, 신문 판매점 안으로 *into*/신문 판매점으로 *to*/향하여 *towards*.

into 의 경우는 짐이 신문 판매점으로 들어가는 순간을 본 것이고, to 의 경우 신문 판매점으로 간다는 것을 미리 알고 있는 상황에서 '그곳으로 가고 있는 것을 보았다' 라고 해석됩니다. 다시 말하면 to 의 경우는 최종적으로 상점으로 들어갔는지 안 들어 갔는지는 모르는 상황이고, into 는 확실하게 들어간 상황입니다. (영어권에서 paper shop 이나 news agency 는 한국에서의 문방구와 비슷합니다. 웬만한 문구류와 거의 모든 신문과 잡지, 각종 선물용 카드 등을 판매합니다. 복권과 담배도 판매합니다.)

6. 나의 어머니는 가지고 있다, 자동차를, 너의 것과 같은 *like*.

unlike 는 그리 자연스럽지 못해서 답으로 채택하지 않습니다. 그리고, 영어권에서는 '우리 엄마', '우리 학교' 라는 식의 표현은 쓰지 않고 my mom, my school로 표현하는 것이 일반적입니다. 다만, '공동 소유권'을 강조할 때는 our를 사용합니다. 다음은 영화 Mr Doubtfire에 나오는 대사(27분 08초)의 일부입니다. *'Are my children ready yet?'* *'No, OUR kids are not ready yet!'*

이제 한글 해석을 보고 영어로 말해 볼 차례입니다.

Figurative Expressions (Sayings, Proverbs & Colloquial expressions)

Beggars can't be choosers to say that one has to accept whatever is available when the person has nothing

직역은 '거지는 될 수 없다 선택자가' 입니다. '찬 밥 더운 밥 가릴 때가 아니다.' 라는 우리말 표현과 비슷하다고 보시면 됩니다. '돈도 없고 힘도 없는, 즉 선택의 여지가 없는 상황에서는 지푸라기라도 붙잡아야 한다' 라는 정도의 의미입니다.

- *Sorry mate! Beggars can't be choosers. You don't have much choice.*
- *If you refuse that offer, it's a really stupid thing to do. Beggars can't be choosers. You must accept the offer.*

- *미안하네 친구여! 거지들은 될 수 없다네, 선택자들이. 당신은 가지고 있지 않네 많은 선택을.*
- *당신이 거절한다면 그 제안을, 그것은 정말로 멍청한 짓이다. 찬 밥 더운 밥 가릴 때가 아니다. 당신은 반드시 받아들여야 한다 그 제안을.*

Konglish   난닝구/런닝

'윗 속옷' 을 뜻하는 '난닝구' 도 일본식 발음입니다. 그렇다고 running shirt 가 바른 표현도 아닙니다. 대부분 undershirt /언더셭/이라 하고 영국식으로 vest(쪼끼)라고도 합니다. 단수는 /언더셭/, 복수는 /언더셔츠/입니다. 남, 여 구분 없이 사용합니다.

- *Honey! Please pack some undershirts/vests for my business trip.*
- *I need to buy some undershirts for my husband/son/daughter.*
- *James was only wearing his undershirt and underpants when he **answer**ed the door.*

- *자기야! 싸 줘, 몇 몇의 언더셭들을, 나의 출장을 위해.*
- *나는 필요하다 살, 몇 몇의 언더셭들을 나의 남편/아들/딸을 위하여.*
- *제임쓰는 입고 있었다 단지 그의 언더셭과 언더팬츠만을, 그가 답했을때 문을.*

누가 왔나 나가봐! *Answer the door!* 전화 받아봐! *Answer the phone!*

They are wearing undershirts.

He is wearing a vest/undershirt.

Conjunctions

1. Do you want a pen _____ a piece of paper?

2. I can't run as fast _____ I used to.

3. You can't achieve anything _____ you don't believe in yourself.

4. _____ she is only thirteen, she can run faster than any kid in her school.

Prepositions

1. _____ the Second World War, many soldiers stayed _____ France.

2. Several **members** _____ the committee spoke _____ the proposal.

3. We were driving _____ Butler street when we saw the accident.

4. The colour _____ her dress _____ the party was red.

5. Keep _____ the grass. (a warning sign to protect grass)

6. The new sweater is _____ the table.

Conjunctions

1. 당신은 원합니까 펜과 and 한 장의 종이를/펜이나 or 한 장의 종이를?

2. 나는 달릴 수 없다 빨리, 내가 그랬던 것만큼 as. (과거에 빨리 달렸던 것만큼 달릴 수 없다)

used to + 동사 원형 과거에 동사하곤 했다. as + adj + as 구문에서 앞쪽의 as 는 부사이고(해석하지 마시고) 뒤의 as 는 접속사이므로 바로 주어 + 동사가 나옵니다. 기억 나시죠?

3. 당신은 성취할 수 없다 어떤 것도, 당신이 믿지 않으면 if/믿지 않을 때 when/믿지 않기 때문에 because, since/ 않으므로 as, 당신 자신을.

believe in (phrasal verb) + oneself 무언가를 이루어 낼 수 있다고 믿다. You must believe in yourself! 당신은 믿어야 한다 당신 자신을.

4. 그녀는 겨우 13살일지라도 although, though, 그녀는 달릴 수 있다 더 빨리, 어떤 아이보다 그녀의 학교에.

Prepositions

1. 2차 세계 대전 이후에 after/전에 before/동안에 during, 많은 군인들이 남았다/머물렀다 France 에 in/근처에 near/여기 저기에 around/전역에 throughout.

역사적 사실로는 after 가 맞는 답입니다.

2. 여러 회원들, 그 위원회의 of/위원회에 in/위원회 출신의 from,은 말했다. 그 제안에 찬성하여 for/반대하여 against/ 관하여 about, on.

for 의 기본적 의미인 '위하여' 에서 '찬성 하다' 라는 의미가 나왔고, against 의 '대항하다' ' 거스르다' 의 의미에서 '반대 하다' 라는 의미가 생겼습니다. 어떤 의견 따위를 묻고 '이것에 찬성 하냐 반대 하냐?' 할 때 Are you for it or against it? 이라고 하면 됩니다.

3. 우리는 운전(운행)하고 있었다, 벌러 가를 따라서 along/위를 on/근방을 near, 우리가 보았을 때 그 사고를.

4. 색, 그녀의 드레스의 of, 파티에서 at/파티를 위한 for,은 빨강이었다.

5. 유지해라, 잔디에서 떨어져서 off. (경고 표지, 보호하는, 잔디를)

잔디를 새로 깔았거나 했을 때, 잔디를 보호하기 위한 경고 팻말에서 볼 수 있는 말입니다.

6. 그 새로운 스웨터는 있다, 테이블 위에 on/아래에 under/옆에 next to, beside/곁에 by/근처에 near/뒤에 behind.

이제 한글 해석을 보고 영어로 말해 볼 차례입니다.

Exercise 3

Figurative Expressions (Sayings, Proverbs & Colloquial expressions)

the apple of one's eye to be loved very much by someone

직역은 '사과, 누군가의 눈의' 입니다. 우리말에 비슷한 표현으로 '눈에 넣어도 아프지 않을 정도로 사랑스럽다' 와 비슷합니다. 미국의 전설적인 흑인 가수 Stevie Wonder 의 You are the sunshine of my life 의 가사의 일부이기도 합니다. 주의해야 할 것은 '짝사랑' 이 아니라, 이미 사랑하는 관계가 자리잡힌 경우(연인/배우자/자녀 등)에만 사용합니다.

- *Though she is over 30, Amy is still the apple of her father's eye.*
- *Ashley! You're the apple of my eye. I will do anything for you.*

- *그녀가 넘었을지라도 서른이, 에이미는 여전히 그의 아버지에게 너무나 사랑스런 존재이다.*
- *에쉴리! 당신은 너무나 사랑스럽소. 나는 할 것입니다 무엇이든지 당신을 위해.*

Konglish   브라자/브래지어, 란제리

어르신들 세대의 '브라자' 또한 일본식 발음입니다. brassiere/브래지어/ 또는 줄여서 그냥 bra/브라/로 발음합니다. '란제리'는 콩글리시 명사 중 뜻이 비교적 정확한 몇 안 되는 단어입니다. 여성용 속옷을 총칭(bra, panties, slips etc) 하는 셀 수 없는 명사입니다. 발음은 /란제리/가 아니고 /랑저레이/로 발음하시는 것이 가장 무난하겠습니다.

- *Do not wash the new bra/brassiere in the washing machine. You must **handwash** it.*
- *My bra is too tight/loose.*
- *These days many ladies wear their bras for fashion as well as for comfort.*
- *My husband has bought me lingerie on our **anniversary**. It's been a long time.*
- *Some men feel uncomfortable purchasing lingerie for their wife or girlfriend.*
- *Some people think (that) buying expensive lingerie is a waste of money.*

- *세탁하지 마라 그 새로운 브라/브래지어를 세탁기 안에. 당신은 반드시 **손세탁 해**야 한다 그것을.*
- *나의 브라는 너무 꽉 낀다/헐렁하다.*
- *요즘에는 많은 여성들이 입는다 그들의 브라들을 멋을 위해, 또한 편안함을 위해.*
- *내 남편은 사 주었다 나에게 여성 속옷을 우리의 **결혼 기념일**에. 이것은 참 오랜만이었다.*
- *몇 몇 남자들은 느낀다 불편하게, 구입하는 데에, 여성 속옷을, 그들의 아내나 여자 친구를 위하여.*
- *어떤 사람들은 생각한다, 사는 것, 비싼 여성용 속옷을,은 낭비라고, 돈의.*

She is working out with dumbells, wearing a sport bra.   A manikin is wearing lingerie.

Conjunctions

1. I have to clean the showroom _____ customers visit it in the morning.

2. Say goodbye _____ you leave.

3. Milk turns sour quickly _____ it's refrigerated.

4. Stay here _____ I come back. Ok?

Prepositions

1. Her new car is as good _____ mine.

2. They sat down _____ the table _____ dinner.

3. I usually take a shower _____ having breakfast.

4. She leaned _____ the desk to answer the phone.

5. Bruce and Kelly haven't met _____ the wedding last year.

6. A ball came in _____ the window while I was sleeping.

Conjunctions

1. 나는 청소해야 한다, 그 전시장을, 고객들이 방문하기 때문에 *because, since*/방문하므로 *as*/방문하기 전에 *before*, 이것(사무실)을 아침에.

2. 말해라 작별을 (작별 인사 해라), 당신이 떠나기 전에 *before*/떠날 때 *when*/떠나게 되면 *if*.

before 는 떠나기 전 아무 때나 인사를 하라는 것이고 when 은 떠나는 순간이나 직전에 인사를 하라는 뜻입니다.

3. 우유는 변한다 신맛으로 빠르게, 이것이 냉장되어지지 않으면 *unless*.

4. 있어라 이곳에, 내가 돌아올 때까지 *until*. 알았어?

Prepositions

1. 그녀의 새로운 차는 좋다, 나의 것만큼 *as*.

2. 그들은 앉았다 식탁에 *at*/주위에 *around*, 저녁 식사를 위해 *for*/ 저녁 식사 전에 *before*/후에 *after*.

around 의 경우 they 가 적어도 3명입니다. 그래야 둘러 앉을 수 있으니. 특이한 취향의 소유자라면 on, near, under the table 도 가능합니다. ^^;;

3. 나는 보통 한다 샤워를, 먹기 전에 *before*/후에 *after* 아침 식사를.

4. 그녀는 기울였다 책상 위로 *over*/책상(표면)에 *on*/책상을 향하여 *towards*, 답을 했다 (받았다) 그 전화를.

over 는 책상에 몸(배)이 닿지 않았고, on 은 배가 책상에 닿은 모양입니다.

5. 부르쓰와 켈리는 만나지 못해 왔다, 결혼식 이래로 *since*, 작년(의).

6. 공 하나가 들어왔다, 창문을 통하여 *through*, 내가 자고 있는 동안에.

이제 한글 해석을 보고 영어로 말해 볼 차례입니다.

Exercise 4

Figurative Expressions (Sayings, Proverbs & Colloquial expressions)

give one's right arm to be willing to do anything in order to get or do something

'준다 누군가의 오른팔을' 즉 '원하는 것을 얻기 위해서 매우 중요한 것(오른팔)을 포기할 수도 있다' 또는 '원하는 것을 얻기 위해 무엇이든지 하겠다' 라는 말입니다. 뭐 그런다고 실제로 오른팔을 내어주는 경우도 없고, 사람 오른팔 받아서 장식용으로 쓸 것도 아니기 때문에 보통 가정법의 would 를 사용하여 would + give one's right arm 구조로 사용합니다.

- *I will turn 50 in July. I'd give my right arm to be 20 again.*
- *Wow! He's gorgeous! I would give my right arm for a boyfriend like him!*
- *I would give my right arm for a girl like Jenny. She's so beautiful.*

- *나는 된다 쉰 살이 칠월에. 나는 줄 수도 있다, 나의 오른팔을, (그래서) 되겠다 20살이 다시.*

turn은 '돌다' 라는 의미 말고 '변하다' 라는 뜻도 있습니다. *The man turned into a beast. 그 남자는 변했다 야수로.*

- *와! 그 남자 끝내준다! 나는 무엇이든지 할 수 있을 것 같다 남자 친구를 위하여 (그런 남자 친구를 준다면) 그와 같은!*
- *나는 무엇이든지 하겠다 여인을 위해 제니 같은 (제니 같은 여인을 얻기 위하여). 그녀는 매우 아름답다.*

Konglish   추리닝

거의 우리말이 되어버렸습니다. track(육상장)에서 입는 + suit(옷, 주로 한 벌)이 합쳐져 tracksuit/트랙숱/이 되었습니다. 추리닝 상의는 track jacket/top, 추리닝 바지는 track pants 입니다.

- *You don't need to dress up. A tracksuit will do/be fine.*
- *My uncle wears his blue tracksuit wherever he goes. He says that it is very comfortable.*
- *James! I know (that) you love your tracksuit, but you can't wear it to the party.*
- *I love wearing track pants, but not track jackets/tops. Instead, I wear a t-shirt.*

- *당신은 필요치 않다, 정장을 해야 할. 트랙숱이면 충분할 것이다/괜찮을 것이다.*

dress up (phrasal verb) 정장하다/ 옷을 잘 차려 입다. *Christina always dresses up when she goes out.*
동사 do 는 '충분하다' 라는 의미로도 사용되는데, 수퍼마켓에서 *Can I have 2kg of prawn please! (새우 2킬로그램 주세요!)* 하고서 점원이 새우를 충분히 담았다고 생각할 때 *That will do!* 라고 하시면 '그 정도면 충분합니다' 라는 의미입니다. 또 다른 상황으로는 다음 대화를 보세요. *'Do you have a knife to sharpen a pencil?' 'I only have this small knife.' 'I think that will do.'*

- *나의 삼촌은 입는다 그의 청색 트랙숱을, 어디를 그가 가든지. 그는 말한다, 그것이 매우 편안하다고.*
- *제임쓰! 나는 안다, 당신이 정말 좋아한다는 것을 당신의 트랙숱을, 그러나 당신은 입을 수 없다, 그것을 그 파티로.*
- *나는 정말 좋아한다 입는 것을, 트랙팬츠를, 그러나 (좋아하지) 않는다, 트랙자켙/톱들은. 대신에, 나는 입는다 티셜을.*

She is in a tracksuit.   *He is wearing a track jacket.*   *She is wearing a track top with a white T-shirt underneath.*

Conjunctions

1. The car was cheap _____ it's been extremely reliable.

2. You can do _____ you like.

3. I believe _____ he told me. He is a very believable person.

4. Help yourself to _____ you want.

Prepositions

1. I got stuck _____ a truck all the way _____ the airport. It was very annoying.

2. Please trim my hair just _____ the ears.

3. The dolphins disappeared _____ the waves.

4. Samsung is a large international company _____ its offices _____ the world

5. She stood up and walked _____ the window.

6. He noticed two policemen coming _____ him, so he ran away.

Conjunctions

1. 그 차는 쌌다 그러나 *but*, 이것은 매우 믿음직해왔다. (쌌지만 고장이나 다른 문제가 없어왔다)

2. 당신은 할 수 있다, 당신이 좋아하는 것을 *what*/무엇이든 *whatever*.

3. 나는 믿는다, 그가 말한 것을 *what*, 나에게. 그는 매우 믿을만한 사람이다.

4. 도와라 당신 자신을 당신이 원하는 어떤 것이라도 *whatever*/원하는 것에 *what*. (맘껏 먹어라/써라)

help yourself to something 은 파티에서나 식사 초대 받았을 때 '스스로 알아서 맘껏 먹어라' 라는 상황이거나, 주인이 팔이 닿지 않는 상황에서 누가 '저 이 펜 좀 써도 될까요?' 라고 할 경우 '알아서 맘껏 쓰세요' 라는 얘기입니다. 공통점은 주인이 챙겨주지 않고 '스스로 챙겨라' 입니다.

Prepositions

1. 나는 끼어 있었다 트럭 뒤에 *behind*, 가는 길 내내, 공항으로 *to*. 이것은 매우 짜증났다.

트럭 뒤를 어쩔 수 없이 따라가며 운전하는 상황입니다. behind 대신에 in 을 넣으면 영화에서나 나올법한 트럭 짐칸에 갇혀있는 상황이 됩니다.

2. 다듬어 주세요, 나의 머리칼을 귀들 바로 위로 *above*/아래로 *below*.

3. 그 돌고래들은 사라졌다 파도들 속으로 *into*/아래로 *under*.

4. 삼성은 큰 국제적인 회사이다, 이것의 사무실들을 가진 *with* (정보추가), 세계 곳곳에 *around*/세계 여기 저기에 *across*/전 세계에 쫙 *throughout*.

5. 그녀는 일어서서 걸어갔다 창문으로 *to*/향하여 *towards*/창문을 뚫고 *through*.

through 도 영화에서나 볼 수 있겠습니다.

6. 그는 알아차렸다, 두 명의 경찰관들이 오고 있는 것을 그를 향하여 *towards*, 그래서 그는 도망쳤다.

이제 한글 해석을 보고 영어로 말해 볼 차례입니다.

Figurative Expressions (Sayings, Proverbs & Colloquial expressions)

behind one's back to do something without the person knowing

'누군가의 등 뒤에서' 라는 직역으로, '그 사람 모르게 어떤 일을 꾸미거나 말을 하다' 라는 표현입니다. 물론 부정적인 표현입니다.

- *Do you know (that) Vanessa always says things about you behind your back?*
- *Would you stop talking behind people's backs? You're so rude.*
- *I was fired from the company (that/which) I had built. My partner did something vicious behind my back and kicked me out.*

- 당신은 아는가, 바네싸가 항상 말한다는 것을, 당신에 관한 것들을, 당신의 등 뒤에서?
- 당신 그만하세요 뒷 담화를. 당신은 정말 무례하다.
- 나는 해고 되었다 회사로부터 ,내가 만든. 나의 동업자는 했다 어떤 사악한 일을, 나 모르게 ,그리고 쫓아 냈다 나를.

Konglish   원피쓰/투피쓰

일본식 영어 단어들입니다. 직역했을 때, one piece, two piece 해서 나름대로 논리를 갖추고는 있으나, 영어에서는 여성용 옷을 지칭하는 의미로는 전혀 사용되지 않습니다. 일반적으로 원피스는 dress 를 의미하고 치마 투피쓰는 dress suit/드레쓰슡/, 바지 투피쓰는 pantsuit/팬트슡/ 또는 pants suit /팬츠슡/이라 합니다. suit 은 '정장' 이라는 명사입니다. 아래 그림을 참고하세요.

- *My wife wore a long red dress to the party last weekend.*
- *She always wears a black dress suit to work.*
- *You'd better wear the brown pant/pants suit (which) your husband bought last week.*

- 나의 아내는 입었었다 긴 빨간 드레쓰를 파티로(파티갈 때) 지난 주말.
- 그녀는 항상 입는다 검정 드레쓰슡을 직장으로 (직장에 갈 때).
- 당신은 낫겠다 입는 것이 그 밤색 팬츠슡을, 당신의 남편이 산 지난 주.

She is wearing a long dress. (1st)

She loves her dress suit, so she always wears it to work. (2nd)

She looks younger in her casual dress. (3rd)

My wife must wear a black pantsuit to work. (4th)

Conjunctions

1. _____ you don't leave now, I will call the police.

2. Don't talk to me _____ you talk to your child.

3. _____ I come here, I see you with Jane.

4. I've just come back from New Zealand _____ I spent three months.

Prepositions

1. I sat _____ Rebecca and Christine _____ the Christmas party.

2. We couldn't do anything _____ wait _____ help.

3. I was attacked _____ a dog when I was a child.

4. He carried the timber _____ his shoulders.

5. He hid the picture _____ his ex-girlfriend _____ the table cloth.

6. _____ yours, my notebook computer has a wide screen.

Conjunctions

1. 당신이 떠나지 않으면 if, 지금, 나는 전화할 것이다 경찰을(에).

2. 말하지 마라 나에게, 당신이 말하는 것처럼 like, 당신의 아이에게.

3. 내가 올 때마다 whenever/올 때 when, 이곳에, 나는 본다 당신을 제인과. (제인이 당신과 함께 있는 것을 본다)

4. 나는 막 돌아왔다 뉴질랜드로부터, 그곳에서 where, 나는 보냈다 3 개월을.

Prepositions

1. 나는 앉았다 레베카와 크리스틴 사이에 between/함께 with/가까이에 near/옆에 next to, beside/곁에 by/맞은편에 opposite/앞에 in front of/뒤에 behind, 그 크리스마스 파티에서 at.

2. 우리는 할 수 없었다 아무것도, 제외하고는 but, except, 기다리는 것을, 도움을 for.

3. 나는 공격 당했다, 개에 의하여 by, 내가 아이였을 때.

4. 그는 운반했다 그 목재를, 그의 어깨들 위로 on/어깨들을 가로질러서 across.

on 은 한쪽 어깨에 각각 목재를 얹은 경우이고, across 는 양쪽 어깨에 목재를 가로질러서 목 뒷부분에 바치는 형상입니다.

5. 그는 숨겼다 사진, 그의 전 여자 친구의 of, 을 식탁보 아래에 under, underneath.

a cloth는 '옷감, 천' 이라는 뜻입니다. 옷은 clothes (옷들) 또는 clothing (의류) 입니다.

6. 당신의 것과 같이 like/같지 않게 unlike, 나의 놀북 컴퓨터는 가지고 있다 넓은 화면을.

이제 한글 해석을 보고 영어로 말해 볼 차례입니다.

Exercise 6

Figurative Expressions (Sayings, Proverbs & Colloquial expressions)

banging one's head against a brick wall to waste efforts by doing something that does not produce any results

bang/뱅/은 총소리나 우리말에 '쿵' 정도의 소리를 비유한 의성어로 '딱딱한 표면 따위에 세게 부딪치다' 라는 동사이기도 합니다. 표현의 직역은 '부딪치다 누군가의 머리를 벽돌 벽에' 인데, 웬만한 머리로는 벽에 부딪혀 봐야 머리만 깨지죠. '결과도 없을 쓸데없는 짓을 한다' 라는 의미입니다. 우리말에 비슷한 표현으로는 '계란으로 바위치기'나 '맨 땅에 헤딩하기' 정도 입니다. 대개 전치사 like 와 함께 사용합니다.

- *Teaching that class is like banging my head against a brick wall.*
- *I gave up trying to persuade him not to drink. It was like banging my head against a brick wall.*
- *I told him to stop going out with Monica but he wouldn't listen. It was like banging my head against a brick wall.*

- *가르치려 하는 것, 저 반을,은 쓸데없는 짓이다.*
- *나는 포기했다 노력하는 것을 설득하기를 그가 술을 마시지 않게. 이것은 소용없는 짓이었다.*

동사 drink 뒤에 alcohol 이 오지 않아도 그 자체로 '술을 마시다' 라는 뜻입니다.

- *나는 말했다 그에게, 그만하라고 연애하는 것을 모니카와, 그러나 그는 들으려 하지 않았다. 이것은 허튼 짓이었다.*

Konglish 셔츠

우선 발음에 상당한 문제가 있습니다. shirt 은 셀 수 있는 명사이기 때문에 단수일 때는 관사 a 만 붙여서 a shirt/a T-shirt 라고 합니다. shirt 은 scissors 나 jeans 처럼 항상 복수형으로 쓰이는 명사가 아닙니다. 그래서 단수일 때는 항상 /셔트/도 아니고 /셔츠/도 아닌 /셭/으로 발음해야 합니다. 물론 복수 일 때는 /셔츠/라고 발음합니다. **주의 할 것은 영어에서 T-shirt 은 항상 반팔만을 의미합니다.**

- *My wife bought this checkered shirt from here but it is too big. Do you have a smaller one?*
- *(A father to his daughter/son) Don't spend so much time caring about your appearance. It is a waste of time. You are pretty/cool enough just in a T-shirt and jeans. Quality is more important than looks.*
- *James has got more than one hundred T-shirts. I think (that) it's his hobby.*

- *나의 아내는 샀다 이 첵 무늬 셭을 이곳으로부터. 그러나 이것은 너무 크다. 당신은 가지고 있습니까 더 작은 것을?*
- *(아빠가 그의 딸/아들에게) 쓰지 마라 그리 많은 시간을, 신경 쓰는(가꾸는)데 당신의 외모에 관하여. 이것은 낭비이다, 시간의. 너는 예쁘다/멋지다 충분히 단지 티셭과 청바지 안에서(입고). 질(내면)이 더 중요하다 겉 모습들보다.*
- *제임쓰는 가지고 있다 100벌 이상의 티셔츠를. 나는 생각한다, 이것이 그의 취미라고.*

He loves to wear jeans with a white T-shirt.

Conjunctions

1. He can neither read _____ write. He is an idiot.

2. 'They are too noisy!' 'Don't worry! _____ the movie starts, the kids will get quiet.'

3. We have to leave soon. Do you know _____ she will come?

4. Cold tablets work on some people _____ they do not help other people at all.

Prepositions

1. She went _____ Sydney _____ the fact that her doctor had told her to rest.

2. We didn't see Jennifer _____ the holiday.

3. Everybody's here _____ Amy.

4. Gary had worked _____ LG _____ 1997, when he got a new job _____ Samsung.

5. We walked slowly _____ the hill.

6. There will be a soccer match, Korea _____ Italy _____ TV tonight.

Conjunctions

1. 그는 읽지도 쓰지도 nor 못한다. 그는 꼴통이다.

neither ~ nor 의 용법에서 주의할 점은 대부분은 같은 문장 구성 요소를 부정한다는 것입니다. neither가 read 라는 동사 앞에서 부정했으니 nor 도 write 라는 동사 앞에서 부정했습니다. *Neither Jamie nor Jessica came to the party.* 이번에는 neither, nor 모두 주어 앞에 위치하였습니다. 기억 나셨기를 바랍니다.

2. '그들은 너무 소란스럽다'. '걱정 마라! 일단 영화가 시작하면once/영화가 시작할 때에 when, 그 애들은 조용해질 것이다.'

정황 상 영화가 시작될 것이 확실하기 때문에 가능성 50%인 if 는 답이 될 수 없습니다.

3. 우리는 떠나야 한다 곧. 당신은 아느냐 언제 when, 그녀가 오는지/아느냐 그녀가 올지 안 올지 if, whether?

4. 감기 알약들은 작용(효과 있다)한다 몇 몇 사람에는, 반면에 while, whereas/그러나 but 그들은 돕지 않는다 다른 사람들을 전혀. (효과가 없다)

Prepositions

1. 그녀는 갔다 씯니로 to, 사실에도 불구하고 despite, 그녀의 의사가 말한, 그녀에게 쉬라고.

2. 우리는 보지 않았다 (못했다) 제니퍼를 휴가 동안에 during/전에 before/후에 after.

since 사용했을 경우는 현재 완료 시제를 사용한 *We haven't seen Jennifer since the holiday* 가 적절합니다.

3. 모든 사람이 있다 이곳에 에이미를 제외하고 but, except/에이미와 함께 with/에이미를 위하여 for/에이미 때문에 because of, due to.

4. 게리는 일해왔다 LG를 위하여 for/LG와 함께 with/LG에서 at, 1997년까지 until, 그때에 그는 얻었다 새로운 직업을 삼성에 at, 삼성과 with/삼성을 위한 for.

work 를 for 와 함께 쓰는 경우는 그 회사에 직속 고용되어서 그 회사를 위해 일하는 확률이 높고 with 를 쓰면 협력 업체일 확률이 높습니다. job 의 경우에는 at 은 그 회사에서 일하니까 직접 고용일 확률이 높고 그 회사와 (with) 일하거나 그 회사를 위해서(for) 일하면 외부 협력업체일 가능성이 높습니다.

5. 우리는 걸었다 천천히, 그 언덕 위로 up/아래로 down/언덕을 향하여 towards/언덕으로 to.

6. 있을 것이다, 축구 경기가, 한국 대 versus, 이탈리의, TV에서 on, 오늘 밤.

'TV 방송' 이라는 의미에서는 관사가 붙지 않고 'TV 수상기' 라는 의미일 때는 관사와 함께 쓰입니다. a tv, the tv

이제 한글 해석을 보고 영어로 말해 볼 차례입니다.

Figurative Expressions (Sayings, Proverbs & Colloquial expressions)

You've made your bed and you must lie on it to say that you must accept the bad results of your actions

'당신이 만들었다 당신의 침대(이부자리)를 그리고(그러니) 당신은 반드시 누워야 한다 이것 위에' 라는 직역입니다. '자신이 한 일에 대한 결과가 나쁘더라도 그 결과를 반드시 받아들여야 한다' 라는 뜻입니다.

• *You're the person who made the terrible decision. You've made your bed and you must lie on it.*

• *The Korean Government warned them not to go to Afghanistan several times. Now they are kidnapped by a group of terrorists. They shouldn't complain. They have made their beds and they must lie on them.*

• *당신이 그 사람이다, (그는) 만들었다 (내렸다) 그 끔찍한 결정을. 당신이 벌인 일이니 당신이 책임져라.*

• *한국 정부는 경고했다 그들에게, 가지 말라고 아프가니스탄에, 여러 번. 지금 그들은 납치되어 있다 한 무리에 의하여 테러리슽들의. 그들은 불평해서는 안 된다. 그들이 벌인 일이니, 그들은 반드시 결과를 받아들여야 한다.*

Konglish   와이셔츠/넥타이

앞서 살펴보았듯이 발음은 /셔츠/가 아니고 /셜/인데, 문제는 /와이/에 있습니다. 한국에서 '와이셜'은 직장인들의 업무용 정장 shirt 을 의미합니다. 이것도 일본식 영어인데 shirt 에 tie/타이/를 하면 빳빳한 collar/컬러/와 함께 Y 모양이 나옵니다. 그래서 Y shirt 이라는 말이 나온듯 합니다. 영어에서는 business/dress shirt 또는 그냥 shirt 이라고 합니다. 그리고 넥타이도 줄여서 그냥 tie 라고 합니다. 두 단어(와이셔츠, 네크타이) 모두 일본식(일본에서는 통하는) 영어입니다.

• *I have to wear a (business/dress) shirt and tie to work.*

• *Honey! Have you seen my striped business shirt?*

• *My boss understands (that) wearing a shirt and tie, especially in summer, is very uncomfortable and hot. So he allows the employees to dress casually on Fridays.*

• *나는 입어야 한다 (비즈니쓰/드레쓰) 셜과 타이를 직장으로.*

• *자기야! 당신 봤어 나의 줄 무늬 업무용 셜을?*

• *우리 사장님은 이해한다, 입는 것, 셜과 타이를, 특히 여름에,은 매우 불편하고 덥다는 것을. 그래서, 그는 허락한다 직원들이 입는 것을 편하게(비공식적으로) 금요일들에.*

He is in a stripped shirt, but without a tie.

Conjunctions

1. *Jenny neither cleans* _____ ***does the dishes****. She is too lazy.*

2. *It's been* **years** _____ *I enjoyed myself so much.*

3. *Seoul was different* _____ *I was young.*

4. *Sleep* _____ *you want.*

Prepositions

1. *Don't eat everything. Leave some* _____ *Rebecca.*

2. *We live about five km* _____ *the shopping centre.*

3. *My mother is* _____ *the kitchen, cooking.*

4. *I sent a message* _____ *Kathy* _____ *her sister.*

5. *First,* ***fill*** *the bowl* _____ *flour.*

6. *Lisa's car broke down twice* _____ *July and again this month.*

Conjunctions

1. *제니는 청소도 하지 않고,* ***하지 않는다*** *설거지도 nor. 그녀는 너무 게으르다.*

이번에는 neither 와 nor 가 둘 다 동사 앞에서 부정을 했습니다.

2. ***정말 오래*** *되었다, 내가 즐긴 이래로 since, 내 자신을 매우 많이. (오랜만에 신나게 즐겼다)*

3. *서울은 달랐다, 내가 젊었을 때/어렸을(는) when.*

4. *자라 당신이 자고 싶을 때 when/자고 싶을 때마다 whenever/자고 싶은 장소에서 where/자고 싶은 장소라면 어디든지 상관없이 (거실의 sofa 위, 방, 침대, 바닥, 마당 가릴 것 없이) wherever.*

if (자고 싶으면)이 답이 되려면 if you want to 가 되어야 합니다.

Prepositions

1. *먹지 마라 모두를. 남겨라 약간을 레베카를 위하여 for.*

2. *우리는 산다 약 5 킬로미터쓰에, 쇼핑 쎈터로부터 from.*

3. *나의 엄마는 있다 부엌(안)에 in, (엄마는) 요리한다.*

4. *나는 보냈다 메쎄지를 Kathy 에게 to, 그녀의 동생을 거쳐 via/통하여 through/동생에 관한 about.*

   나는 보냈다 메쎄지를 Kathy 를 위한 for, 그녀의 동생에게 to/거쳐 via/통하여 through.

   나는 보냈다 메쎄지를 Kathy 에 관한 about, 그녀의 동생에게 to/동생을 위하여 for/거쳐 via/통하여 through.

5. *먼저, 채워라 그 사발(대접)을 밀가루로 with.*

fill + obj + with something obj 을 with something 으로 채우다. *Fill the bottle with cold water.* 채워라 그 병을 찬물로.

6. *리싸의 차는 고장났다 두 번 칠월에 in, 그리고 다시 이번 달.*

이제 한글 해석을 보고 영어로 말해 볼 차례입니다.

Figurative Expressions (Sayings, Proverbs & Colloquial expressions)

can't believe one's eyes/ears to be very surprised by something seen or heard

직역은 '믿을 수 없다, 누군가의 눈들/귀들을' 입니다. '본 것이나 들은 것 믿을 수 없을 정도로 놀랍다' 라는 뜻으로 우리말에 '내 눈을/귀를 의심했다' 와 비슷합니다. 이 표현에서 eyes 와 ears 는 항상 복수형인 것에 주의하세요.

- *I couldn't believe my eyes. She was naked!*
- *Jean couldn't believe her eyes when she saw the engagement ring.*
- *I couldn't believe my ears when I heard that Simon has had an affair with my friend Kate.*

- *나는 믿을 수 없었다 내 눈들을. 그녀는 나체였다!*
- *진은 의심했다 그녀의 눈들을, 그녀가 보았을 때 약혼 반지를. (너무 아름다웠거나 갑작스러워서)*
- *나는 의심했다 내 귀들을, 내가 들었을 때, 싸이몬이 바람을 피워왔다고 내 친구 케일과.*

Konglish   잠바

한국에서 보통 '잠바' 라 하면 아래 그림처럼 앞에 zipper 가 달린 상의, 즉, jacket/자켈/을 말합니다. 그러나 영어권에서 잠바, 즉 jumper 는 zipper 가 달리지 않은 긴 팔 상의만을 지칭합니다. 보통 sweater 를 포함한 몸을 보온하는데 입는 긴 팔 상의를 모두 포함합니다.

- *It's cold outside. Put on your jacket.*
- *You can take your jacket off if you want.*
- *A warm jumper is a must in Korea in winter.*
- *You must **handwash** your new wool jumper! Otherwise it will shrink. **Got it**?*

- *춥다 바깥에. 입어라 당신의 자켈을.*
- *당신은 벗을 수 있다 당신의 자켈을, 당신이 원하면.*
- *따뜻한 점퍼는 필수이다 한국에서 겨울에*
- *당신은 반드시 **손세탁 해**야 한다 당신의 새로운 울 점퍼를! 그러지 않으면 이것은 줄 것이다. **알았지**?*

He is wearing a jumper.   *She is in a jumper.*   *These are jackets.*

Conjunctions

1. I heard a noise _____ I got out of bed _____ turned the light on.

2. Angela changed her name _____ she left Korea.

3. Mr. Han asked me _____ she is coming.

4. You can have _____ you like.

Prepositions

1. I'll leave the key _____ the letter box.

2. Jennifer got back _____ bed and pulled the quilt _____ her head.

3. Jenny is very _____ her brother/Jenny is quite _____ her brother.

4. We can't cook it _____ oil.

5. This car is _____ $5,000.

6. The last scene _____ the movie was so sad.

Conjunctions

1. 나는 들었다 소음을 그래서 so, 나는 나왔다 침대에서, 그리고 and, 켰다 불을.

1. 나는 들었다 소음을, 내가 나왔을 때 when/나온 이후에 after, 침대에서, 그래서 so, 켰다 불을.

2. 안젤라는 바꿨다 그녀의 이름을, 그녀가 떠나기 전에 before/떠난 후에 after/떠났을 때에 when/한국을 떠났기 때문에 because/떠났으므로 as.

이 문장은 과거의 사실을 의미하므로 '때문에' 라는 의미로 since 를 사용하면 since 의 기본 의미인 '이래로' 와 혼돈이 됩니다. 기억나시죠?

3. 미스터 한은 물었다 나에게, 언제 when/왜 why/어떻게 (걸어서? 차로? 버스로?) how, 그녀가 오냐고/그녀가 오는지 아닌지 if, whether.

4. 당신은 가질 수 있다, 당신이 좋아하는 것을 what/좋아하는 것 무엇이든 whatever/누구든지 whoever.

Prepositions

1. 나는 두겠다 그 열쇠를 우편함 안에 in/안쪽에 inside.

그 밖에 장소의 전치사들도 특이한 경우에는 가능합니다.

2. Jennifer 는 돌아왔다 침대 안으로 in, into, 그리고 당겼다 이불을 그녀의 머리 위로 over.

3. 제니는 매우 그녀의 오빠/남동생답다 (비슷하다) like/답지 않다 (닮지 않았다) unlike.

Jenny 는 Jennifer 의 줄임 표현입니다.

4. 우리는 요리할 수 없다 이것을 기름 없이 without/기름으로 with.

(기름으로 볶으면 안 되는데 자꾸 기름으로 볶자고 할 때)

5. 이 차는 가치가 나간다 오천 달러쓰의 worth/ 초과한다 over/ 미만이다 under.

6. 마지막 장면, 그 영화의 of/영화에서 in,은 매우 슬펐다.

from 도 아주 가끔 쓰입니다.

Figurative Expressions (Sayings, Proverbs & Colloquial expressions)

seeing is believing to say that people only believe that something happens or exists when they actually see it

'보는 것이 믿는 것이다' 라는 직역으로, '직접 눈으로 봐야 믿을 수 있다' 라는 표현입니다.

- *'Did you really buy a BMW?' 'Yes. You don't believe me? Come on. I will show you. Seeing is believing.'*
- *Seeing is believing! You've got to see this. I have won the first prize.*

- *'너 진짜 샀어 BMW (자동차)를?' '어. 너 못 믿어 나를? 이리 와 봐. 내가 보여 줄게 너에게. 봐야지 믿지.'*
- *눈으로 봐야 믿지! 너 봐야 돼 이것을. 나 이겼어 1등상을 (나 일등 먹었어).*

Konglish   무스탕/바바리 코트

mustang/머스탱/은 북미 대륙의 몸 집이 좀 작은 편의 야생마를 가리키는 말입니다. 한국에서 쓰는 가죽 자켓의 일종인 무스탕은 당연히 콩글리시이며 leather jacket 이 제대로 된 표현입니다. 그리고 '바바리 코트' 는 영어로는 trench coat/트렌치 콭/입니다. 재미난 사실은 한국에서 '바바리 코트' 라 하면 남성용을 대부분 떠올리지만 영어권에서는 여성용 trench coat 도 흔하게 볼 수 있습니다.

- *You must dry-clean your new leather jacket.*
- *The weather is too mild to wear a leather jacket or a trench coat in Brisbane even in winter.*
- *Various styles of ladies' trench coats are available for winter.*

- *당신은 드라이 클린을 해야한다 당신의 새로운 가죽 자켓을.*
- *날씨는 너무 온화하다 가죽 자켓이나 트렌치 콭을 입기에, 브리즈번에서 심지어 겨울에도.*
- *다양한 스타일의 여성용 트렌치 콭들이 있습니다 겨울을 위하여.*

A mustang is running in the paddock.

They are both wearing trench coats. The lady has both hands in the pockets while the man has only one hand in the pocket.

Conjunctions

1. _____ (she was) in poor health, she continued to carry out her duties.

2. Sit down _____ tell me all about it.

3. _____ Cindy was asleep, thieves broke in _____ stole her handbag.

4. The woman _____ was driving the Honda was my old friend Lisa.

Prepositions

1. Jason has been reading a book _____ the Korean War.

2. He has a bruise _____ his left eye.

3. They ran _____ the road.

4. He got _____ his car and drove off.

5. Leave your bag _____ the table over there.

6. The sign _____ the door says 'Mind your head'.

Conjunctions

1. 그녀가 있음에도 안 좋은 건강에 *although, though*/좋지 않았을 때 *when*, 그녀는 계속해서 수행했다 그녀의 임무들을.

보통 접속사 뒤에는 **주어+동사** 가 오는 것이 일반적입니다. 다만 주절의 주어, 이 경우에는 she continued 의 she 와 종속절(접속사 다음으로 오는 주어+ 동사)의 주어, she 가 같을 때는, 종속절의 주어와 be 동사(she is)는 생략하기도 합니다. 예문을 참고하세요. *I usually have dinner while I watch TV = I usually have dinner while **watching** TV.* 동사형태 변화에 주의하시길!

2. 앉아서 *and*, 말해라 나에게 모든 것을, 그것에 관한.

3. 씬디가 잠들어 있는 동안에 *while*/있을 때 *when*, 도둑들이 침입했고 *and*, 훔쳤다 그녀의 손가방을.

4. 그 여자, (그는) *who*, 운전하고 있었다, 그 혼다(차)를,는 나의 오랜 친구 리싸였다.

Prepositions

1. 제이슨은 읽어 오고 있다 책을, 한국 전쟁에 관한 *about, on*.

2. 그는 가지고 있다 멍을, 그의 왼쪽 눈 주위에 *around*/아래에 *below*/위에 *above*/눈 가까이에 *near*.

under 와 over 는 3차원의 느낌입니다. 얼굴 표면상(2차원)에서 위나 아래는 above 와 below 가 적절한 선택입니다.

3. 그들은 뛰었다 도로로 *to*/도로를 향해 *towards*/도로를 따라서 *along*/도로 건너로 *across*/도로 위쪽으로 *up*/도로 아래쪽으로 *down*/도로 위에서 *on*.

4. 그는 들어갔다 그의 차 안으로 *in, into* 그리고 운전해서 휙 떠났다.

get (verb)은 방향성을 띠며 '가다' '이동하다', '도착하다' 라는 의미입니다. 예문을 참고하세요. *(On the phone) I will get there soon.* (전화로) 내가 갈게 그곳에 금방. *We have to get to the airport by 7.* 우리는 도착해야 한다 공항에, 일곱 시까지.

5. 두어라 당신의 가방을 테이블 위에 *on*/아래에 *under*/근처에 *near*/곁에 *by*/옆에 *next to, beside*/뒤에 *behind*, 저 쪽의.

6. 표시, 문 (표면)위의 *on*/문 위에 있는 *above*,는 말한다 '주의하세요 당신의 머리를'.

이제 한글 해석을 보고 영어로 말해 볼 차례입니다.

Figurative Expressions (Sayings, Proverbs & Colloquial expressions)

birds of a feather (flock together) to say that people of the same kind become friends easily

많이 알려진 속담입니다. 직역은 '같은 깃의 새들(은 모인다/북적인다 함께)입니다. '비슷한 사람들끼리 쉽게 친구가 된다' 라는 의미, 한자성어로 유유상종(類類相從)입니다. flock together 는 종종 생략 합니다.

- *We can know someone better by checking their friends out because birds of a feather flock together.*
- *His wife was involved in the scam as well. They are birds of a feather.*

- *우리는 알 수 있다 누군가를 더 잘, 확인해 봄으로서, 그들의 친구들을, 유유상종이기 때문에.*
- *그의 아내도 연루되었다 그 사기에 또한. 그들은 똑같은 족속들이다.*

Konglish   슬리퍼

요즘에는 대부분 /슬리퍼/라고 제대로 발음하시지만 아직 /쓰레빠/라는 일본식 발음도 좀 남아 있는 단어입니다. 주의 하셔야 할 점은 슬리퍼 한 짝을 이야기하는 특별한 경우만을 제외하고는 대부분 복수형 slippers/슬리퍼쓰/로 사용 됩니다. 그리고 slippers 는 온돌이 없는 서양에서 발을 따뜻하게 유지하는 실내화를 의미하는 경우가 대부분입니다. 야외에서 신는 여름용의 시원한 신발은 sandals 나 thongs 입니다. 또한, slip 은 '미끄러지다' 라는 의미의 동사로도 사용됩니다.

- *You can't wear slippers for the game! Get a new pair of sneakers/joggers.*
- *I love sandals and thongs in summer. They are very cool and practical.*
- *Frank slipped on the ice and broke his arm.*

- *당신은 신을 수 없다 슬리퍼들을 그 경기를 위해! 구해라 한 새로운 쌍의 운동화를. (새 운동화 한 켤레)*

영어에서는 신발, 양말, 모자, 가발(wig), 안경, 옷, 목걸이(necklace), 귀걸이, 팔찌(bracelet)를 포함해서, 심지어 향수나 화장품까지도 동사 wear 를 씁니다. *She wears perfume every day.* 그녀는 입는다 향수를 매일. *She was wearing glasses and a gold necklace.* 그녀는 입고 있었다 안경과 금 목걸이를.

- *나는 정말 좋아한다 샌들들과 쪼리들을 여름에. 그들은 매우 시원하고 실용적이다.*
- *Frank 는 미끄러졌다 얼음에서 그리고 부러뜨렸다 그의 팔을. (그의 팔이 부러졌다)*

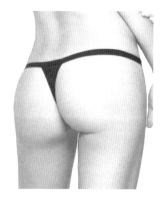

These kinds of shoes are called 'thongs'. Another kind of thong is women's T-shaped panties. Can you see what's in common between them?

Conjunctions

1. The money was repaid into your account _____ promised.

2. I saw her a few days _____ she died.

3. You've got a message from Jake Richardson, _____ he is.

4. That's the woman _____ husband got killed in a fire last year.

Prepositions

1. Do you believe in life _____ death?

*2. He **advise**d me _____ travelling alone.*

3. A sign _____ a shop got blown off _____ the strong wind.

4. I haven't played baseball _____ 2005.

5. I told him not to smoke a thousand times but he wouldn't listen. It was _____ banging my head _____ a brick wall.

6. The disease spread rapidly _____ Europe.

Conjunctions

1. 그 돈은 갚아 졌다 당신의 계좌로, 약속 되었듯이 as.

요즘에는 이렇게 쓰지 않지만 원래는 ~ as it was promised 입니다.

2. 나는 보았다 그녀를 몇 일 전에 before/몇 일 후에 after, 그녀가 죽기.

after 의 경우는 귀신으로 보거나 꿈속에서 본 것입니다. ^^;

3. 당신은 가지고 있다 소식을 (당신을 위한 소식이 있다) 제익 리찬쓴으로부터, 그가 누구든지 간에 whoever.

4. 저 (사람)이 그 여자이다, 그녀의 whose, 남편이 죽었다, 화재에서 작년.

Prepositions

1. 당신은 믿습니까 삶, 죽음 후의(사후 세계) after/죽음 없는(영생) without 을?

believe in (phrasal verb) 존재함을 믿다 *Do you believe in God?* 당신은 믿습니까 신의 존재를?

2. 그는 충고했다 나에게, 홀로 여행 가는 것에 관하여 about/반대하여 against.

3. 간판, 상점의 of/상점 앞의 in front of,가 날아갔다 강한 바람에 in/강한 바람에 의하여 by/강한 바람 때문에 because of, due to.

4. 나는 하지 않아왔다 야구를, 2005년 이래로 since.

5. 나는 말했다 그에게 흡연하지 말라고 아주 많이, 그러나 그는 들으려 하지 않았다. 이것은 부딪치는 것 같았다 like, 나의 머리를 벽돌 벽에 against. Ex 6

6. 그 질병은 퍼졌다 신속하게 유럽으로 to, into/유럽을 향하여 towards/유럽에(안에서) in/유럽에 두루 around/유럽 여기 저기로 across/유럽 전역에 걸쳐서 쫙 throughout/유럽 밖으로(밖에서) outside.

이제 한글 해석을 보고 영어로 말해 볼 차례입니다.

Figurative Expressions (Sayings, Proverbs & Colloquial expressions)

A bird in the hand is worth two in the bush something which someone already has is worth more than something the person doesn't have

'한 마리의 새, 손 안의,가 가치가 있다, 수풀 속에 두 마리의' 라는 직역으로 '지금 가지고 있는 것에 만족하고 가지지 못한 것에 그리 욕심을 부리지 말라' 라는 속담입니다.

• *Stop complaining! You should be happy with your current job. A bird in the hand is worth two in the bush.*

• *James told me to buy a lottery ticket with the money he gave me, but I'm going to keep it. A bird in the hand is worth two in the bush!*

• *그만해라 불평을! 당신은 만족해야 한다 당신의 현재의 직업에. 한 마리의 새, 손 안의,가 가치가 있다 두 마리의, 수풀 속에.*

• *제임쓰는 말했다 나에게 사라고 복권을 그 돈으로, 그가 준, 나에게, 그러나 나는 가지고 있을 것이다 그것을. 한 마리의 새, 손 안의,가 가치가 있다 두 마리의, 수풀 속에.*

Konglish   유니폼

뜻에는 문제가 없으나 발음이 문제가 되는 경우입니다. 우선 어원을 살펴보면 uni(하나, 통합) + form(형태)입니다. 그래서 '하나로 통일된 복장' 이라는 의미가 됩니다. form 의 f 를 /p/ 대신에 /f/로 정확하게 발음해야 합니다.

• *Does my kid need to wear the school uniform on that day?*

• *People **in uniform** look more professional.*

• *People tend to be attracted to people in uniform. That's why, for example, soldiers in uniform are so popular.*

• *내 아이가 필요합니까, 입을, 학교 uniform 을 그 날에?*

• *사람들 **유니폼 안의(입은),**은 보인다 더 직업적으로.*

• *사람들은 경향이 있다, 끌리는, 사람들에게, 유니폼 안의(입은). 그것이 이유이다, 예를 들어, 군인들, 유니폼 안의,이 매우 인기있다.*

제복을 입은 사람을 표현하고 할 때는 **사람** + in uniform 으로 표현합니다.

The kids are in school uniform.

People in uniforms often look attractive.

Conjunctions

1. They rushed to the hospital _____ they were too late.

2. _____ you need money, let me know.

3. It won't be easy _____ you live alone away from your parents.

4. Edward was neither shocked _____ surprised by the news.

Prepositions

1. James and Jess are **made** _____ **each other**. They have never had an argument since they first met .

2. There was a little girl sitting _____ Angela.

3. We used a large box _____ a table _____ lunch.

4. Does this train stop _____ City Hall Station?/Does this train go _____ City Hall Station?

5. Lucy met her boyfriend _____ a disco/nightclub.

6. The ball rolled _____ his feet.

Conjunctions

1. 그들은 서둘러 갔다 병원으로 그러나 but, 그들은 너무 늦었다.

> although/though/because 가 답이 되기 위해서는 they were too late 에서 too 가 빠지거나, too 대신에 very 가 와야 합니다. They rushed to the hopital although/because they were (very) late.

2. 당신이 필요하면 if/필요할 때 when/필요할 때면 언제나 whenever, 돈을, 허락하라 내가 알게 (나에게 말해라).

3. 이것(that 이하)은 쉽지 않을 것이다, 당신이 사는 것 that, 홀로, 당신의 부모님들로부터 떨어져.

4. 에드원은 충격을 받지도 않았고, 놀라지도 nor 않았다 그 소식들에 의해.

> neither + 형용사, nor + 형용사 구조로, 이번에도 neither 와 nor 는 같은 품사, 즉 형용사 앞에서 부정을 했습니다.

Prepositions

1. 제임쓰와 제쓰는 만들어 졌다 서로를 위하여(천생 연분) for, 이다. 그들은 한 번도 가지지 않아왔다 말다툼을, 그들이 처음 만난 이래로. Ex 123

2. 있었다 작은 여자 아이가 (그는) 앉아있었다, 안젤라와 with/옆에 next to, beside/곁에 by/근처에 near/뒤에 behind/앞에 in front of/마주보고 opposite.

3. 우리는 사용했다 큰 상자를 탁자로서 as, 점심 식사를 위해 for/점심 식사 중에 during.

4. 이 열차는 멈춥니까 시청역에 at?/ 이 열차는 갑니까 시청역으로 to?

5. 루씨는 만났다 그녀의 남자 친구를 디스코/나잍클럽(장소)에서 at/안에서 in, inside/밖에서 outside/근처에서 near/뒤에서 behind/앞에서 in front of.

6. 그 공은 굴렀다 그의 발 사이로 between/발로 to/발을 향하여 towards.

이제 한글 해석을 보고 영어로 말해 볼 차례입니다.

Figurative Expressions (Sayings, Proverbs & Colloquial expressions)

bite one's tongue to try to stop saying what one really thinks

직역은 '깨물다 누군가의 혀를' 입니다. 혀를 깨물면 말을 못하죠. '속 마음(진짜 말하고 싶은 것)을 말하지 않고 꾹 참다' 라는 표현입니다.

- *I wanted to tell her what I really thought of her new hair style, but I just bit my tongue.*
- *You'd better bite your tongue when you talk to your boss or you might get fired.*
- *Sometimes people have to bite their tongues in order to stay friendly with other people.*

- 나는 원했다 말하기를 그녀에게, 무엇을 내가 정말 생각했는지, 그녀의 새로운 머리 모양에 대해, 그러나 나는 그냥 말하지 않고 꾹 참았다.
- 당신은 말하지 않는 것이 낫겠다 당신이 진짜 말하고 싶은 것을, 당신이 이야기 할 때에 당신의 상관에게, 그러지 않으면, 당신은 아마도 해고 될 것이다.
- 때때로 사람들은 말 하지 말아야 한다 자신의 속 마음을, 남기 위하여 친하게, 다른 사람들과.

Konglish   자크

'자크' 는 zip/짚/ 또는 zipper/지퍼/에서 유래된 발음입니다. 이 단어 또한 일본식 영어에 영향을 받았습니다. 의미에는 문제가 없으나 벌의 날개 소리 같은 /z/에 주의 하셔서 발음해야 합니다. zip 은 명사와 동사로 zipper 는 명사로만 사용됩니다.

- *Zip up your jacket. It's cold outside.*
- *He put his bag on the floor and unzipped it.*
- *The zip/zipper on my skirt is broken.*
- *Your zip/zipper is undone! Do it up!*

- 짚퍼를 올려라 너의 자켓을. 춥다 바깥에.
- 그는 두었다 그의 가방을 바닥에, 그리고 짚퍼를 열었다 그것을.
- 짚/짚퍼, 내 치마에,는 고장 났다.
- 당신의 짚/짚퍼가 내려갔어요 (남대문이 열렸습니다), 올리세요.

His zip is undone.

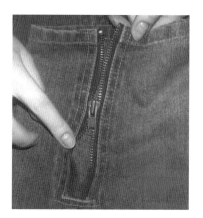
The zipper on the skirt is broken.

Conjunctions

1. _____ Elizabeth becomes rich, she will not see Angela.

2. You can have ham, cheese _____ tuna.

3. _____ Danny is unable to come, we have to do it without him.

4. Rebecca lowered her voice _____ Lisa couldn't hear.

Prepositions

1. I can come any day _____ Thursday.

2. Birds _____ a feather flock together. Check her friends out before you go out _____ her.

3. Global Warming is causing widespread concern _____ scientists _____ the world.

4. Put that money _____ a safe place before it gets stolen.

5. I turned to speak _____ the person standing _____ me.

6. I think (that) a total **ban** _____ cigarette advertising should be introduced.

Conjunctions

1. 일리자벨가 부자가 된다면 if/될 때 when/일단 부자가 되면 once/부자가 되지 않는다면 unless/부자가 될 때까지는 until, 그녀는 보지 않을 것이다 안젤라를.

although 나 though 가 답이 되기위해서는 is going to be rich 나 has become rich 로 바뀌어야 자연스러워집니다.

2. 당신은 가질/먹을 수 있습니다, 햄과 치즈와 참치를 and/햄이나 치즈나 참치 중의 하나를 or.

3. 대니가 올 수 없기 때문에 because, since/올 수 없으므로 as/올 수 없다면 if, 우리는 해야 한다 그것을 그 없이.

4. 레베카는 낮췄다 그녀의 목소리를, 그래서 so, 리싸는 들을 수 없었다/리싸가 들을 수 없을 때까지 until.

Prepositions

1. 나는 올 수 있다 어떤 요일에(도) 목요일을 제외하고 but, except.

2. 유유상종이다 of, 확인해 봐라 그녀의 친구들을, 당신이 사귀기 전에 그녀와 with. Ex 10

go out with somebody 누군가와 나다닌다 → 사귄다 Luke used to go out with Jacky. 룩은 사귀곤 했다, 재키와.

3. 지구 온난화는 유발하고 있다 팽배한(널리 퍼진) 우려를 과학자들 사이에 among, 세계 도처의 around/세계에 곳곳에 across/전 세계에 throughout.

in the world 는 문맥상 매우 어색합니다.

4. 두어라 그 돈을 안전한 장소에 in, 이것이 도난 당하기 전에.

5. 나는 돌아서서 말했다 그 사람에게 to, (그 사람은) 서 있었다 내 뒤에 behind/내 옆에 next to, beside.

6. 나는 생각한다, 완전한 금지, 담배 광고에 대한 on,가 소개(도입) 되어야 한다고.

이제 한글 해석을 보고 영어로 말해 볼 차례입니다.

Figurative Expressions (Sayings, Proverbs & Colloquial expressions)

bite the bullet to reluctantly accept or do something unpleasant

'물다 총알을' 이라는 직역으로, 위험한 총알을 입에 물고 있어야 하는 즉, '좋지 않은 상황을 참고 받아들이다' 라는 표현입니다. 마취제가 없는 전장에서 부상을 당한 병사를 치료할 때 입에 제갈을 물리듯 총알을 물려준 것이 어원이라 합니다.

- *There is nothing we can do about the decision. As the director, you have to bite the bullet.*
- *You'd better bite the bullet and find a way to solve the problem.*
- *Jim bit the bullet and accepted the offer.*
- *없다 아무것도, 우리가 할 수 있는, 그 결정에 관하여. 책임자로서, 당신은 받아들여야 한다 이 좋지 않은 상황을.*
- *당신은 낫겠다 인정하는 편이 이 좋은 않은 상황을, 그리고 찾는 편이 방법을, (그래서) 풀어라 그 문제를.*
- *짐은 상황이 좋지 않았지만 꼭 참고 받아 들였다 그 제안을. (달갑지 않은 제안을 어쩔 수 없이 받아들였다)*

She is literally biting a bullet.

Konglish 라벨

일단 발음이 많이 틀렸습니다. /레이블/이라고 해야 됩니다. 뜻도 많이 틀립니다. 한국에서는 주로 옷의 상품 표시를 말하지만, 영어에서는 옷의 상품 표시 말고도, 음식물의 성분 표시, 주소를 적어 넣은 짐의 꼬리표 등도 의미합니다. label 의 공통적 의미는 '어떤 물건에 추가로 부착된 것' 입니다. 동사로는 '꼬리표나 이름표 따위를 붙이다' 와 '사람이나 사물에 좋지 않은 꼬리표를 달다', 즉 '낙인 찍다' 라는 뜻으로도 종종 사용됩니다.

- *'Can I just wash the coat in the washing machine?' 'No way! It says 'Dry clean only' on the label.'*
- *Before you buy any packaged food, check the label first to make sure (that) there is no preservative.*
- *Don't forget to attach the labels with your contact details to your luggage.*
- *She carefully labelled each jar with its contents and the date.*
- *The unemployed are often labelled as lazy.*
- *'내가 그냥 세탁할 수 있습니까 이 콜을 세탁기에?' '절대 안됩니다! 이것은 말합니다, '드라이 클린만 하세요' 라고 상품 표시에.'*
- *당신이 사기 전에 어떤 포장된 음식을, 확인해라 상품(성분) 설명서를 먼저, 확실히 해라, 없는 것을 방부제가.*
- *잊지 마라, 부착하는 것을, 꼬리표들을 당신의 연락 세부사항들이 달린, 당신의 짐에.*
- *그녀는 조심스럽게 (레이블을) 붙였다, 각각의 단지를, 이것의 내용물들과 날짜로.*
- *실업자들은 종종 낙인 찍힌다, 게으르다고.*

She is checking the label on the clothes. Food labels tell you what ingredients are in the food. luggage label/tag

Conjunctions

1. Divorce is much more common now _____ it was a generation ago.

2. There are lots of things _____ I need to buy for the holiday.

3. _____ Julia is over 50, she is learning English _____ learning itself is fun.

4. _____ extra customers come, Tom's business has to **close down**.

Prepositions

1. There is an ugly scar _____ Monica's left thigh.

2. This building was designed _____ the famous architect Christopher Butler.

3. There was nothing _____ the back _____ the house.

4. The color _____ her new car is burgundy.

5. David bent down to tie his shoelace while he was _____ the train.

6. Foxes remain hidden _____ **the day** but come out _____ **night** to hunt.

Conjunctions

1. 이혼은, 훨씬 더 흔하다 지금, 이것이 그랬던 것 보다 than, 한 세대 전.

2. 있다 많은 것들이 (that, which) 내가 필요한, 살, 휴가를 위하여.

3. 줄리아가 넘었지만 쉰 살이 although, though, 그녀는 배우고 있다 영어를, 배우는 것 자체가 재미있기 때문에 because, since/재미있으므로 as.

4. 추가의 고객들이 오지 않는다면 unless, 톰의 사업체는 닫아야(**폐업**) 한다.

> close down phrasal verb 폐업하다 Hanbo Corp closed down in 1997 during the Asian Financial Meltdown. 한보 기업은 폐업했다 1997년, 아시아 재정 붕괴 동안에.

Prepositions

1. 있다 흉칙한 흉터가 모니카의 왼쪽 허벅지에 on/허벅지 둘레로 around.

2. 이 건물은 설계되었다 유명한 건축가, 크리스토퍼 벌러에 의해 by.

3. 없었다 아무것도 뒤에는 at, 그 집의 of.

4. 색, 그녀의 새로운 자동차의 of,은 자주색이다.

5. 데이빗은 (몸을) 굽혀서, 묶었다 그의 신발끈을, 그가 있는 동안 열차에 on.

> 특별한 경우를 제외하고는 '열차/버쓰/배/비행기 승차' 의 의미로는 on 을 사용합니다.

6. 여우들은 남아있다 숨은 채로 **낮 동안에** during, 그러나 나온다 **밤에** at, (그래서) 사냥한다.

이제 한글 해석을 보고 영어로 말해 볼 차례입니다.

Figurative Expressions (Sayings, Proverbs & Colloquial expressions)

Blood is thicker than water to say that family relationships are more important than any other kind

'피는 진하다 물보다' 라는 잘 알려진 속담입니다. '혈연은 그 어떤 인간 관계보다 중요하고 끈끈하다' 라는 말입니다. 가족의 소중함을 이야기 할 때 사용합니다.

• *Don't worry. Your father will forgive you because blood is thicker than water.*

• *Friends come and go but your family is always there for you; blood is thicker than water.*

• *She is still your mother although she hasn't taken good care of you. You must accept her because blood is thicker than water.*

• 걱정 마라. 당신의 아버지는 용서할 것이다 당신을, 피는 더 진하기 때문에 물보다.

• 친구들은 오고 간다, 그러나 당신의 가족은 있다 항상 그곳에 너를 위하여; 피는 더 진하기 때문에 물보다.

(;) semicolon 은 대부분 '왜냐하면' 으로 해석하면 됩니다.

• 그녀는 여전히 당신의 어머니이다, 그녀가 잘 돌봐오지 않아왔을지라도 당신을. 당신은 반드시 받아들여야 한다 그녀를, 피는 물보다 진하기 때문에.

Konglish   프리 싸이즈 (free-size)

free-size 를 직역하면 '자유로운 수치' 라는 뜻으로 이상한 말이 됩니다. 영어에서는 다르게 표현합니다.어떻게요? 이렇게요. one-size-fits-all, 말 그대로 '하나의 크기가 **맞는다** 모두를' 입니다. 주로 명사 앞에서 형용사로 사용됩니다.

• *'Do you have a bigger size than this?' 'Sorry! It's a one-size-fits-all T shirt.'*

• *It's a one-size-fits-all **cap** with an adjustable band.*

• *I think (that) my new one-size-fits-all cap doesn't really fit my head.*

• '당신은 가지고 있습니까 더 큰 수치를, 이것보다?' '미안합니다! 이것은 one-size-fits-all 티�셜입니다.'

• 이것은 one-size-fits-all cap **(앞쪽에만 차양이 달린)**입니다, 조절 가능한 밴드가 달린.

• 난 생각한다, 나의 새 one-size-fits-all cap 이 실제로 잘 맞지 않는다고 나의 머리를.

Conjunctions

1. Let's wait here _____ Harry gets back.

2. _____ I visited Christine, she was studying English.

*3. Stop **beat**ing **around the bush**.. Just tell me _____ you want.*

4. Don't buy your child _____ he or she wants. _____ you do so, it will ruin your child's future.

Prepositions

1. You can borrow any book _____ this one.

2. I love the feeling _____ warm sand _____ my feet.

3. There is a wooden table _____ the bed _____ the room.

4. I looked after the kids _____ them while they were away _____ a holiday.

5. Finally it's the end _____ the day. Let's go home.

6. He was standing only a few meters away _____ me when he got hit _____ a car.

Conjunctions

1. 기다리자 여기서, 헤리가 돌아올 때까지 *until*.

접속사 if, when, until 다음에 오는 동사는 현재형이 미래의 의미를 포함합니다. 동사 앞에 will 이 오지 않는다는 이야기. 다만 if 가 '~ 인지 아닌지' 의 의미로 사용될 때는 will 을 사용할 수 있습니다.

I will see her if I will go to the party. (x) will go → go,   I will see her when I will go to the party. (x), will go → go
I will wait here until she will come back. (x) will come back → comes back,   I wonder if she will go to the party. (O)

2. 내가 방문했을 때 *when*, 크리스틴을, 그녀는 공부하고 있었다 영어를.

3. 멈춰라 때리는 것을 풀숲 주위를 (자꾸 말 돌리지 마라). 단지 말해라 나에게, 당신이 원하는 것을 *what*.

동사 stop 뒤에 동사의 목적어 형태가 올 때는 verb + ing 형태가 옵니다. *Stop telling me what to do! I can take care of myself.* 그만해라 말하기를 나에게 무엇을 할 지! 나는 신경쓸 수 있다 내 자신을. (스스로 잘 할 수 있다)
그리고, beat around the bush 는 도끼로 나무를 찍어야 나무를 벨 수 있는데, 엉뚱한 풀숲 주위(around the bush) 만을 때리고 있다는 말로, '본론에 들어가지 않고 말을 빙빙 돌리다' 라는 표현입니다.

4. 사주지 마라 당신의 아이에게, 무엇이든지 *whatever*, 그나, 그녀가 원하는. 당신이 하면 그렇게 *if*, 이것은 망칠 것이다 당신 아이의 미래를.

문맥상 what 은 답이 될 수 없습니다.

Prepositions

1. 당신은 빌릴 수 있다 어떤 책도, 이것만 빼고 *except, but*/이것과 같은 종류의 *like*.

2. 나는 정말 좋아한다, 느낌을, 따뜻한 모래의 *of*, 나의 발 밑에 *underneath, under*/발 등에 *on*.

본문에서처럼 바로 아래의 것을 의미할 때는 underneath 가 더 정확한 표현입니다만 under 도 가능합니다.

3. 있다 목재 탁자가 침대 옆에 *next to, beside*/가에 *by*/근처에 *near*/(접는 탁자일 경우) 침대 아래에 *under*/(그 접는 탁자를 잠시) 침대 위에 *on*, 방안에 *in*.

4. 나는 돌보았다 그 아이들을, 그들을 위해 *for*, 그들이 떠나 있던 동안에, 휴가를 위해 *for*.

be 동사 + on holiday 는 '휴가중' 이란 뜻입니다. 이 경우 holiday 앞에 관사가 없으니 주의하세요. *My boss is on holiday. He will be back next week.* 나의 상관은 휴가중이다. 그는 돌아올 것이다 다음 주.

5. 마침내 이것은 끝이다 날의 *of* (이제야 하루가 끝났네). 가자 집으로.

home 은 명사로 '집/가정' 을 의미하지만 여기서처럼 부사로 사용되는 경우 '집으로/집에' 라는 뜻으로 to 또는 at 의 의미를 포함합니다. 아래 예문을 참고 하세요.
Mom, I'm home 엄마, 나 있어 집에'→ (방과후) 다녀왔습니다. *I will be home this afternoon.* 나는 있을 것이다 집에 오후에. *You'd better go home and rest.* 당신은 낫겠다 가는 것이 집으로, 쉬는 편이. *Is this your home?* 이것이 당신의 집인가요? (여기서는 명사)

6. 그는 서 있었다 단지 몇 미터 떨어져서 나로부터 *from*, 그가 치었을 때 차에 의해 *by*.

got hit 의 got 은 수동태의 be 동사 was 대신에 쓰였습니다. '~하게 되었다' 라는 **동작**을 강조한 표현입니다. 예문 참고하세요. *She was killed in the accident.* 그녀는 죽임을 당했다, 그 사고에서. *She **got** killed in the accident.* 그녀는 죽임을 당하게 **되었다**, 그 사고에서.

이제 한글 해석을 보고 영어로 말해 볼 차례입니다.

Figurative Expressions (Sayings, Proverbs & Colloquial expressions)

blow one's mind to make someone feel very surprised and excited by something

직역은 '불어버린다 누군가의 마음을' 입니다. 봄날, 아가씨들의 마음이 봄 바람에 흔들리듯, '누군가의 마음을 매우 놀라고 신나게 만든다' 라는 표현입니다.

- *The view from the top of the mountain blew my mind.*
- *Meeting my first love after so many years really blew my mind.*
- *Meeting her favorite celebrity/star in person blew her mind completely.*

- *그 경치, 정상으로부터, 산의,는 앗아갔다 나의 마음을.*
- *만난 것, 나의 첫 사랑을 그 많은 세월 후에,은 정말 들뜨게 했다 나의 마음을.*
- *만난 것, 그녀의 가장 좋아하는 유명인/연예인을, 직접,은 앗아갔다 그녀의 마음을 완전히.*

Konglish   드라이

정장 따위를 세탁할 경우 흔히 '드라이 해야 한다' 또는 '드라이 맡겼다' 식으로 이야기합니다. dry 는 동사로 '말리다, 물기를 없애다', 형용사로는 '마른, 건조한' 입니다. 세탁에 관하여는 동사는 dry clean/드라이 클린/을, 명사는 dry cleaners/드라이 클리너스/(세탁소)입니다.

- *You must dry clean your new leather jacket or you will ruin it.*
- *Leather jackets are warm and fashionable but they cost too much to dry clean.*
- *I left my navy suit at the dry cleaners.*
- *Make sure that the surface is clean and dry before you start to paint.*
- *The weather was hot and dry in Brisbane.*
- *He dried his hair with a towel/a hairdryer.*
- *Elisabeth dried her eyes (= wiped away her tears) when the movie finished.*
- *(After a meal) You wash and I'll dry.*

- *당신은 반드시 드라이 클린 해야 한다 당신의 새 가죽 자켓을, 그렇지 않으면 당신은 망가뜨릴 것이다 그것을.*
- *가죽 자켓들은 따뜻하고 멋스럽다 그러나 그들은 비용이 든다 너무 많이, 드라이 클린하기에.*
- *나는 두었다(맡겼다) 나의 곤색 정장을 세탁소에.*
- *확실하게 해라, 표면이 깨끗하고 건조하게, 당신이 시작하기 전에 페인트칠을.*
- *날씨가 너무 덥고 건조했다 브리즈번에.*
- *그는 말렸다 그의 머리를 수건으로/머리 건조기로.*
- *엘리자벧은 말렸다 그녀의 눈을 (닦아 냈다 그녀의 눈물을), 영화가 끝났을 때.*
- *(식사 후에) 당신이 설거지 해, 난 물기 닦을게.*

한국이나 일본에서는 설거지 후 식기의 물기를 보통 자연 건조시켜 말리지만, 많은 영어권 가정에서는 마른 수건으로 닦아서 바로 수납공간에 넣습니다. 종종 거품이 가득한 식기를 마른 수건으로 닦아 넣기도 하니 놀라지 마세요.

Conjunctions

1. _____ I hear that tune, it reminds me of her.

2. Mr. Kim met his wife _____ he was studying English in New Zealand.

3. _____ Hugh was sick, he went to work _____ he is obsessed with making money.

4. You've got to do _____ I say.

Prepositions

1. I was waiting _____ her phone call _____ dinner.

2. What are you going to do _____ the summer holiday?

3. The shop opens every day _____ public holidays.

4. The course is designed mainly _____ overseas students _____ Asia.

5. My grandfather died _____ the Korean War.

6. I need a new battery _____ my watch.

Conjunctions

1. 내가 들을 때 when/들을 때마다 whenever, 저 음을, 이것(그 음)은 회상시킨다 나에게 그녀를.

remind somebody about something/somebody 앞으로의 사실/사람을 누군가에게 기억하게 하다. *Kim! Please remind me about the meeting.* 킴! 상기시켜 주세요 나를 그 회의에 관하여. remind somebody of somebody/something 과거의 사실/사람을 누군가에게 회상시키다. *That song always reminds me of our first date.* 저 노래는 항상 기억나게 한다, 나에게 우리의 첫 데일을.

2. 미스터 김은 만났다 그의 아내를, 그가 공부하는 동안에 while/공부하고 있던 때에 when, 영어를 뉴질랜드에서.

3. 휴는 아팠음에도 although, though, 그는 갔다 직장에, 그는 집착하기(환장하기) 때문에 because, since/ 집착하므로 as, 만드는 것에 돈을.

sb is obsessed with st/sb 집착하다, 무엇/누구인가에 *I think (that) you don't really love her. You're just obsessed with her.* 나는 생각한다, 당신은 정말 사랑하지 않는다고 그녀를. 당신은 단지 집착하고 있다고 그녀에게.

4. 당신은 해야 한다 내가 말하는 것을 what/내가 말하는 무엇이든지 whatever.

Prepositions

1. 나는 기다리고 있었다 그녀의 전화를 for, 저녁 식사 후에 after/전에 before.

about 이나 for 가 답이 되려면 특정한 저녁 식사를 의미하므로 the dinner 가 되어야 하고, '식사를 하면서' 라는 의미로는 while having dinner 가 되어야 합니다.

2. 무엇을 당신은 할(예정)것인가 여름 방학 동안에 during/전에 before/후에 after/까지 until ?

3. 그 상점은 연다 매일, 공휴일들을 제외하고 except.

기억하시려는지 모르겠지만, except 와 같은 의미로 사용되는 전치사 but 은 anything, anyone, anybody, any + 명사, nothing, no one, nobody, everything, everyone, all 뒤에서만 사용합니다. 그리고, 한국에서는 공휴일이 대목이라고 문을 여는 상점들이 많지만, 영어권에서는 공휴일에 상점들이 영업을 하지 않는 것은 매우 흔한 일입니다.

4. 그 과정은 설계되어 있다 주로 해외 학생들을 위해 for/설계되어 진다 주로 해외 학생들에 의하여 by, 아시아로부터 (온) from/아시아에 (있는) in.

5. 나의 할아버지는 죽었다 한국 전쟁에서(참전의 의미) in/전쟁(시간의미,기간)중에 during/전에 before/후에 after.

6. 나는 필요하다 새로운 전지가, 나의 시계를 위해 for.

for 대신에 in 을 넣으면 시계에 넣을 전지가 필요한 것이 아니고 '시계에 안에 있는 전지 하나가 필요하다' 라는 많이 엉뚱한 뜻이 됩니다.

Figurative Expressions (Sayings, Proverbs & Colloquial expressions)

blow one's own trumpet *to praise one's own actions*

'불다 자기 자신의 트럼펫/나팔을' 이라는 직역입니다. 중세시대 유럽에서는 군대가 전쟁에서 승리를 하고 돌아오면 나팔수들이 나팔을 불어 승리를 축하했습니다. 이렇게 보통 남이 불어주는 축하 나팔을 자기가 직접 부니 '자기 자신의 성취나 업적을 스스로 칭찬하다' 즉 '자화자찬' 이 됩니다. 우리말로 '잘난 척 하다' 라는 의미가 될 수도 있으나, 우리말에서처럼 그리 부정적인 의미로 사용되는 것만은 아닙니다.

- *Would you please stop blowing your own trumpet? It's starting to annoy me.*
- *You need to blow your own trumpet during the interview – no one else will do it for you.*

- *당신 제발 그만해 주시겠어요 자기 자랑을? 이것(자기 자랑)이 시작하고 있습니다 짜증나게 나를.*
- *당신은 필요하다 스스로를 자랑해야 할 면접동안 – (왜냐하면) 다른 아무도 하지 않을 것이다 이것을(자기 자랑을) 당신을 위하여.*

He is blowing the trumpet.

Konglish   브랜드

brand/브랜드/가 한국에서는 '유명 상표' 또는 '고급 상표' 라는 의미로 종종 사용됩니다. '이 옷 브랜드 있는 거야!' 라는 식으로. 그런데, 사실 영어에서 brand 는 '상표' 라는 의미 이외에 다른 특별한 의미는 없습니다.

- *'What brand is your laptop computer?' 'It's a Dell.'*
- *What brand of shampoo do you use? Your hair smells so nice.*
- *LG, Samsung and Hyundai are well known Korean brands overseas.*

- *'어떤 상표입니까 당신의 랩탑 컴퓨터는?' '이것은 델입니다.'*
- *어떤 상표의 샴푸를 당신은 사용합니까? 당신의 머리(모발)는 냄새가 납니다 매우 좋은.*
- *엘지, 쌤썽 그리고 현대는 잘 알려진 대한민국 상표들이다 해외에서.*

영어권 사람들은 삼성을 /쌤썽/으로 발음합니다.

Conjunctions

1. Ashley is late _____ usual.

2. Did they find out _____ stole the money?

3. _____ took my wallet will go to hell.

4. Don't go yet. See Lisa _____ you go.

Prepositions

*1. Jody **took care** _____ my kids while I was away.*

2. What can I do _____ you?

3. Mr. Han will be here tomorrow _____ about 8.

4. You shouldn't eat _____ meals if you want to lose weight.

5. The Citibank branch is located _____ two supermarkets.

6. There's no one here _____ me.

Conjunctions

1. 에쉴리는 늦는다, 의례 (그런 것)처럼 as.

as 뒤에는 엄밀하게 따지면 it is 가 생략되었습니다. 이렇게 뻔한 it is 가 생략되는 경우는 매우 흔합니다. 접속사 뒤에는 **주어+동사**가 나와야 함에도 불구하고 말이죠. *Please call me as soon as (it is) possible. 전화해달라 나에게 가능한 빨리.* 많이 아시는 구문이지요? it is 를 넣어 말하지는 않지만 엄밀하게 따지면 it is 가 생략된 경우입니다.

2. 그들은 알아냈느냐, 누가 who, 훔쳤는지 그 돈을?

동사 find 와 find out 의 차이를 아십니까? 주로 물리적인 것(물건, 사람 따위)를 찾을 때는 find, 추상적인 사실을 알아낼 때는 대개 find out 을 씁니다. *I lost my key a few weeks ago but I found it yesterday. 나는 잃어버렸다 나의 열쇠를 몇 주 전에 그러나 찾았다 이것을 어제. 'I wonder how much the ticket would cost.' 'No worries! I will find it out for you.' '나는 궁금하다, 얼마나 그 표가 가격이 나가는지.' '걱정마! 내가 알아봐 줄게 그것을 너를 위해.'*

3. 어떤 사람이든지(누구인지는 모르지만) whoever, 가지고 간 나의 지갑을,은 갈 것이다 지옥으로.

4. 가지 마라 아직. 봐라 리싸를, 당신이 가기 전에 before.

여자 이름 Lisa 정확한 발음은 /리자/라기보다는 /리싸/입니다.

Prepositions

1. 조디는 돌보았다 of, 나의 아이들을, 내가 있는 동안에 멀리.

away 는 out 과는 달리 '좀 어디 멀리 가있는' 느낌입니다. *He is out at the moment. 그는 외출중이다 지금. He is away at the moment. 그는 어디 멀리에 있다, 지금. (휴가나 출장 따위)*

2. 무엇을 제가 할 수 있습니까 당신을 위해 for/당신 없이 without/당신과 with?

with 는 형편없는 사람을 두고 '내가 너랑 뭘 하겠냐?' 정도의 비꼬는 상황입니다.

3.1 미스터 한은 나타날 것이다 이곳에, 내일 약 8시에 at/까지 by/전에 before/후에 after.

3.2 미스터 한은 있을(머물) 것이다 이곳에, 내일 약 8시부터 from/8시 까지 until.

여기서 about 은 전치사가 아닙니다. '대략' 이라는 부사로서 생략 가능하지만 전치사 대신에 사용할 수는 없습니다. about 앞에 반드시 전치사가 와야 합니다.

4. 당신은 먹으면 안 된다 식사들간에 between/식사들 전에 before/식사들 후에 after, 당신이 원하면 잃기를 (몸)무게를.

5. 그 씨티 은행 지점은 위치하여 있다, 두 수퍼마켙 사이에 between/맞은편에 opposite/근처에 near/뒤에 behind.

6. 아무도 없다 이곳에는 나를 빼고는 but, except/나를 위한 for/나와 같은 like/나와 with, around.

with 와 around 는 전화상에서 '너 누구랑 같이 있어?' '아니 나 혼자 있어' 할 때

이제 한글 해석을 보고 영어로 말해 볼 차례입니다.

Figurative Expressions (Sayings, Proverbs & Colloquial expressions)

drop a bombshell to suddenly tell someone a shocking piece of news

bombshell/밤쉘/은 bomb, 포탄/밤/의 줄임 표현입니다. '떨구다 포탄을' 이라는 말인데, 포탄을 떨구면 터질 위험이 있습니다. 그렇게 되면 포탄을 떨군 사람이나 그 주위 사람들 까지도 '한방에 훅' 하고 가는 수가 있습니다. '급작스럽게 충격적인(한 방에 훅 갈만한) 소식을 전하다' 라는 표현입니다.

• *My 16-year-old cousin dropped a bombshell. She said (that) she got pregnant.*

• *Jack's wife dropped a bombshell over dinner. 'I want to divorce,' she said.*

• *Bill dropped a bombshell when he said he was quitting.*

• *나의 16살 사촌이 전했다 충격적인 소식을. 그녀는 말했다, 그녀가 임신 했다고.*

동사 get 은 '얻다, 받다' 라는 기본 뜻 이외에 이곳에서처럼 get + adj 형태로 '되다 (become)' 의미로 흔히 사용됩니다. 또한, be 동사 대신에 쓰인 get 의 의미 차이를 눈여겨 보세요. *She was pregnant* 그녀는 임신중 이었다 (지금은 임신 아님), *She got pregnant* 임신 했다 (임신 소식을 전하는 상황, 지금도 임신중), *I get tired easily. I think (that) I need to see a doctor.* 나는 된다 지치게 쉽게. 나는 생각한다, 나는 필요하다고, 볼, 의사를.

• *잭의 아내는 전했다 충격적인 소식을, 저녁 식사를 하면서. '나는 원한다 이혼하기를,' 그녀는 말했다.*

• *빌은 충격적인 소식을 전했다, 그가 말했을 때, 그가 관둔다고(직업 따위를).*

He is holding a bomb(grenade) in his hand.

Konglish   메이커

'야 이거 메이커 있는 거야!!!' 에서 처럼 maker/메이커/라는 말이, brand 와 마찬가지로 '고급품' 또는 '유명 상표' 라는 의미로 종종 사용됩니다. maker 는 전혀 이런 의미로 사용되지 않습니다. maker 는 단지 '만드는 이' 즉, '제조자' 라는 뜻으로, 비슷한 단어는 manufacturer 입니다.

• *LG is a leading **white goods** maker/manufacturer in Korea, with its factories around the world.*

• *Toyota is the world's biggest car maker/manufacturer.*

• *Healthcare administrators and **policy makers** are worried about the current health care system.*

• *엘지는 선도하는 **백색 상품들** 제조자이다 한국에서, 이것의 공장들과(가지고) 세계 곳곳에.*

white goods 는 흰색을 기본으로 하는 냉장고, 세탁기, 식기 세척기 등의 주방용 가전 제품을 의미합니다.

• *토요타는 세계의 가장 큰 자동차 제조자이다.*

• *건강 관리 관료들과 **정책을 만드는 사람들**은 걱정하고 있다, 현재의 건강 관리(의료) 체계에 관하여.*

Conjunctions

1. _____ Sam left the school, his teacher and classmates got depressed.

2. _____ Rebecca comes to Han's English School, she gets happy.

3. I will ask Angela _____ she is going.

4. For your holiday, you can go _____ you want. I **mean** it.

Prepositions

1. She looked _____ her handbag, but she couldn't find the key.

2. The kids dived _____ the river _____ a branch _____ the tree.

3. You should **hand in** your assignment _____ this Friday.

4. Lisa is **afraid** _____ dogs because she was bitten _____ a dog when she was a child.

5. Simon went _____ **work** _____ his illness.

6. What (the hell) are you doing? Get down _____ the table now!

Conjunctions

1. 쌤이 떠난 이후로 after/떠났을 때 when/떠나기도 전에 before/떠났기 때문에 because/떠나면서 as, 학교를, 그의 선생님과 급우들은 우울해졌다.

Sam 은 남자 이름이기도 하지만, 여자 이름 Samantha 를 줄인 표현이기도 합니다.

2. 레베카는 올 때 when/올 때마다 whenever/오기 전에 before, 한쓰 잉글리시 학원에, 그녀는 행복해 진다.

3. 나는 묻겠다 안젤라에게 어디를 where 가는지/언제 when 가는지/왜 why 가는지/어떻게(교통수단) how 가는지/가는지 안 가는지 if, whether.

4. 당신의 휴가를 위해서(말인데), 당신은 갈 수 있다 당신이 원하는 곳 where/곳이라면 어디든지 wherever/원할 때 when/원할 때라면 언제든지 whenever, 나는 **의미한다 그것을 (진심이다).**

이미 휴가에 관하여 언급이 되고 있는 상황이라서 확률이 50%인 if 는 적절한 답이 될 수 없습니다.

Prepositions

1. 그녀는 보았다 그녀의 손가방 안을 in/안쪽을 inside, 그러나 그녀는 찾을 수 없었다 그 열쇠를.

2. 그 아이들은 뛰어들었다 강물 안으로 into, 가지로부터(분리) off, 그 나무의 of.

3. 당신은 **제출해야** 한다 당신의 과제물을 이번 주 금요일까지 by/금요일 전에 before/이후에 after/금요일에 on.

hand in 의 in 은 전치사가 아니라 phrasal verb 의 일부입니다. 그리고 동사의 동작(제출)이 일회성 동작이기 때문에 until 은 답이 될 수 없습니다.

4. 리싸는 두려워한다 개들을 of, 그녀가 물렸었기 때문에 개에 의하여 by, 그녀가 아이였을 때.

5. 싸이몬은 갔다 **직장으로** to, 그의 질병에도 불구하고 despite.

to work 는 '일하러' 라고 해석하면 안됩니다. to 는 전치사, work 는 '직장' 이라는 명사로 '직장으로' 라고 해석합니다.

6. 무엇을 (도대체) 당신은 하고 있나 (너 뭐해)? 내려와라 테이블로부터(분리) off 당장!

이제 한글 해석을 보고 영어로 말해 볼 차례입니다.

Figurative Expressions (Sayings, Proverbs & Colloquial expressions)

born with a silver spoon in one's mouth to be born into a rich family

직역은 '태어났다, 은(銀)숟가락을 누군가의 입에(물고)' 입니다. 옛날 서양에서 '은' 은 부의 상징 이었습니다. 그래서 부잣집에는 항상 은 수저, 접시 등, 은으로 만들어진 silverware 가 있었습니다. 그 비싼 은 숟가락을 입에 물고 태어났다는 것은 '부잣집 출신이다' 라는 의미입니다.

• *'How can he spend that much money? He doesn't even seem to work.' 'He doesn't work at all. He was born with a silver spoon in his mouth.'*

• *Some people work really hard just to feed themselves, while some people have everything (that) they want, just because they were born with a silver spoon in their mouth.*

• *You shouldn't complain that you were not born with a silver spoon in your mouth. There are many people born poor, but they **stood on their own feet**.*

• *'어떻게 그는 쓸 수 있나 그렇게 많은 돈을? 그는 심지어 같지도 않아, 일하는 것.' '그는 일 안 해 전혀. 그는 태어났거든 부잣집에서.'*

• *어떤 사람들은 일한다 정말 열심히, (그래서) 단지 먹이 준다 그들 자신들을(단지 먹고 살기 위해서 일한다), 반면에 어떤 사람들은 가지고 있다 모든 것을, 그들이 원하는, 단지 그들은 태어났기 때문에 부잣집에서.*

• *당신은 불평해서는 안 된다, 당신이 태어나지 않았다고 부잣집에서. 있다 많은 사람들이, (그들은) 태어났다 가난하게, 그러나 그들은 **섰다 그들의 두발위로 (자수성가 했다)**.*

This baby may have been born with a silver spoon in his mouth.

Konglish　　　　패션

fashion 은 /f/발음에 주의해야 합니다. /f/대신 /p/로 발음해버리면 passion /패션/, '열정' 이라는 단어가 되어 버립니다. fashion 의 의미는 우리가 보통으로 알고 있는 '의류에 관한 취향, 경향' 이고, 형용사 fashioned 또는 fashionable 로도 사용됩니다. 형용사의 다양한 의미는 예문을 통하여 살펴보겠습니다.

• *Economic conditions have always influenced both men's and women's fashions.*

• *Short/Mini skirts **are in fashion** again this year. (= they are fashionable)*

• *Checkered patterns **are out of fashion** now. (= they are no longer fashionable)*

• *She wears really **old-fashioned** clothes!*

• *The idea seems rather **old-fashioned** now.*

• *It was his passion for football that brought him this far.*

• 경제 조건(상황)들은 항상 영향을 미쳐왔다, 남자들과 여자들의 패션들(옷 입는 경향)에.

• 짧은/미니 치마들은 **유행이다** 다시 올해. *(그들은 유행이다)*

• 쳌무늬들은 **유행이 지났다** 지금은. *(그들은 더 이상 유행이 아니다)*

• 그녀는 입는다 진짜 **구닥다리** 옷들을.

• 그 발상은 인듯 하다, 다소 **시대에 뒤쳐진**, 지금은.

• 이것(that 이하)은 그의 열정이었다 축구를 향한, 그것은 이끌었다 그를 이 만큼 멀리.

Conjunctions

1. Christina arrived _____ we were having a lesson on English conjunctions _____ prepositions.

2. He was tall, dark _____ handsome.

3. She looks confident _____ I'm still not sure _____ she is the right person for the job.

4. The purpose of the scheme is not to help the employers _____ (it is) to provide work for young people.

Prepositions

1. Jonathan spent three years _____ prison before he fled _____ Australia.

2. Tears were streaming _____ Jamie's face when he heard the news.

3. Angela watched TV _____ midnight last night.

4. Do you have your driver's license _____ you?

5. He was standing _____ his back _____ me.

6. Laura sent a present _____ Chris.

Conjunctions

1. 크리스티나는 도착했다, 우리가 가지고(듣고) 있는 동안에 *while*/있을 때에 *when*, 수업을, 영어의 접속사들과 *and*, 전치사들에 관한.

2. 그는 (키가) 컸고, (피부가) 거무스름했고, 그리고 *and*, 잘 생겼었다.

> tall (키가 큰) 의 반대말은, short (키가 작은) 입니다.

3. 그녀는 보인다 자신감 있게, 그러나 *but*, 나는 여전히 확신하지 않는다, 그녀가 맞는(적당한) 사람인지 *whether*, *if*, 그 일을 위해.

4. 목적, 그 계획의, 은 아니다 돕는 것이 고용주들을, 그러나 *but*, (이것은) 제공하는 것이다 일을, 젊은이들을 위해.

Prepositions

1. 조너던은 보냈다 3년을 감옥에서 *in*, 그가 도망가기 전에 호주로 *to*/호주로부터 *from*.

> '수감' 이라는 의미일 때는 prison 앞에 관사가 없습니다.

2. 눈물이 흐르고 있었다 제이미의 얼굴 아래로 *down*, 그가 들었을 때 그 뉴스를.

3. 안젤라는 보았다 TV를 자정까지 *until*, 지난 밤.

> midnight 은 '한 밤' 이 아니고 '자정' 이므로 at 이 답일 경우 12시 00초부터 12시 59초까지 TV를 봤다는 아주 특이한 경우가 됩니다. ^^;

4. 당신은 가지고 있습니까 당신의 운전면허를, 당신과 *with*?

> 영어권 국가에서 경찰이 운전자에게 '면허증 있으십니까?' 라는 질문으로 가장 많이 사용되는 표현입니다.

5. 그는 서 있었다, 그의 등을 *with* (정보추가), 나를 향하여 *towards*.

6. 로라는 보냈다 선물을 크리쓰에게 *to*/크리쓰를 위한 *for*/크리쓰를 통해 *through*/크리쓰를 거쳐서 *via*/크리쓰 편에 *with*.

> to 의 경우에는 선물의 주인이 크리쓰가 아닐 가능성도 있습니다. through, via, with 처럼 단지 다른 이에게 전달해 달라고 보냈을 가능성도 있기 때문에. 그러나 for 의 경우 선물의 주인은 크리쓰입니다. Chris 는 Christopher (남자 이름)나 Christina (여자 이름)의 줄임 표현입니다.

이제 한글 해석을 보고 영어로 말해 볼 차례입니다.

Figurative Expressions (Sayings, Proverbs & Colloquial expressions)

get off my back to tell someone to stop annoying you

직역은 '떨어져라 나의 등으로부터' 입니다. 등에 찰거머리처럼 착 달라붙어서 누군가를 짜증을 나게 할 때 '날 좀 내버려 둬 좀!!!!' 정도의 표현입니다.

- *Get off my back and go away!*
- *The only way to get her off my back was to pay her some money.*

- *제발 날 좀 놔두고 꺼져라.*
- *유일한 방법, 꺼지게 하는, 그녀를 나로부터, 은 주는 것이었다, 그녀에게 약간의 돈을.*

The horse is trying to get the man off his back.

Konglish   트렌드

trend/트랜드/는 우리말에서는 '유행' 정도로 의미가 축소되어 사용됩니다. '유행'으로 해석 될 때도 있지만, '경향'으로 해석되는 경우도 많이 있습니다. 하지만 형용사 trendy 는 '유행'의 의미로만 사용됩니다.

- *A disturbing trend is that victims of sex crimes are getting younger.*
- *It is the recent trend that single mothers bring up children by themselves.*
- *The computer company Apple **set the trend** for graphic user interface in the computer industry.*
- *Having a meal and drinking in the outdoor areas of restaurants and pubs has become trendy recently.*

- *심려스러운 경향은, 피해자들, 성 범죄들의,이 어려지고 있다는 것이다.*
- *이것(that 이하)은 최근의 경향이다, 남편없이 혼자사는 엄마들은 기른다 아이들을 그들 홀로.*
- *컴퓨터 회사, 애플은 **선도했다 유행을** 그래픽 유저 인터페이스를 위한, 컴퓨터 산업에서.*
- *식사하는 것과 술 마시는 것, 야외 장소들에서, 식당들과 술집들의,은 되었다 유행이 최근에.*

Conjunctions

1. *Ray can't decide _____ he will go to the party with his classmates.*

2. *She left Australia _____ she completed her Bachelor of Arts degree.*

3. *David, _____ you know, has not been well lately.*

4. *I'm sure _____ you would have passed the test _____ you had worked harder.*

Prepositions

*1. Can you **translate** it _____ Korean _____ English?*

2. Jessica hid her money _____ her bed as Angela walked in.

*3. Dillan is **a man** _____ his word. He always does what he promises to do.*

*4. Ann **trembl**ed _____ fear when she accidentally stepped _____ a huge cockroach.*

5. _____ others, Julia has been studying very hard _____ the exam.

6. Can I have a Big Mac _____ a small fries please?

Conjunctions

1. 레이는 결정하지 못한다, 그가 갈지 안 갈지 if, whether/언제 갈지 when/어떻게(교통 수단) how, 그 파티에, 그의 급우들과.

2. 그녀는 떠났다 호주를, 그녀가 마친 후에 after/마쳤을 때 when/마쳤기 때문에 because, since/마쳤으므로 as, 그녀의 인문학 학사 학위를.

3. 데이빈은, 당신이 알다시피 as, 몸이 좋지 않아 왔다 최근에.

4. 나는 확신한다, 당신이 통과했을 것이라고 that, 그 시험을, 당신이 공부했더라면 if, 더 열심히.

Prepositions

1. 당신은 번역할 수 있나 이것을 한국어에서 from, 영어로 into/한국어로 into (형태 변화), 영어로부터 from?

2. 제씨카는 숨겼다 그녀의 돈을 침대 아래에 under/침대 이불 안에 in, 안젤라가 들어왔을때(동시 동작).

*3. 딜런은 **믿을 만한 사람** of 이다. 그는 항상 한다, 그가 약속한 것을, 하기로. Ex 124*

4. 앤은 떨었다 공포로 with, 그녀가 우연히 밟았을 때 커다란 바퀴벌레 위를 on (접촉).

5. 다른 이들처럼 like/다른 이들과는 다르게 unlike, 쥴리아는 공부해오고 있다 매우 열심히, 그 시험을 위해 for.

6. 제가 가질 수 있습니까 빅맥(햄버거)을, 작은 감자 튀김들과 함께 with?

이번 전치사 연습에서 Can + 주어 + verb 로 시작하는 문장들이 두 문장(1, 6)이 있습니다. 여기서 한국인들이 가장 많이 실수하는 can 의 쓰임에 대하여 짚고 넘어가겠습니다. can 을 한국어로 번역하면 '할 수 있다, 할 수 있습니까?'로 번역이 됩니다. 한국어로 '뭐시기 할 수 있을까요?' 라고 하면 나름대로 정중한 표현입니다만 영어에서는 전혀 그렇지 않습니다. 그래서 'can 대신에 could 를 쓰면 '정중한 표현이다' 라고 많이들 배우셨을 것인데…... 그런데 어쩌면 좋습니까? 그것도 그리 정중한 표현이 아니라서. 아래의 예문을 보시겠습니다.

1. Can I use your pen?

2. Can I use your pen please?   or   Can I please use your pen?

3. Could I use your pen?

위의 세 문장 중에 몇 번 문장이 가장 공손할 표현일까요? 우리가 배운 데로 라면 3번(could 사용)이 왠지 가장 정중할 것 같지만 아닙니다. 2번이 가장 정중한 표현입니다. can 을 쓰든지 could 를 쓰든지 상관없이 please 가 들어간 문장이 가장 정중하고 안전한(?) 표현입니다. 1번 문장의 뜻은 쓸 수 있다고 미리 가정한 상황에서 '펜 좀 써도 되지?' 라는 좀 거만한 표현입니다. 물론 친구나 가족들 사이에는 가능합니다. 결론은 예의 바르고 싶으시면 문장에 항상 please 를 넣는 것이 가장 좋은 방법입니다. 참고로 please 의 위치는 동사 앞이나 문장 맨 뒤입니다 (2번 문장 참고). 본문 1번 문장은 그냥 '번역이 가능하냐' 라는 '가능성/능력' 을 물어본 것이라서 공손함과는 좀 거리가 먼 내용입니다.

이제 한글 해석을 보고 영어로 말해 볼 차례입니다.

Figurative Expressions (Sayings, Proverbs & Colloquial expressions)

take one's breath away to feel as if someone hardly breathes because of something so beautiful or exciting

직역은 '앗아간다 누군가의 숨을' 입니다. '숨쉬기가 벅찰 정도로 무엇인가가 아름다울 때' 쓰는 말입니다. 톰 크루즈 주연의 영화 Top Gun 의 주제곡인 Take my breath away 를 생각하시면 쉽게 기억 될 겁니다. 노래를 모르시는 분들은 You Tube 같은 곳에서 들어보세요. 우리말에 '숨막힐 정도로 아름답다' 와 비슷한 표현입니다.

- *The view of the Grand Canyon took my breath away.*
- *She was so beautiful in her wedding dress, I'm sure (that) she took everyone's breath away.*

- 경관, Grand Canyon(협곡)의,은 앗아갔다 나의 숨을 (숨막힐 정도로 아름다웠다).
- 그녀는 매우 아름다웠다 그녀의 웨딩 드레쓰 안에서(입고 있는 모습이), 나는 확신한다, 그녀가 앗아갔다고 모든 사람들의 숨을 (그 정도로 아름다웠다).

Konglish   캐주얼

casual/캐주얼/이라 하면 가장 먼저 떠오르는 뜻은 옷의 한 부류, 즉, '편하게 입는 비공식적인 옷' 입니다. 비슷한 말로는 informal(비공식적인)이고, 반대말은 formal 입니다. 물론 casual 은 여러 다른 의미들을 가지고 있지만, 그 중 대표적인 의미가 직업의 종류를 이야기할 때 사용하는 '비 정규직' 입니다. 사실 호주에서의 casual work 의 개념은 한국의 그것과는 많은 차이가 있습니다. 일하는 시간만 일정하지 않다 뿐이지 '동일노동 동일임금' 원칙이 적용되어 정규직과 비 정규직의 임금상 차별은 거의 없습니다.

- *I feel much more comfortable in casual clothes.*
- *Most Australian university students and lecturers wear casual clothes at their universities. So, often it is not easy to distinguish between students and lecturers, especially at the beginning of the academic term.*
- *Laura is employed on a casual basis/casually.*
- *Australian casual workers get paid as much as full time workers when they are considered to be doing the same amount of work as full time workers.*

- 나는 느낀다 훨씬 더 편안하게, 캐주얼 옷들 안에서 (casual 옷을 입고).
- 대부분의 호주 대학생들과 교수들은 입는다 편한 옷들을 그들의 대학교들에서. 그래서, 종종 이것(to 이하)은 쉽지 않다, 구분하는 것, 학생들과 교수들을, 특히 시작에, 학기의.
- 로라는 고용되어 있다, *causal* 바탕으로/비 정규적으로.
- 호주의 비 정규직 근로자들은 **지불 받는다**. 정규직 근로자들 만큼, 그들이 고려될 때, 하고 있다고, 같은 양의 일을, 정규직 근로자들 만큼.

They are wearing casual shoes.

Conjunctions

1. _____ way you look at this, it will be a huge problem for her.

2. You can copy down my answers _____ I'm not sure _____ they're right.

3. I'd like to go to the party _____ I'm too busy.

4. I want to **get back** by five o'clock _____ (it is) possible.

Prepositions

1. Hurry up and get _____ the car. We are already _____ *schedule*.

2. Stop eating _____ a pig. It's disgusting.

3. _____ the party last night, Jennifer _____ her new dress took my breath away.

4. I hope (that) you're not **angry** _____ me.

5. Wait here _____ 5:30.

6. I saw Jeremy _____ the city centre _____ his new girl friend _____ the purple hair.

Conjunctions

1. 어떤 *whichever(몇)/whatever(몇 이상)*, 방법(방향)으로 당신이 보더라도 이것을, 이것은 될 것이다 엄청난 문제가, 그녀에게.

2. 당신은 베낄 수 있다 나의 답들을, 비록 내가 확신하지는 않지만 *although, though/그러나 but*, 난 확신하지 않는다, 그들이 맞는다고 *that/*맞는지 아닌지 *if, whether*.

3. 나는 가고 싶다 그 파티에 그러나 *but*, 나는 너무 바쁘다.

> too 에는 부정의 의미가 있어서 '못 간다' 는 말입니다. '바쁨에도 파티에 가고 싶다' 는 긍정의 의미를 나타낼 때는 too busy 대신에 so busy 를 쓰고, but 대신 although 나 though 를 사용하면 됩니다. *I'd like to go to the party although I'm too busy. (x) I'd like to go to the party although I'm so busy. (o)*

4. 나는 원한다 **돌아오기를** 다섯 시 정각까지, 가능하면 *if*.

> it is 에서의 it 이 가리키는 말은 '다섯 시까지 돌아오기' 입니다.

Prepositions

1. 서둘러서 타라 차 안에 *in/*안으로 *into*. 우리는 이미 있다 일정에 뒤쳐져 *behind*.

> ahead of schedule 일정보다 앞서있다, **on schedule** 일정대로 진행되고 있다. *We can have a break. We're ahead of schedule.* 우리는 가질 수 있다 휴식을. 우리는 일정보다 앞서있다. *Don't worry! Everything is on schedule.* 걱정마라! 모든 것이 일정대로 진행되고 있다.

2. 멈춰라 먹는 것을 돼지처럼 *like*. 이것은 구역질 난다.

3. 파티에서 *at*, 어젯 밤, 제니퍼, 그녀의 새 드레쓰 안에(입은) *in*,는 앗아 갔다 나의 숨을 (숨막힐 정도로 아름다웠다).

4. 나는 바란다, 당신이 화가 나있지 않기를 나에게 *with, at*.

5. 기다려라 이곳에서, 5시 30분까지 *until*.

6. 나는 보았다 제레미를 시내에서 *in*, 그의 새로운 여자 친구와 *with/*여자 친구 없이 (매일 같이 다니는데 웬일로 여자 친구 없이 홀로 있는 상황 일 때) *without*, 보라색 머리를 가진 *with*.

이제 한글 해석을 보고 영어로 말해 볼 차례입니다.

Figurative Expressions (Sayings, Proverbs & Colloquial expressions)

give somebody a break to ask to stop something because it is annoying OR to stop being strict with someone

직역은 '줘라 누군가에게 휴식을' 입니다. 짜증나는 상황에서 '좀 그만 할래?' 또는 '너무 엄격하게 굴지 말고 좀 봐줘라/ 살살 대해라 /너무 다그치지 마라' 라는 표현입니다.

• *Give me a break, will you? I'm sick of hearing you complaining.*

• *Give him a break! It's only his first week here.*

• *좀 그만 해라, 그럴거지? 나는 질렸다 듣는 것, 당신이 불평하는 것을.*

• *너무 다그치지 마라 그를. 이것은 겨우 그의 첫째 주이다 이곳에서.*

직장에서 신참이 좀 실수를 하는가 봅니다. ^^;

Konglish   에어컨

air-conditioning 또는 air conditioner 가 한국과 일본에서 에어컨으로 줄여졌습니다. air(공기)를, condition(조절하다)가 어원입니다. air-conditioning 는 셀 수 없는 명사로 **냉방 장치**(system)을 말하고 air-conditioner는 셀 수 있는 명사로 **냉방기**를 말합니다. 형용사형인 air-conditioned 는 '냉방이 된' 이라는 의미입니다.

• *The air conditioning of my car is not very powerful.*

• *An air conditioner can use up to 30 times more power than a fan does.*

• *You can reduce power consumption by using air conditioning and fans together.*

• *How much is the installation of air conditioning?*

• *I wish (that) I worked in an air-conditioned room in summer like you.*

• *냉방 장치, 내 차의,는 그리 세지 못하다.*

• *하나의 냉방기는 쓸수 있다 최대 30배 많은 전력을, 하나의 선풍기가 그러는 것보다.*

• *당신은 줄일 수 있다 전력 소비를, 사용함으로써 냉방 장치와 선풍기들을 함께.*

• *얼마입니까 설치는, 냉방 장치의?*

• *나는 바란다, 내가 일하기를 냉방된 방에서 여름에, 당신처럼.*

A trade man is installing air conditioning.

Conjunctions

1. This is the book _____ Lauren told you about last week.

2. There is no reason _____ adults can't learn English well.

3. He's gone out to get some fish _____ chips.

4. You have to pass two tests _____ you get the driving license.

Prepositions

1. Is this the road _____ the city centre?

2. She was wearing a black leather jacket _____ a white T-shirt underneath.

*3. 'Where is Domino's Pizza?' 'Walk _____ the street and turn right. You **can't miss it.** '*

4. Chop the onions _____ this knife. It cuts well.

5. George always wears a white shirt _____ his jacket.

*6. Her shoes were **covered** _____ mud.*

Conjunctions

1. 이것은 그 책이다 (그 책에 관해 which, that) 로렌은 말했다 너에게, 관하여 지난 주.

2. 없다 이유가, 왜 why, 성인들이 배우지 못할 영어를 잘.

3. 그는 나갔다 가지러(사러) 약간의 생선 튀김과 and, 감자 튀김을.

> fish and chips 는 영어권 국가의 흔하디 흔한 동네 튀김 집에서 파는 '생선과 감자 튀긴 것'을 말합니다. 두 단어를 and로 연결하여 거의 한 단어, fish'n chips 라고 말하기도 합니다.

4. 당신은 통과해야 한다 두 시험들을, 당신이 얻기 전에 before, 운전 면허를.

> exam 과 test 는 우리말로 둘 다 '시험' 입니다. 의미상 공통점이 많은 단어인데, 굳이 차이를 두자면 exam 이 좀 더 비중이 있는 중요한 시험이고, test 는 통과 여부를 가리는 '좀 가벼운 시험' 입니다. *My brother is going to take the university entrance exam in November.* 나의 형/남동생은 치른다 대학 입학 시험을 11월에. *I passed the driving test last month.* 나는 통과했다 운전 시험을 지난 달.

Prepositions

1. 이것이 그 도로입니까, 시내로 to/시내로부터 오는 from/시내를 관통하는 through?

2. 그녀는 입고 있었다 검정 가죽 자켈을, 흰 티셜과 with, (자켈) 아래에.

3. '어디에 있습니까 도미노쓰 핏자는?' '걸으세요 이 길 위쪽으로 up/아래 쪽으로 down/이 길을 따라서 along, 그리고 도세요 오른쪽으로. 당신은 놓칠 수 없습니다 이것을.' (놓치고 지나치지 않을 정도로 쉽게 찾을 수 있다.)

4. 썰어라 그 양파들을 이 칼로 with. 이것은 자른다 잘. (칼이 잘 든다)

5. 조지는 항상 입는다 흰 티셜을 그의 자켈 아래에 under(neath)/그의 자켈과 with.

> on 을 쓰면 자켈 위에 티셜을 입는 독특한 경우 입니다. ^^;

6. 그녀의 신발들은 덮혀 있었다 진흙으로 with, in.

이제 한글 해석을 보고 영어로 말해 볼 차례입니다.

Figurative Expressions (Sayings, Proverbs & Colloquial expressions)

burn the candle at both ends to work too hard for too long

직역은 '태우다 초를 양쪽 끝들에서' 입니다. 원래 초는 한 쪽 끝에만 불을 밝히는 것이 정상이지요. 그러나 양쪽을 동시에 태우는 것은 더 밝은 빛을 내기 위하여 무리를 한다는 뜻입니다. 그래서 '무리해서' 또는 '빡세게(?) 일하다' 라는 의미로, 우리말 표현에 '녹초(녹은 초)가 된다' 라는 말과 일맥상통 합니다.

• *Take a rest! You don't need to burn the candle at both ends! We are well **ahead of schedule**.*

• *Burning the candle at both ends is one of the major causes of early death among workers in their 40s in Korea. So relax!*

• *쉬어라! 당신은 필요 없다 일 할, 그렇게 무리해서! 우리는 있다 한참 **앞서 일정에** (보다).*

• *무리해서 일하는 것은 하나이다, 주된 이유들 중의, 조기 사망의, 근로자들 사이에서, 그들의 40대에, 한국에서. 그러니, 여유를 가져라!*

Konglish   오디오

audio 는 '음향' 이라는 명사이거나 다른 명사 앞에 오는 형용사입니다. 흔히 이야기하는 '전축' 이라는 의미는 전혀 없습니다. 전축의 바른 표현은 stereo (system)/스테리오/입니다. stereo 는 형용사로 '양방향 입체 음질의' 의미 이기도 합니다.

• *I will buy you a **brand new** stereo (system) on your birthday.*

• *Now you can enjoy the sound in Dolby stereo.*

• *Audio and video equipment for the concert is the most expensive.*

• *내가 사 줄 것이다 너에게, 새 전축을, 당신의 생일에.*

• *지금 당신은 즐길 수 있다 소리를, 돌비 스테리오로.*

• *음향과 영상 장비, 그 콘썰을 위한,가 가장 비싸다.*

A candle is burning at both ends.

Conjunctions

1. 'Where were you?' 'I went out *for a walk* _____ I finished lunch.'

2. _____ time passes, things seem to be getting worse.

3. Please *get* to the classroom at least 5 minutes _____ the lesson starts.

4. It was neither my fault, _____ his. No one should be blamed *for* the accident.

Prepositions

1. I will be able to get there _____ 3 hours.

2. This mountain is 2000 metres _____ sea level.

3. Mr. Howard has declared that he is _____ all forms _____ racism.

4. Put some salt and pepper _____ the soup before you eat it.

5. Fiona is well known _____ the working holiday makers _____ Brisbane.

6. 'I am really worried.' '_____ what?'

Conjunctions

1. '어디에 있었나 당신은?' '나는 나갔다 **산책하러**, 내가 끝낸 후에 *after*/끝냈을 때 *when*/끝냈기 때문에 *because*, 점심을.

2. 시간이 지남에 따라 (지나면서) *as*/지남에도 불구하고 *although, though*, 일들이, ~듯 하다, 더 안 좋아 지는.

3. **도착하세요** 교실에, 적어도 5분들 전에 *before*, 수업이 시작하기.

4. 이것은 아니었다 나의 잘못도 *nor*, 그의 잘못도. 아무도 비난 받아서는 안 된다 그 사고로(이유).

Prepositions

1. 나는 도착할 수 있을 것이다 그곳에 세 시간들 만에 *in*/세 시간 이내에 *within*.

2. 이 산은 있다, 2000 미터쓰 높이 해수면(해발) 위에 *above*.

3. 미스터 하워드는 선언했다, 그는 반대한다고, 모든 형태들에 *against*,인종 차별의 *of*.

4. 넣어라 약간의 소금과 후추를 슾 안에 *in*/안으로 *into*, 당신이 먹기 전에 그것을.

5. Fiona는 잘 알려져 있다, 워킹 홀리데이 메이커들에게 *to*/사이에 *among*, 브리즈번에서 *in*.

6. '나는 정말 걱정된다.' '무엇에 관해서 *about*?'

이제 한글 해석을 보고 영어로 말해 볼 차례입니다.

Figurative Expressions (Sayings, Proverbs & Colloquial expressions)

bury one's head in the sand to ignore an unpleasant situation, hoping it will stop by not thinking about it

직역은 '묻다 누군가의 머리를 모래 안에' 입니다. 타조가 머리를 모래에 넣고 있는 모양을 비유한 표현입니다. 머리를 모래에 묻으면 아무것도 보이지 않죠. '주변의 좋지 않은 상황을 애써(일부러) 무시하면서, "어떻게든 되겠지" 라고 바란다' 는 표현입니다.

- *You can't just bury your head in the sand. You need to find a way to fix the problem.*
- *Some people just bury their heads while knowing (that) it will not solve their problems at all.*

- *당신은 단지 무시해서는 안 된다 상황을. 당신은 필요하다, 찾을, 방법을, (그래서) 고쳐야 한다 그 문제를.*
- *어떤 사람들은 단지 무시해 버린다 상황을, 알면서, 그것이 해결하지 않을 것을, 그들의 문제들을, 전혀.*

An ostrich buried its head in the sand.

Konglish   리모콘

리모콘은 remote/리몯/(멀리서) + control/콘트롤/(조정) = remote control 을 줄인 일본식 영단어 입니다. 바른 표현은 remote control, 또는 줄여서 remote 이라고 합니다. remote 는 형용사로 '멀리 떨어진, 외딴' 이라는 의미로도 사용됩니다.

- *Where is the remote? Oh there! Would you please pass me the remote?*
- *The remote isn't working. I guess (that) the batteries are **flat**.*
- *He got rescued from a remote island after the ship wreck.*

- *어디에 있죠 리몯이? 아 저기! 당신 전달해 주시겠어요 저에게 저 리몯을?*
- *이 리몯이 작동하지 않는다. 나는 추측한다, 건전지들이 **수명이 다 되었다고**.*
- *그는 구조 되었다 외딴 섬으로부터 난파 후에.*

He is changing TV channels using a remote (control).

Conjunctions

1. Everybody has been really happy _____ John left.

2. _____ I explained before, you must quit smoking _____ your condition will deteriorate.

3. I'm not sure _____ this is the right road to the park or not.

4. She is pretty, _____ not nice.

Prepositions

1. Betty? What are you complaining _____ ?

2. I ran _____ the road to catch the bus.

*3. The film starts _____ 8 o'clock. So, **get** here _____ 8.*

4. Liz was leaning _____ the wall because she was so tired.

5. The house must be _____ quite a lot of money now.

*6. 'Come down!' 'You don't have to **yell** _____ me.'*

Conjunctions

1. 모든 사람들이 정말 행복해 왔다 존이 떠난 이래로 since/떠났기 때문에 because.

2. 내가 설명했듯이 as, 그 전에, 당신은 반드시 그만두어야 한다 담배 피우는 것을, 그렇지 않으면 or, 당신의 상태는 악화될 것이다.

> or 대신에 before 가 답이 되려면 will deteriorate 에서 will 이 빠져야 합니다.

3. 나는 확신하지 않는다 (확신하지 못하겠다), 이것이 바른 길인지 whether, if, 그 공원으로, 아닌지.

4. 그녀는 예쁘다, 그러나 but, 착하지는 않다.

> '착하다' 라고 표현할 때는 형용사 nice 를 쓰면 됩니다. good 은 '착하다' 라는 의미보다 '잘한다', '좋다' 의 의미입니다.

Prepositions

1. 베티? 무엇에 관하여 about, 당신은 불평하고 있나?

2. 나는 뛰었다 길 아래로 down/위로 up/길을 따라 along/건너로 across, (그래서) 잡았다 버스를.

*3. 그 영화는 시작한다 여덟 시 정각에 at. 그러니, **도착해라** 이곳에 여덟 시 전에 before/여덟 시까지 by/여덟 시에 at.*

4. 리즈는 기대어 있었다 벽에 on (살짝)/against (몸으로 심하게 밀면서), 그녀가 매우 피곤했기 때문에.

5. 그 집은 틀림없이 나간다, 꽤 많은 돈의 가치가 worth, 지금.

*6. '**진정해라**!' '당신은 필요가 없다, 소리칠 나에게 at.'*

이제 한글 해석을 보고 영어로 말해 볼 차례입니다.

Figurative Expressions (Sayings, Proverbs & Colloquial expressions)

the call of nature a need to urinate

'자연의 부름' 이라는 직역이어서 왠지 상큼한 일이 아닐까 하지만 화장실 갈 때 '볼 일 보러 간다' 라는 한국어의 간접적 표현과 일맥상통 합니다.

- *'Where are you going?' 'The call of nature!'*
- *The call of nature! I will be back in a minute.*

- *'어디에 당신은 가느냐?' '볼 일 좀 보러!'*
- *볼 일 보러 간다! 나는 돌아오겠다 일 분만에 (돌아오겠다, 금방).*

Konglish   스탠드

stand(서다, 받침대) + lamp(등)을 줄여서 stand 라고 한 것 같습니다. 일본식 발음으로 /스탄도/인데 standlamp 라는 단어는 영어에 없습니다. 우리가 흔히 이야기하는 책상 위에 학습용이나 작업용으로 사용하는 전등은 table lamp 라고 합니다. 모양에 관계없이 table 위에 놓고 쓰는 모든 등은 table lamp 입니다. stand 는 명사로 '받침대' 입니다.

- *I need to buy a table lamp right now. The room is too dark to* **read**.
- *I have bought a couple of music stands at the local music shop.*
- *The microphone stand needs to be adjusted.*

- *나는 필요하다, 살, 테이블 램프를 당장 지금. 이 방은 너무 어둡다, **책 읽기에**.*
- *나는 샀다 두어 개의 악보대들을 동네 음악 상점에서.*
- *그 마익 받침대는 필요하다, 조절되는 것이. (마이크 받침대 조절해야 된다)*

There are various types of table lamps.

It's a music stand.

Conjunctions

1. Please sign here _____ you've read through the documents.

2. I will have this _____ this _____ this please.

3. He looked at me _____ I was crazy.

4. Taste the soup. Then add salt _____ pepper _____ (it is) necessary.

Prepositions

1. Professor Kim has taught _____ many universities _____ a degree.

2. (When getting into an elevator, telling the person in front of you to go in first) _____ you!

3. Before he retired, he worked _____ a diplomat.

4. I'll see you again tomorrow or the day _____ (tomorrow).

5. _____ a student, you're spending too much money. Save some!

6. It's a **bargain**. Old books are selling _____ 50 cents each.

Conjunctions

1. 서명하세요 이곳에, 당신이 자세하게 처음부터 끝까지 읽은 후 *after*/읽은 다음 바로 *once* /만약 읽었으면 *if*, 이 서류들을.

read through phrasal verb 자세하게 처음부터 끝까지 읽다. *Spend some time reading through the letter from the university.* 보내라 약간의 시간을, (그래서) 잘 읽어봐라 그 편지를 그 대학으로부터 (온).

2. 나는 가지겠다 (주세요) 이것과 *and*, 이것과 *and*, 이것을요.

3. 그는 쳐다봤다 나를, 내가 미쳤다는 듯이 *like*.

4. 맛을 봐라 그 슾을. 그리고 더해라(첨가해라) 소금과 *and*, 후추를, (이것이) 필요하면 *if*.

Prepositions

1. 김 교수는 가르쳐왔다 많은 대학들에서 *at*, 학위 없이 *without*.

2. (들어갈 때, 승강기 안으로, 말한다 사람에게, 당신 앞의, 들어가라고 먼저) 당신 후에 *after*.

'먼저 하세요' 또는 '먼저 들어가세요' 라는 말을 After you! 라고 합니다. '당신이 먼저 들어간 후에' 또는 '~한 후에 내가 뭐시기를 하겠다' 라는 의미에서 나온 표현입니다.

3. 그가 은퇴하기 전에, 그는 일했다 외교관으로서 *as*/외교관과 *with*/외교관을 위하여 (외교관 비서쯤) *for*.

4. 나는 보겠다/만나겠다 당신을 다시, 내일이나 내일 모레, *after* 에.

the day after tomorrow 를 직역하면 '내일 이후의 날' 이니 '모레' 가 됩니다. *I will give you a call* **the day after tomorrow**. 나는 주겠다 너에게 전화를 **내일 모레에**.

5. 학생인 것을 감안하면 *for*/학생으로서 *as*, 당신은 쓰고 있다 너무 많은 돈을. 아껴라 좀!

6. 이것은 **매우 싸**다 (거의 거저). 오래된 책들은 팔리고 있다 50 쎈츠로 *for*/오십 쎈츠에 *at* (단위), 각.

이제 한글 해석을 보고 영어로 말해 볼 차례입니다.

Figurative Expressions (Sayings, Proverbs & Colloquial expressions)

get down to business to start dealing with an important subject

직역을 하자면 '내려가다 비지니쓰로' 정도입니다. 뭔 소리냐 하면, business(사업)에는 돈이 연관되어 있어 매우 중요한 일이죠. '(돈이 될 정도의) 중요한 일을 시작하자' 정도의 의미로 이해하시면 되겠습니다. 우리말에 가장 비슷하고 느낌이 '빡' 하고 오는 표현은 '본론으로 들어가다' 입니다.

- *We'd better stop chatting and get down to business.*
- *They both knew (that) they did not have much time, so they got down to business.*

- *우리는 낫겠다 멈추는 편이 잡담하는 것을, 그리고 들어가자 본론으로.*
- *그들은 둘 다 알고 있었다, 그들이 가지고 있지 않다고 많은 시간을, 그래서 그들은 들어갔다 본론으로.*

Konglish   핸드폰

'hand + phone = 손 전화기', 나름대로 의미 있는 조합이기는 합니다만, 영어로는 mobile/모바일/(움직일 수 있는) phone 또는 cell/쎌/ phone 라고 합니다. 줄여서 그냥 mobile 또는 cell 이라고도 합니다. 영어에서 거의 모든 ph 발음은 /f/로 발음됩니다. phone 에서도 /p/가 아니라 /f/입니다.

- *Please turn off your mobile/cell phone before entering the library/hall.*
- *Have you got my mobile number? If so, give me a call on my mobile as soon as you get home.*
- *I personally don't understand people who spend hundreds of dollars buying an expensive mobile phone.*

- *꺼주세요 당신의 휴대 전화기를, 들어가기 전에 도서관/강당을.*
- *당신은 가지고 있는가 내 휴대 전화 번호를? 그러면, 줘라 나에게 전화를 내 휴대 전화에, 당신이 도착하자 마자 집에.*
- *나는 개인적으로 이해할 수 없다 사람들을, 그들은 쓴다(써서) 몇 백 달러를, 산다 비싼 휴대 전화기를.*

She talking on her mobile phone while driving.

She is sending a text message.

Conjunctions

1. I have no idea _____ Sue didn't come today. She might be sick.

2. _____ Becky _____ Emma know _____ learning English is not easy, they are trying very hard.

3. Michael is happy as long _____ he can stay with his family.

4. We invited the boss, _____ he's decided not to come.

Prepositions

*1. Don't **hang around** alone downtown _____ night. It's not very safe.*

2. A boy threw a stone _____ me.

*3. Lewis **is** very **good** _____ preposition exercises.*

4. You will find many different kinds _____ Korean restaurants _____ this street.

5. I will see you _____ the station.

6. We will have a party before Roger leaves as long as he throws the party _____ us.

Conjunctions

1. 나는 도대체 모르겠다, 왜 why, 쑤가 오지 않았는지 오늘. 그녀는 아픈 것 같다. (might, 확률 50%)

2. 베키와 and, 에마는 알기 때문에 because/알고 있음에도 although, though, 영어를 배우는 것이 쉽지 않다는 것을 that, 그들은 노력하고 있다 매우 열심히.

내용이 매우 일상적이므로 formal 표현인 since(때문에) 와 as(므로) 는 답에서 제외했습니다.

3. 마이클은 행복하다, 그가 머물 수 있는 한 as, 그의 가족과.

as long as 는 일상에서 아주 흔하게 쓰이는 말로, 두 번째 as 만 접속사로서 그 뒤에 주어와 동사가 따라 나옵니다. *I don't care who you are, where you're from and what you did as long as you love me, baby!* 나는 신경쓰지 않는다 당신이 누구인지, 어디 출신인지 그리고 무엇을 했는지, 당신이 사랑하는 한, 나를, 사랑하는이여! 가수 Backstreet Boys 의 As Long As You Love Me 의 가사의 일부입니다. 명곡입니다. 한 번 기회가 되시면 들어보세요.

4. 우리는 초대했다 상사를 그러나 but, 그는 결정했다 오지 않기로/오지 않기로 결정했음에도 although, though.

Prepositions

*1. 괜히 **어슬렁 거리지** 마라 혼자서 시내에서, 밤에 at. 이것은 매우 안전하지 않다.*

2. 한 남자 아이가 던졌다 돌맹이를 나에게 at (맞으라고)/나에게 to (받으라고)/향하여 towards.

3. 루이쓰는 매우 익숙하다/잘 한다 전치사 연습들에 at.

Someone is good/bad at something/doing something. 누군가가 잘한다/못한다 무엇을. *Sunny is bad at cooking/ Sunny is not good at cooking.* 써니는 못한다 요리를.

4. 당신은 발견할 것이다 많은 다른 종류들의 of, 한국 식당들을 이 거리를 따라서 along/거리 아래쪽으로 down/ 거리 윗쪽으로 up/거리에서 in.

5. 나는 볼 것이다 당신을 역에서 at/역전에서 in front of/역 안에서 in, inside/역 밖에서 outside/역 근처에서 near/역 뒤에서 behind/역 맞은편에서 opposite.

6. 우리는 가질 것이다 (할 것이다) 파티를 로저가 떠나가 전에, 그가 쓰는 한, 파티를 우리를 위해 for.

(별로 좋은 친구들이 아니군요 ㅎㅎㅎ) throw a party 주최하다, 파티를. *Mr Han often throws a small party after each term.* 한 선생은 종종 쓴다 작은 파티를 각 학기 후에.

이제 한글 해석을 보고 영어로 말해 볼 차례입니다.

Figurative Expressions (Sayings, Proverbs & Colloquial expressions)

go around in circles to think about something without deciding anything or making progress

직역은 '돌다 빙빙 원들 안에서' 입니다. 어떤 일 따위가 진행 또는 결정되지 않고 '제자리에서 맴돈다' 라는 표현입니다.

• *Let's have a break – we're just going around in circles.*

• *Nothing has been decided yet because the meeting has been going around in circles for over a week.*

• *우리 가지자 휴식을 (좀 쉬자) – 우리는 단지 제자리에서 맴돌고 있을 뿐이다.*

• *아무것도 결정되지 않았다 아직 ,그 회의는 제자리에서 맴돌고 있어 오고 있기 때문에 일주일 이상 동안.*

Konglish   미싱 (재봉틀)

'미싱' 은 machine 의 일본식 발음입니다. sewing machine 이라는 단어에서 sewing(바느질)을 생략한 일본식 영어죠. 제대로 된 표현은 /쏘잉머신/입니다. /쏘잉미싱/이 아니고.

• *Do you have a sewing machine? If you have, would you alter my pants please? They are too long.*

• *I thought (that) operating a sewing machine would be difficult **at first**. But, after trying a couple of times, it's ok now.*

• *We need a decent quality sewing machine to alter that dress.*

• *당신은 가지고 있나 재봉틀을? 당신이 가지고 있으면, 당신이 수선해 주시겠어요 나의 바지를? 그들은 너무 깁니다.*

• *나는 생각했다, 작동하는 것, 재봉틀을,은 어려울 것이라고 **처음에**. 그러나, 시도해본 이후에, 몇 번들, 이것(operating a sewing machine)은, 괜찮다 지금은.*

• *우리는 필요하다 준수한 품질의 재봉틀을 (그래야) 수선한다 그 드레쓰를.*

She is sewing using a sewing machine.

Conjunctions

1. Don't worry! _____ Michael gets a job, he'll be fine.

2. You might want to see her next time _____ she is extremely busy today.

3. Are you sure _____ they live in Melbourne?

4. We had to wait _____ she finished her work.

Prepositions

1. (Giving directions) *Turn left* _____ the church.

2. Test scores _____ 50 are considered _____ 'unsatisfactory'.

3. It is an expensive but extremely useful book _____ the exam.

4. Please sit _____ that chair.

5. Let me carry that bag _____ you.

6. Can I pay _____ credit card or do you want me to pay _____ *cash*?

Conjunctions

1. 걱정 마라! 일단 마이클이 얻게 되면 *once*/만약 갖는 다면 *if*/갖게 될 때 *when*, 직업을 그는 괜찮아질 것이다.

once (시간적 의미, 직업을 갖은 그 후로는 쭉 ~)는 if (50%)보다 직업을 얻을 확률이 훨씬 높습니다.

2. 당신은 아마도 원할 것이다, 보기를 그녀를, 다음 번(에), 그녀가 극도로 바쁘기 때문에 *because, since*/바쁘므로 *as*, 오늘.

3. 당신은 확신하느냐 *that*, 그들이 산다고 멜번에?

4. 우리는 기다려야 했다, 그녀가 끝낼 때까지 *until*, 그녀의 일을.

Prepositions

1. (주기 방향들, 길 알려주기) **돌아라 왼쪽으로** 교회에서 *at*/교회 전에 *before*/교회 지난 후에 *after*.

2. 시험 점수들, 50 이하의 *below, under*,은 여겨진다, 불합격으로서 *as*.

unsatisfactory 자체는 형용사이나 이곳에는 '불합격 점수' 라는 의미로서 명사형입니다.

3. 이것은 비싸나 매우 유용한 책이다 그 시험을 위하여 *for*.

exam 과 test 는 우리말로 둘 다 '시험' 입니다. 의미상 공통점이 많은 단어인데, 굳이 차이를 두자면 exam 이 좀 더 비중이 있는 중요한 시험이고, test 는 통과 여부를 가리는 '좀 가벼운 시험' 입니다. *I've got the final exam starting next week.* 나는 가지고 있다 기말 시험을, 시작한다 다음 주. *I've passed the IELTS test.* 나는 통과했다 IELTS 시험을.

4. 앉으세요 저 의자 위에 *on*.

5. 허락하세요 내가 운반하도록 그 가방을, 당신을 위하여 *for*. (제가 운반해 드리겠습니다)

6. 제가 지불할 수 있나요 신용 카드로 *by*, 아니면 당신은 원합니까, 내가 지불하기를 **현금으로** *in*?

수표나 신용카드는 by 를 (by cheque/check), 그러나 현금은 in 을 씁니다. 그리고, by 대신에 with 를 사용하면 credit card 앞에 소유격이 와야 합니다. *Can I pay* **with my** *credit card?* 내가 지불할 수 있습니까 나의 신용 카드로?

이제 한글 해석을 보고 영어로 말해 볼 차례입니다.

Figurative Expressions (Sayings, Proverbs & Colloquial expressions)

every cloud has a silver lining to say that there is something good even in a very difficult situation

'모든 구름은 가지고 있다 은색 안감을' 라는 직역입니다. lining 은 명사로 옷이나 신발 따위의 '안감'을 말합니다. 구름의 아래쪽은 어둡지만 어떤 구름이든지 위쪽(안감)은 태양을 받아서 항상 환하게 빛이 납니다. 그래서 '어떤 어려운 상황 (구름)에서도 긍정적인 측면(은빛 햇살)은 있다' 라는 말입니다. '하늘이 무너져도 솟아날 구멍은 있다' 라는 우리 속담과 비슷합니다. 문법적으로는 주의할 것은 every 뒤에는 항상 단수 명사가 옵니다.

• *Don't worry too much. Things will be fine. Every cloud has a silver lining.*

• *Yes, your car has been wrecked but your insurance company will buy you a brand new one! Every cloud has a silver lining!*

• *I know the saying 'Every cloud has a silver lining' but I am not quite sure (that) we will **get through** the recession.*

• *너무 걱정 마라. 일들이 괜찮아질 것이다. 하늘이 무너져도 솟아날 구멍은 있다.*

• *그래, 당신의 차는 폐기되었다. 그러나, 당신의 보험 회사는 사 줄 것이다 당신에게 완전히 새로운 것을! 너무 부정적으로만 생각하지마라.*

• *나는 안다 그 속담, '모든 구름은 가지고 있다 은색 안감을' 그러나 나는 확신하지 않는다, 우리가 **무사히 빠져나**갈 것이라고 불경기를.*

Every cloud has a silver lining.

The lining of this jacket is somewhat unique. It's a map.

The lining of the shoes are leather.

Konglish   드럼세탁기

흔히 '드럼 세탁기' 하죠. 영어로 세탁기는 washing machine 또는 washer 라고 합니다. 그렇다고 drum washing machine 이라고는 말하지는 않습니다. 구형(위로 빨래감을 넣는) 세탁기는 '위로 싣는다' 해서 top loading washing machine 이라고 하고, 드럼 세탁기는 빨래를 앞쪽으로 넣으니 front loading washing machine 이라고 합니다.

• *I purchased a **brand new** washing machine. It is front loading.*

• *Front loading washing machines use less water, power and detergent than top loading washing machines do.*

• *Clothes washed in a front loading washer wear less than in a top loading washer.*

• *나는 구입했다 **완전 새** 세탁기를. 이것은 앞쪽으로 (빨래를) 싣는다.*

• *front loading 세탁기들는 사용한다 더 적은 물, 전기와 세제를, top loading 세탁기들이 하는(쓰는) 것보나.*

• *옷들, 세탁되는, front loading 세탁기에서,은 닳는다 덜, top loading 세탁기에서 보다.*

It's a top loading washing machine.

She is loading the laundry.

Conjunctions

1. You can borrow the car _____ I can have it back by 6 tomorrow.

2. There are no buses _____ you have to walk.

*3. Patrick **went ahead with** the experiment **even** _____ he knew _____ it was dangerous.*

4. _____ it takes, don't miss the train.

Prepositions

*1. Emily fell _____ love _____ her husband _____ **first sight**.*

2. Ashley disappeared _____ a building next _____ the post office.

3. You can buy the tickets _____ phone.

4. Most _____ the victims were young men aged _____ 16 and 21.

5. I need new tires _____ my car.

6. Let's meet _____ my house _____ the camping trip.

Conjunctions

1. 당신은 빌릴 수 있다 그 차를, 내가 돌려 가질 수 있다면 if, 이것을 여섯 시까지 내일.

2. 없다 버쓰들이, 그래서 so, 당신은 걸어야 한다.

*3. 팻릭은 **강행**했다 그 실험을, 그가 알았음에도 though, 이것이 위험하다는 것을 that.*

even although 는 사용하지 않습니다. even 은 강조의 부사.

4. 어떤 일이 whatever, 걸리더라도 (무슨일이 있어도), 놓치지 마라 그 열차를.

Prepositions

*1. 에밀리는 빠졌다 사랑에 in, 그의 남편과 with, **첫 눈에** at.*

2. 애슐리는 사라졌다 건물 안으로 into/뒤로 behind/근처에서 near, 우체국 옆의 to.

3. 당신은 살 수 있다 그 표들을 전화로 by.

4. 대부분, 피해자들의 of,은 젊은 남자들이었다, 나이든, 16 세와 21세 사이에 between.

5. 나는 필요하다 새로운 타이어들이 나의 차를 위하여 for.

6. 만나자 나의 집에서 at/앞에서 in front of/근처에서 near, 캠핑 여행을 위해 for/캠핑 여행 전에 before/후에 after.

이제 한글 해석을 보고 영어로 말해 볼 차례입니다.

Figurative Expressions (Sayings, Proverbs & Colloquial expressions)

have a thick skin/be thick skinned not easily offended by other people's criticism or insults

직역은 '가지고 있다 두꺼운 피부를', '두꺼운 피부를 가진' 입니다. 피부가 두꺼워서, 비난을 받거나 욕을 먹어도 쉽게 감정이 상하지 않는다는 의미입니다. 우리말에 '낯짝이 두껍다/얼굴에 철판을 깔았다' 와 비슷한 표현입니다. 반대 표현은 have a thin skin/thin-skinned (감정을 얼굴에 쉽게 표 내는/쉽게 상처 받는)입니다.

• *'He is very thick skinned'. 'Of course, he's been a politician for more than 20 years'.*

• *She's got a thick skin. She never gets upset by critics' remarks.*

• *Jake is thin skinned. He gets easily offended by/at personal questions and jokes.*

• *'그는 참 낯짝이 두꺼워'. '물론이지, 그는 정치인이어 왔다, 20년 이상 동안.'*

• *그녀는 가지고 있다 두꺼운 낯짝을. 그녀는 절대 화내지 않는다, 비평가들의 언급들에 의해.*

• *제익은 낯짝이 얇다. 그는 된다 쉽게 상처받게(쉽게 상처 받는다) 개인적 질문들과 농담들에 의해.*

Konglish   빳떼리

/빳떼리/로 흔하게 발음하지만 /배터리/로 발음해 주셔야 합니다. 뜻에는 문제가 없습니다.

• *These batteries are rechargeable. Recharge them until the green light comes on.*

• *Damn! I can't make a call! The battery of my mobile phone is totally **flat**.*

• *I left the headlights on and the battery is now flat. I think (that) I have to jump start the car.*

• *이 전지들은 재충전 할 수 있습니다. 재충전하세요 그들을, 녹색등이 들어올 때까지.*

• *제기랄! 나는 할 수 없다 전화를. 배터리, 내 휴대 전화기의,가 완전히 **소진**되었다.*

• *나는 두었다 전조등을 켠 채로 그리고 배터리는 지금 방전되었다. 나는 생각한다, 내가 점프 스탙 해야 한다고 그 차를.*

He is connecting the red cable to the plus terminal of the battery to jump start the car.

Conjunctions

1. Shall we go out to the cinema tonight _____ stay at home, watching TV?

2. I can't believe _____ she's only 17. She looks _____ she is in her mid 20s.

3. Gale didn't believe _____ Sarah told her.

4. I can't leave her _____ I know _____ she's all right.

Prepositions

1. The new road will be completed _____ the end _____ the year.

2. More people are choosing to work _____ the retirement age.

3. They traveled _____ Chicago _____ train/bus/air/car/ferry.

4. My father was killed _____ a car accident _____ 2007, and my mother died _____ a heart attack last year.

5. These chairs are _____ the main office, not _____ the showroom.

*6. I was driving just _____ the car which **crash**ed _____ the petrol station.*

Conjunctions

1. 우리 갈까요 극장에 오늘밤 아니면 or, 남아서 집에, 볼까요 TV를?

*2. 나는 믿을 수 없다, 그녀가 겨우 열일곱이라는 것을 that. 그녀는 보인다, 그녀가 있는 것처럼 like, **그녀의 중반 20대에.***

in somebody's early 20s 20대 초반에, in somebody's late 20s 20대 후반에

3. 게일은 믿지 않았다, 쎄라가 말한 것을 what, 그녀에게.

'쎄라가 말한 모든 것' 이라는 의미로 whatever 는 어색합니다.

4. 나는 떠날 수 없다 그녀를, 내가 알기 까지는 until/알지라도 although, though. 그녀가 괜찮다는 것을 that.

Prepositions

1. 그 새로운 도로는 완성될 것이다 말까지 by/말에 at/말 전에 before, 올해의 of.

2. 더 많은 사람들이 선택한다 일하기를, 은퇴 나이를 초과하여 (지나서도 한참 동안) beyond.

3. 그들은 이동했다 시카고로 to/시카고를 관통하여 through/시카고 여기 저기를 around, 기차, 버스, 비행기, 차, 배로 by.

by + (a, the 없이) 교통 수단. 동사 travel 에 대한 오역을 이제는 더 이상 용납하지 않겠습니다. 많은 영한 사전들이 아직도 travel 의 가장 기본적인 의미를 '여행하다' 라고 소개하고 있습니다. 여기서 엄청난 문제가 발생합니다. 한국어에서 '여행' 은 대부분 '휴가' 또는 '놀러가는 것' 을 의미합니다. 그러나, travel 의 가장 기본적인 의미는 '이동하다' 입니다. 확장된 의미가 '다니다' 정도입니다. travel 에는 한국어에서의 '여행(=휴가)' 의 의미는 전혀 없습니다. '휴가를 가지다' 는 have a holiday 입니다. *Light travels faster than sound.* 빛은 이동한다 더 빠르게 소리보다. *During the business trip to Europe, I had to travel up to Scotland.* 출장 중에, 유럽으로, 나는 가야 했다 스콜랜드 위에 까지로. *The best way to travel around Europe is by train.* 가장 좋은 방법, 다니는, 유럽 여기 저기를,은 열차로이다. *I had the summer holiday in Europe.* 나는 가졌다, 여름 휴가를 유럽에서.

4. 나의 아버지는 죽임을 당했다(사망했다) 차 사고 안에서(차 사고로) in, 2007년에 in, 그리고 나의 어머니는 죽었다 심장 마비로 with, of/심장 마비로부터 from, 작년에.

5.1. 이 의자들은 주 사무실을 위한 것이다 for, 전시장을 위한 for,이 아니고.

5.2. 이 의자들은 왔다 주 사무실로부터 from, 전시장으로부터 from,가 아니고.

6. 나는 운전하고 있었다 그 차 바로 뒤를 behind/앞에 in front of/옆을 beside, next to, (그 차는) 들이 받았다 그 주유소로 into.

동사 crash 뒤에 전치사는 오는 경우는 거의 into 입니다. *The plane crashed into a mountain.* 그 비행기는 충돌했다 산으로.

이제 한글 해석을 보고 영어로 말해 볼 차례입니다.

Figurative Expressions (Sayings, Proverbs & Colloquial expressions)

the tip of the iceberg a small sign of a problem that is actually much larger

명사 tip 은 물론 '봉사료' 라는 의미도 있지만 가장 기본적인 의미는 '끝 부분, 말단' 입니다. 그래서, *You have a pimple on the tip of your nose* 하면 '당신은 가지고 있다 여드름을, 끝 부분에 당신 코의' 라는 의미입니다. 글자 그대로 the tip of the iceberg 는 '빙산의 끝 부분, 일각' 이라는 말입니다. 그림에서 보시다시피 빙산의 수면 위로 떠있는 부분은 수면 아래의 얼음에 비하면 아주 작은 일부분일 뿐입니다. '어떤 사건이 드러나지 않은 큰 부분의 일부분일 뿐이다' 라고 할 때 사용합니다.

• *The reported cases of food poisoning at schools are only the tip of the iceberg.*

• *The MP was found guilty of bribery and corruption but I think that he's just the tip of the iceberg.*

• *보고된 경우들, 식중독의, 학교들에서,는 단지 일각일 뿐이다, 빙산의.*

• *그 국회의원은 발견되었다 유죄로 뇌물과 부패의. 그러나, 나는 생각한다, 그는 단지 일각일 뿐이라고, 빙산의.*

The tip of this ice burg is small, compared to the part hidden below water.

Konglish　　　　　콘센트

'콘센트' 라는 단어는 아예 영어에 존재하지 않습니다. 물론 consent ('동의', 주로 공식 서류나 법률 서류 따위에서 사용) 라는 말은 있지만 '전원' 이라는 의미와는 전혀, 아무런, 하등의, 눈곱만치도 관련이 없는 말입니다. 전원부를 영국과 호주에서는 power point/파워포인트/, 미국에서는 outlet/아울렡/이라 합니다. '전원에(서) 연결/분리하다' 는 동사 plug 와 unplug 를 사용합니다.

• *'Where is the (electrical) power point/outlet?' 'Down there, under the desk.'*

• *(In a manual) Make sure that you **unplug** the computer before disconnecting the cables.*

• ***Don't plug** too many things into one power point/outlet. It may cause a fire.*

• *'어디에 있나 전원이?' '아래 거기, 책상 아래.'*

• *(설명서에서) 확실하게 해라, 당신이 **전원 뽑아라** 컴퓨터를, 분리하기 전에 전선들을.*

• ***꽂지 마라** 너무 많은 것들을 한 전원 안으로. 이것은 일으킬지도 모른다 화재를.*

The plug is (plugged) in the power point.

Conjunctions

1. It has been 6 months _____ I left Korea.

2. Natalie was prettier _____ taller _____ I thought.

3. The fact _____ he is your brother-in-law should not affect your decision.

4. I don't know _____ I can see her again.

Prepositions

1. I was able to see her swimming _____ the pool _____ the window _____ my room _____ the hotel.

2. I was standing **right** _____ her _____ the time.

3. There is a small city called Armidale **halfway** _____ Sydney and Brisbane.

4. I will send it _____ airmail _____ **the afternoon**.

5. The sun rises _____ the East and sets _____ the West.

6. The doctor knew (that) there was nothing (that) he could do _____ her.

Conjunctions

1. 되어 왔다 6 개월들이, 내가 떠난 이래로 since, 한국을.

> leave sb/place 사람이나 장소를 떠나다. Don't leave me, please! 떠나지 마세요 나를 제발! leave for place 장소를 향하여 떠나다. I'm leaving for London tomorrow. 나는 갑니다, 런던으로 내일.

2. 나탈리는 더 예뻤고 and, 키가 더 컸다, 내가 생각했던 것보다 than.

3. 그 사실, 그가 당신 처남 이라는 that, 이 영향을 미쳐서는 안 된다 당신의 결정을(에).

> brother/sister-in-law 는 배우자의 남자 형제나 여자 형제를 말합니다. 친 형제는 아니고 '법 안에서의 형제, 자매'라는 뜻이지요. 복수형은 brothers/sisters-in-law 이고, 시 부모나 장인, 장모를 같이 부를 때는 parents-in-law 라 합니다. 그러나, mother/father-in-law 를 포함한 '처가나 시댁 식구들 모두' 라는 복수형은 somebody's in laws 입니다. 복수 표기 ~s 의 위치에 주의 하세요. I wish (that) I had in-laws like yours. My in-laws are hopeless. 나는 바란다, 나도 가지고 있기를, 시댁/처가 식구들, 너와 같은. 내 시댁/처가식구들은 형편없다.

4. 나는 모른다 내가 볼 수 있을지 if, whether/언제 when/어디서 where/어떻게 (무슨 수로) how, 그녀를 다시.

Prepositions

1. 나는 볼 수 있었다 그녀가 수영하는 것을 수영장에서 in, 창문으로부터(위치) from, 내 방의 of, 호텔에 at/in.

2. 나는 서 있었다 바로 그녀 옆에 beside, next to/곁에 by/근처에 near/뒤에 behind/앞에 in front of/ 맞은편에 opposite, 그 때에 at.

3. 있다 작은 도시가, 불린다 아미데일이라, **중간에**, 씬니와 브리즈번 사이 between.

4. 나는 보내겠다 이것을 항공 우편으로 by/항공 우편을 거쳐 via, 오후에 in/오후까지 by.

> before 나 after 를 쓰기보다는 in the morning 이나 in the evening 이 더 좋습니다.

5. 태양은 뜬다 동쪽에서 in, 그리고 진다 서쪽에서 in.

6. 그 의사는 알았다 (그곳에는) 없다고 아무것도, 그가 할 수 있는, 그녀(환자)를 위하여 for/그녀(유능한 간호사)없이는 without/(구제 불능 간호사) 그녀와 with.

이제 한글 해석을 보고 영어로 말해 볼 차례입니다.

Figurative Expressions (Sayings, Proverbs & Colloquial expressions)

be in/within spitting distance (of something) to be very close to someone or something

spit 은 '침을 뱉다' 라는 동사이고 distance/디쓰턴쓰/는 '거리' 라는 명사, 거기에 전치사 in 이나 within 이 합쳐져 '무엇이 침을 뱉을 수 있는 거리에 있다', 즉 '매우 가까운 거리이다' 라는 표현입니다. 우리말의 '엎어지면 코 닿을 데' 라는 표현과 같은 의미입니다. '엎어지면 코가 닿는다', '침 뱉으면 닿을 거리', 둘 다 과장이 좀 심하지만 재미난 표현입니다.

• The great thing about the house is (that) it's within spitting distance of the beach.

• I don't need a car because my home is in spitting distance of a bus stop and a shopping centre.

• 매우 좋은 것, 그 집에 대하여,은 이것은 있다는 것이다, 엎어지면 코 닿을 거리에, 해변의.

• 나는 필요하지 않다 차가, 나의 집은 있다 매우 가까운 거리에, 버쓰 정류장과 쇼핑 쎈터의.

Konglish   샴푸

shampoo /샴푸/는 '샴푸' 라는 명사로도, '(샴푸를 사용하여) 머리 감다' 라는 동사로도 사용됩니다. 발음에는 문제가 없습니다.

• Mike shampoos his hair every day because he sweats a lot.

• Some people say that shampooing hair every day is not good for it.

• 'What kind of shampoo do you use? Your hair smells so nice.' 'I use herbal shampoo. It **lathers** very well and smells nice.'

• 마익은 감는다 그의 머리를 매일, 그는 땀을 흘리기 때문에 많이.

• 어떤 사람들은 말한다, 매일 감는 것, 머리를,은 좋지 않다고, 그것(머리)을 위하여.

• '어떤 종류의 샴푸를 당신은 사용하나? 당신의 머리는 냄새 난다 매우 좋게.' '나는 사용한다 약초 샴푸. 이것은 **거품이 나고** 매우 잘, 냄새 난다 좋은.'

She is shampooing her hair.

Conjunctions

1. I don't care _____ you think about her. I'm **going out with** her tonight.

2. Try to make your own sentences _____ you've completed each conjunction _____ preposition excercise. I'm sure _____ it will improve your speaking skills a lot.

3. I am late _____ my boss wanted to meet me for something urgent.

4. You can't tell me what to do after work _____ you're my boss, not my mom.

Prepositions

1. I got a phone call _____ my brother _____ the middle _____ the night.

2. Please stop smoking. If you can't do it _____ yourself, do it _____ your wife and your children. They don't want to spend time taking care _____ you anymore.

3. The results will be announced _____ two weeks' time.

4. I hadn't seen Sophie _____ a while, and I was surprised _____ how much weight she'd gained.

5. Some parts _____ the country had power cuts _____ the storm. However, the power came back on a couple _____ hours later.

6. They'll be here _____ the morning/_____ Tuesday morning.

Conjunctions

1. 나는 신경 쓰지 않는다, 무엇을 *what,* 당신이 생각하는지 그녀에 관하여. 나는 **데일 할** 것이다 그녀와 오늘 밤.

우리말로는 '어떻게 생각하는지' 라고 해석되지만 what 대신에 how 를 쓰면 전혀 다른 의미가 됩니다. *How do you think about her?* 하면 답은 *With my brain* (뇌로 생각한다)가 됩니다. 사람이 생각은 뇌로 하니까요. 그리고, go out 은 단순히 '나가다' 라는 의미도 있지만 go out with somebody 에서는 '데일하다, 사귀다' 라는 의미입니다.

2. 시도하라 만들기를 당신 자신의 문장들을, 당신이 마친 후에 *after/*마쳤으면 바로 *once/*마쳤다면 *if,* 각각의 접속사와 *and,* 전치사 연습 문제를. 나는 확신한다, 이것(그렇게 하는 것)은 향상시킬 것이라고 *that,* 당신의 말하기 기술들을 많이.

3. 나는 늦었다, 나는 상관이 원했기 때문에 *because/*원했으므로 *as/*원했음에도 *although, though,* 만나기를 나를 무엇인가 급한 (일로). | something, nothing, anything etc 형용사가 얘네들을 수식할 때는 뒤에 위치합니다.

4. 당신은 말할 수 없다 나에게, 무엇을 하라고 일과 후에, 당신은 나의 상관이기 때문에 *because, since/*이므로 *as,* 나의 엄마가 아니라.

Prepositions

1. 나는 받았다 전화를 나의 형으로부터 *from/*나의 형을 위한 *for/*형에 관한 *about,* 중에 *in,* 한밤의 *of* (한밤중에).

2. 제발 멈춰라 흡연을. 당신이 할 수 없으면 그것을 당신 자신을 위하여 *for,* 해라 그것을 당신의 아내와 당신의 아이들을 위하여 *for.* 그들은 원하지 않는다 보내기 시간을, 돌보는데 당신을 *of,* 더 이상.

spend + 시간 + 동사~ing 시간을 보내서 동사~ing 하다. *I spend an hour studying English every day.* 나는 보낸다 한 시간을 (그래서) 공부한다 영어를 매일. *I spent half a day making Kimchi.* 나는 보냈다 반나절을 (그래서) 만들었다 김치를. *She spent 3 days decorating her room.* 그녀는 보냈다 3일을 (그래서) 꾸몄다 그녀의 방을. *He spent 6 months preparing for the project.* 그는 보냈다 6개월을 (그래서) 준비했다 그 계획안을 위해.

3. 그 결과들은 발표될 것이다 2주의 시간 안에 *within/* 만에 *in.*

4. 나는 보지 못해왔다 쏘피를 한 동안 *for,* 그리고 나는 놀랐다, 얼마만큼의 몸무게를 그녀가 얻었는지에 *by.* (한 동안 쏘피를 못봤었는데 그녀가 살이 많이 쪄서 놀랐다)

5. 몇 몇 지역들, 그 나라의 *of,*은 정전되었다 폭풍우 때문에 *because of, due to/*폭풍우 동안 *during/*폭풍우 후에 *after/*(좀 이상하기는 하지만)폭풍우 전에 *before,* 그러나, 전기는 돌아왔다 몇 *of,* 시간 나중에.

6. 그들은 도착할 것이다 이곳에, 아침에 *in/*아침까지 *by/*아침 전에 *before,* 화요일 아침에 *on/*화요일 아침까지 *by/*화요일 아침 전에 *before.*

이제 한글 해석을 보고 영어로 말해 볼 차례입니다.

Figurative Expressions (Sayings, Proverbs & Colloquial expressions)

just around the corner going to happen soon

직역은 '바로 저 구석 근처에' 입니다. 눈에 보이는, 어떤 모퉁이를 돌면 바로 나오는, 즉 '조만간 어떤 일 따위가 생긴다', '머지 않았다' 라는 표현입니다. '경마에서 말들이 결승선 직전의 모퉁이를 돌고 있는 모양' 에서 유래된 표현입니다. 밥 먹듯이 쓰는 표현입니다. 여러분들도 밥 먹듯이 사용하시길 바랍니다.

• *The baseball season is just around the corner. Let's get prepared.*

• *An interest rate rise/cut is just around the corner.*

• *The UN secretary, Kimoon Ban's visit to China is just around the corner.*

• *야구 씨즌이 머지 않았다. 되자, 준비된 상태로 (준비하자).*

• *이자율 상승/인하가 있을 것이다 조만간.*

• *유엔 사무총장, 반기문의 방문, 중국으로, 이 얼마 남지 않았다.*

> 직책 + comma + 이름, 가장 흔하게 **동격**을 표시하는 구조입니다. *The president of the United States, George W Bush was criticized for the wars in Iraq and Afghanistan.* 미국의 대통령, 조지 더블유 부시는 비난 받았다, 전쟁들 때문에 이락과 아프카니스탄에서(의). *My boss, Gildong Hong is one of the most reasonable bosses (who) I've ever worked with.* 나의 상관, 길동홍은 하나이다, 가장 상식적인 상사들 중의, 내가 지금까지 일해 본 같이.

Konglish   린쓰

어쩌다가 rinse/린쓰/(헹구다)가 conditioner/컨디셔너/를 대용하게 되었습니다. 동사는 condition 입니다.

• *I use a shampoo that washes and conditions at the same time.*

• *(Directions) Apply the conditioner to wet hair and leave it for two minutes. Then rinse it off with warm water.*

• *Many Australians don't rinse dishes when they wash them. If they do rinse the dishes, they do it in water contained in a sink rather than under running water like most Koreans do.*

• *(Talking to a kid) After **brushing your teeth**, rinse your mouth with water.*

• *나는 사용한다 샴푸를, (그것은) 씻고 컨디션 한다 동시에.*

• *(사용 방법들) 적용해라 당신의 컨디셔너를 젖은 머리에, 그리고 두어라 그것을 2분들 동안. 그리고, 헹궈 내라 그것을 따뜻한 물로.*

• *많은 호주인들은 헹구지 않는다 접시(그릇)들을, 그들이 씻을 때 그들을. 만약 그들이 헹군다면 접시들을, 그들은 한다 물에서 고여있는 싱크에, 흐르는 물에 아래에서라기 보다, 대부분의 한국인들이 하는 것처럼.*

• *(말하기, 어린 아이에게) **양치질 한** 후에, 헹궈라 너의 입을 물로.*

She has applied conditioner to her hair.

She is rinsing the dishes in a sink.

Conjunctions

1. Vicky was nine _____ her brother was born.

2. The new Windows is easy to use, _____ the last operating system was very complicated.

3. Oh no! My car has been scratched again. I will kill _____ did this.

4. Caroline met Andy _____ (she was) working at IBM.

Prepositions

1. We're going to tell her _____ it _____ her birthday – that's two weeks _____ today.

2. There must be another way _____ this house.

3. The cost _____ the meal _____ the restaurant was very high.

4. Raindrops keep falling _____ my head.

5. My first *visit* _____ New Zealand was _____ 1996.

6. Product inspection is the responsibility _____ the employees themselves.

Conjunctions

1. 비키는 아홉(살)이었다, 그녀의 남동생이 태어났을 때 *when*.

2.1 새로운 윈도즈는 쉽다 쓰기가. 지난 운영 체제는 매우 복잡했던 반면에 *while, whereas*.

2.2 새로운 윈도즈는 쉽다 쓰기가, 그러나 *but*, 지난 운영 체제는 매우 복잡했다.

3. 오 이건 아니야! 나의 차가 긁혔다 다시. 나는 죽일 것이다, 그가 누구든지 간에 *whoever*, 한, 이것을.

4. 캐롤라인은 만났다 앤디를, (그녀가) 일하는 동안에 *while*/일하던 때에 *when*, IBM에.

Prepositions

1. 우리는 이야기할 것이다 그녀에게 그것에 관하여 *about*, 그녀의 생일에 *on*, – 그것은 2주들이다 ,오늘로부터 *from*.

2. 분명히 있을 것이다 다른 길이 이 집 안으로 *into*.

3. 가격, 식사의 *of*/식사를 위한 *for*, 그 식당에서 *at*,은 매우 높았다.

4. 빗방울들이 계속해서 떨어지고 있다 내 머리(위)로 *on, onto*.

> 1969년에 발표된, Paul Newman, Robert Redford 주연의 영화 Butch Cassidy and the Sundance Kid 의 주제곡입니다.

5. 나의 첫 방문, 뉴질랜드로 *to*,은 이었다 1996년에 *in*.

> 동사 visit 뒤에는 한국어에서처럼 '~ 에 방문했다' 에서처럼 명사 앞에 to 가 붙지 않고 visit +사람/장소 입니다. 하지만, 본문처럼 visit 이 명사로 쓰이는 경우에는 visit + to + 장소 입니다. *I am going to visit my sister while I'm in L.A.* 나는 방문할 것이다, 나의 누이/여동생을 내가 있는 동안에 L.A에. *You should visit Jeju Island while you're in Korea. It's beautiful.* 당신은 방문해야 한다 제주도를 당신이 한국에 있는 동안에. 이것은 아름답다.

6. 제품 검사는 책임이다, 피고용인들 자신들의 *of*.

이제 한글 해석을 보고 영어로 말해 볼 차례입니다.

Figurative Expressions (Sayings, Proverbs & Colloquial expressions)

turn the corner to start to improve

직역은 '돈다 그 모퉁이를' 입니다. 경마나 자동차 경주에서 모퉁이도는 것은 그리 쉽지 않은 일입니다. 자칫하면 넘어지거나, track을 벗어나기가 일수입니다. 하지만, 그 모퉁이를 돌면, 직선 코스가 나오죠. 모퉁이는 '고비' 나 '어려움' 을 빗 댄 말입니다. 그래서 '어떤 고비를 넘겨서 상황이 차츰 나아지기 시작하다' 라는 의미입니다. 간단히 '고비를 넘겼다' 라고 해석해도 괜찮습니다.

- *I was really ill on Tuesday and Wednesday but I think (that) I've finally turned the corner.*
- *She's been sick for a long time, but her doctors think (that) she's turned the corner now.*
- *Last year was **disastrous**. However, I'm sure (that) our company has now turned the corner.*

- *나는 진짜로 아팠다 화요일과 수요일에 그러나 나는 생각한다, 나는 마침내 넘겼다고 고비를.*
- *그녀는 아파왔다 오랜 시간 동안, 그러나 그녀의 의사들은 생각한다, 그녀가 넘겼다고 고비를 지금은.*
- *지난해는 **끔찍(엉망진창)했다**. 하지만, 나는 확신한다, 우리의 회사가 넘겼다고 지금은 어려움을.*

Konglish 밴드 (반창고)

band 는 bandage/밴디지/(붕대)를 줄여서 만든 유명한 상표명 Band-Aid 에서 유래된 단어입니다. 요즘은 거의 보통 명사로서 사용됩니다. 발음은 /밴드에이드/라기보다는 /벤데이드/입니다. 여하간 band 는 '음악단' 만을 의미하고 '붕대' 나 '반창고' 의 뜻은 전혀 없습니다.

- *'Excuse me! Where are band-aids?' 'They are next to cosmetics in aisle 7.'*
- *Band-aids are very useful for **minor** cuts.*
- *'Band-Aid' is still a trademark. However, it is used like a normal countable noun these days.*
- *When you apply a **bandage** to the wound, don't make it too tight.*
- *I was a member of a rock band when I was in school. I played the drums.*

- *'실례합니다! 어디에 있습니까 밴데이드들이?' '그들은 있습니다 화장품들 옆에, 열 7(일곱 번째 열)에.'*
- *밴데이드들은 매우 유용하다 **자잘한** 상처(자상)들을 위해.*
- *'밴데이드' 는 여전히 상표명이다. 그러나, 이것은 사용된다 보통의 셀 수 있는 명사처럼, 요즘에.*
- *당신이 적용할(붙일) 때 **붕대**를 상처에, 만들지 마라 이것을 너무 꽉 끼게.*
- *나는 일원이었다 록 밴드의, 내가 있을 때 (다닐 때) 학교에. 나는 연주했다 드럼들을.*

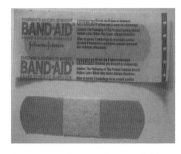

It is the original Band-Aid.

She has a band-aid on her elbow.

He's got a bandage around his head.

Conjunctions

1. You shouldn't blame me _____ something goes wrong!

2. Look, Kate. I'm calling the ambulance, _____ you like it or not.

3. Do you know the people _____ live over the road?

4. Next month I am visiting Roger, _____ home is in Chicago.

Prepositions

1. _____ now on, I will only be working _____ the mornings.

2. Her car was locked and the keys were _____ the car.

3. The view _____ the top _____ the mountain took my breath away.

*4. She was _____ **her feet** _____ **no time**. (She got up straightaway after falling onto the ground)*

*5. A bee **came in** _____ an open window.*

6. My parents always talk _____ me _____ Korean _____ home.

Conjunctions

1. 당신은 탓하지 말아야 한다 나를, 어떤 것이 잘못되면 if/될 때 when/잘못될 때마다 whenever.

go + adjective 형용사한 상태가 되다. go 는 become 과 의미가 유사합니다. *His company went bankrupt last year. 그의 회사는 파산했다 작년에. Milk goes bad unless it's refrigerated at 4 degrees or below. 우유는 상한다 이것이 냉장되지 않으면 4도나 이하로.*

2. 봐라, 케일. 나는 부른다 구급차를, 딩신이 좋아하든지 이것을, 아니든지 상관없이 whether.

3. 당신은 아느냐 그 사람들을, 그들은 who, 산다 길(도로) 건너에?

4. 다음 달 나는 방문한다 로저를, 그의 whose 집은 있다, 시카고에.

Prepositions

1. 지금부터 from, 계속, 나는 오로지 일할 것이다 아침들에 in, (만).

2. 그녀의 자동차는 잠겼고, 열쇠들은 있었다 그 차 안에 in, inside.

3. 광경, 정상으로부터 from, 그 산의 of, 은 아름다웠다 숨막힐 정도로. Ex 20

4. 그녀는 일어섰다 on, 바로 in. (그녀는 일어났다 바로, 넘어진 후 땅으로)

5. 벌 한 마리가 들어왔다 열린 창문을 통하여 through.

6. 나의 부모들은 항상 말한다 나에게 to/나와 with, 한국어로 in. 집에서 at.

talk to 는 한쪽에서 일방적으로 얘기하는 느낌고, talk with 는 '대화' 의 느낌입니다. 본문의 예를 들면, to 의 경우는 부모들은 한국어로 이야기하는데 '나' 는 영어 또는 다른 언어로 이야기하고 있을 수도 있습니다. 반면, with 는 부모도 나도 한국어로 대화를 하는 상황입니다.

이제 한글 해석을 보고 영어로 말해 볼 차례입니다.

Figurative Expressions (Sayings, Proverbs & Colloquial expressions)

Too many cooks (spoil the broth) to say that there are too many people trying to do the same job at the same time, so the job is not done well.

많이 알려진 속담입니다. '너무 많은 요리사들이 (망친다 찌개를)' 라는 뜻으로 '너무 많은 사람들이 한꺼번에 같은 일에 매달리면 일이 제대로 진행되지 않는다' 라는, 우리말 속담 '사공이 많으면 배가 산으로 간다'와 거의 같은 표현입니다. 예문의 세 번째 문장에서처럼 spoil the broth 를 생략하기도 합니다. broth 는 보통 고기, 야채, 쌀 등을 넣어 끓인 찌개나 탕, 또는 닭죽 정도를 의미합니다.

- *'Can I help you?' 'No, thanks! I will do it myself. Too many cooks spoil the broth.'*
- *Too many cooks spoil the broth. From now on, Laura is the only person **in charge** of the project.*
- *'How's the preparation for the party **going**?' 'It's not going very well. There have been too many cooks.'*

- *'내가 도와줄까요 당신을?' '아니요, 괜찮습니다! 제가 하겠습니다 그것을 직접. 사공이 많으면 배가 산으로 가지요.'*

No thanks 또는 No thank you 가 '정중한 거절' 이라고 배우셨나요? 반드시 그렇지는 않습니다. '거절' 을 표현할 때, No thanks 또는 No thank you 뒤에 아무 이유나 말을 더하지 않으면 상당히 불쾌하게 들릴 수 있습니다. 교양 있는 대부분의 영어권 사람들은 본문의 예문에서처럼 No thanks 뒤에 반드시 거절의 이유를 설명합니다. *(Offering a food to your neighbor) 'Would you like to try this? I've just cooked it.'* (권할 때 음식을 당신의 이웃에게) 당신 한번 드셔보실래요 이것을? 내가 방금 만들었습니다 이것을. *'No thanks! I'm full. I've just had dinner.'* 아니요, 괜찮습니다. 저는 배가 부릅니다. 저는 막 먹었습니다. 저녁을.

oneself 와 by oneself 의 차이점 : oneself 가 목적어로 쓰이지 않고 본문에서처럼 추가적으로 덧붙이는 말로 쓰일 때는 '직접 또는 스스로' 라고 해석합니다. *I can fix it myself.* 나는 고칠 수 있다 이것을 내가 직접. *(After hurting a hand) I can't eat it myself* (다친 이후에 손을) 나는 먹을 수 없다 이것을 내 스스로.

by oneself 는 '홀로' 라는 뜻입니다. by 는 '곁에' 라는 의미의 전치사로 내 곁에 나만 있으니 '홀로' 라는 뜻이 됩니다. 가수 Celin Dion 의 All by myself 노래의 가사를 보시죠. *I don't want to be all by myself anymore.* 나는 있고 싶지 않다 홀로 더 이상. *I live in an apartment by myself.* 나는 산다 아팥먼트에서 혼자.

- 사공이 많으면 배가 산으로 간다. 지금부터 쭉, 로라가 그 유일한 사람이다 **책임을 맡은**, 그 계획안의.
- '어떻게 그 준비, 파티를 위한,가 **되어가고 있나?**' '그리 되어가지 않는다 그리 잘. 있어 왔다 너무 많은 사공들이.'

a chicken and vegetable broth

Too many cooks spoil the broth.

Konglish   썬크림

sun cream /썬크림/은 영국식 영어에서 피부가 적당하게 그을리게 도와주는 suntan lotion /썬탠로션/과 비슷한 말입니다. '태양 광선으로 인한 화상을 막아주는 크림' 은 sun + screen/거르다, 막다/에서 나온 sunscreen/ 썬스크린/입니다. 비슷한 단어로는 sunblock 이 있습니다.

- *Please **put** some sunscreen **on** before you go out or you will get sun burnt.*
- *You should reapply sunscreen every 2 hours to prevent sun burn.*
- *In Australia and New Zealand, the sun is so strong even in winter that many people wear sunscreen for outdoor activities.*

• *바르세요* 약간의 썬스크린을, 당신이 나가기 전에, 그리하지 않으면 당신은 얻게 됩니다 태양(으로 인한) 화상을.

• 당신은 재적용 해야 한다(재차 발라야 한다) 썬스크린을 매 두 시간마다, (그래서) 막야야 한다 태양(으로 인한) 화상을.

• 호주와 뉴질랜드에서는, 태양이 매우 강해서 심지어 겨울에도, 많은 사람들은 입는다 썬스크린을 야외 활동들을 위하여.

She is putting sunscreen on her shoulder.

Conjunctions

1. She was standing _____ you are standing now.

2. Have you seen the book _____ I was reading yesterday?

3. The woman _____ gave a speech is my aunt.

4. Michelle worked at a restaurant for a year _____ she left school.

Prepositions

1. Pierce took us _____ a drive _____ his new car.

2. Sue's backyard looks _____ a jungle because she hasn't mowed _____ ages.

3. Some _____ the students _____ Han's English School are geniuses.

*4. My wife is _____ a business trip _____ **the moment**.*

5. The school has been here _____ the 1970s.

6. There's a bus stop just _____ the road.

Conjunctions

1. 그녀는 서 있었다 그곳에 *where*, 당신이 서 있는/당신이 서 있는 것처럼 *like* 지금.

2. 당신은 본적이 있는가 그 책을, (그것을 *which, that*) 나는 읽고 있었다 어제?

3. 그 여자 (그녀는) *who*, 전했다 연설을,는 나의 고모/이모 이다.

give/make/deliver a speech 연설하다.

4. 미쉘은 일했다 식당에서 일년 동안, 그녀가 학교(학업)를 떠나기 전에 *before*/떠난 후에 *after*.

Prepositions

1. 피어쓰는 데리고 갔다 우리를 드라이브를 위하여 *for*, 그의 새로운 차 안에 *in*.

2. 쑤의 뒷마당은 보인다 정글처럼 *like*, 그녀가 벌초를 하지 않아왔기 때문에, 아주 오래 동안 *for*.

for years/for ages 아주 오래 동안 *I haven't seen you for years! Where have you been?* 나는 못 보아왔다 당신을 아주 오래 동안! 어디에 당신은 있어왔나?

3. 몇 몇의 *of*, 학생들, 한쓰 영어 학원에 *at*/학원으로부터의 *from*/학원의 *of*,은 천재들이다.

4. 나의 아내는 있다 출장 중에 *on*, **지금** *at*.

5. 그 학교는 있어왔다 이곳에 1970년대 이래로 *since*.

6. 있다 버스 정류장이 바로 길 건너에 *over, across*/길 아래로 *down*/길 위로 *up*.

along 이 답이 되려면 There are bus stops ~ 가 되어야 합니다. 길을 따라 있으려면 정류장이 여러 개가 있어야 하니까.

이제 한글 해석을 보고 영어로 말해 볼 차례입니다.

Figurative Expressions (Sayings, Proverbs & Colloquial expressions)

cut corners to do things too quickly, especially in order to save money and/or time

직역은 '자르다 모퉁이들을' 입니다. 예를 들어 사각 모양의 운동장을 돌아야 한다고 할 때, 모퉁이를 잘라서 대각으로 질러가면 더 빠르게 갈수 있습니다. '어떤 일을 할 때 정석대로 처리하지 않고, 시간이나 돈을 아끼기 위하여 얼렁 뚱땅, 대충 대충 일을 처리하는 것' 을 말합니다.

- *Everything has to be perfect. Do not cut corners.*
- *Don't try to cut corners when you're decorating your boss's room.*
- *Japanese car manufacturers never cut corners.*

- *모든 것이 완벽해야 한다. 하지 마라 대충 대충.*
- *하려 하지 마라 대충 대충, 당신이 장식할 때 당신의 상관의 방을.*
- *일본 자동차 제조자들은 절대 대충 대충 하지 않는다.*

Konglish   렌즈 (컨택트 렌즈)

요즘에는 안경 대신에 lens/렌즈/를 끼우는 분들도 많습니다. 한국에서 contact/컨택트/ lens를 줄여서 lens 라고도 하는데, 영어권에서도 이렇게 줄여서 lens 라고 할까요? 일단은 '예' 입니다. 하지만 대부분의 한국인들이 lens 로 줄여 말하는 반면, 영어권에서는 대부분 줄이지 않고 contact lens 라고 합니다. 다만 문맥상 contact lens 라고 굳이 쓰지 않아도 될 경우는 lens 라고 줄여서 쓰기는 경우도 더러 있습니다.

- *I used to wear glasses but not anymore. Now I**wear** contact lenses.*
- *I wore contact lenses for 15 years until I had a lasik surgery last year.*
- *The camera comes with a standard 50mm lens.*

- *나는 쓰곤 했었다 안경을, 그러나 아니다 더 이상은. 지금 나는 **입는다(쓴다)** 렌즈들을.*
- *나는 썼다 렌즈들을 15년 동안, 내가 가졌을 때까지 라씩 수술을 작년.*
- *그 캐머라는 온다 하나의 표준 50밀리 렌즈와. (구입시 딸려온다)*

She is putting a contact lens in her eye.

Conjunctions

1. (A lover or debt collector, depending on your imagination) I will follow you _____ you go.

2. 'Do you want tea or coffee?' 'I don't mind – _____ you're making.'

3. She was the one _____ did most of the talking.

4. Simon loves you – that's _____ he wants to be with you.

Prepositions

1. You can put your pajamas _____ the bottom drawer.

2. I screwed the letter _____ a ball and threw it _____ the bin.

3. I saw a friend _____ Mark's _____ town.

4. Mary! Can I talk _____ you _____ *the record*?

5. As he leaned forward, his hat fell _____ his head _____ the ground.

6. The house is _____ excellent **condition**, _____ wooden floors throughout.

Conjunctions

1. *(애인이거나 사채업자, 당신의 상상력에 따라) 나는 따라갈 것이다 당신을, 당신이 가는 곳을* where/*당신이 가는 곳이라면 어디든지* wherever/*당신이 가면* if/*일단 가면* once/*당신이 갈 때* when/*갈 때 마다* whenever. '

2. *'당신은 원하는가 차를 아니면* coffee *를?' '나는 상관없다 – 어떤 것을 당신이 만들든지* whichever.'

3. *그녀가 그 사람 이었다, (그녀는)* who *했다, 대부분의 말을.*

단어 one 은 세 가지로 요약됩니다. 일단 수사로서의 '하나', 대명사로서 '어떤 것' (본문 2)과 '어떤 사람' (본문 3)을 의미합니다. 대명사로 쓰일 때는 복수형도 붙일 수 있습니다. *'What do you like? 무엇을 당신은 좋아하나?' 'I like these ones. 나는 좋아한다 **이것들을**.'*

4. *싸이몬은 사랑한다 당신을 – 그것이 이유이다* why, *그가 원하는지 있기를 당신과.*

Prepositions

1. *당신은 둘 수 있다 당신의 파자마들을 아래 서랍 안에* in.

2. *나는 구겼다 그 편지를 공으로* into, *그리고 던졌다 그것을 휴지통 안으로* in, into.

첫 번째 into 는 형태 변화를 나타냅니다. *The man turned into a beast. 그 남자는 변했다 야수로. We can now convert the solar heat into electricity. 우리는 이제 변환시킬 수 있다 태양열을 전기로.*

3. *나는 보았다 한 친구를, 막의* of, *시내에서* in.

4. *메리! 내가 이야기할 수 있나 당신에게* to/*당신과* with, *비공식적으로* off?

off 는 '분리'의 의미가 있고 record(기록)으로부터 분리이니 '기록되지 않는' 이 직역입니다. 기록되지 않는 비공식적인 이야기를 의미합니다. 예를 들어, 법정이나 기자 회견장에서 어떤 이야기를 하고 That's off the record 라고 말하면 '비공식적인 이야기니 기록하지 말라' 라는 의미입니다.

5. *그가 기울이면서 앞쪽으로, 그의 모자는 떨어졌다 그의 머리로부터* off, *땅으로* on, onto.

6. *그 집은 있다 훌륭한 상태에* in, *나무 바닥들이 짝 있고* with *(정보추가).*

이제 한글 해석을 보고 영어로 말해 볼 차례입니다.

Figurative Expressions (Sayings, Proverbs & Colloquial expressions)

cost an arm and a leg to be very expensive

동사로 cost 는 다음 문장에서처럼 '비용이 든다' 입니다. *The new camera costed $250.* 그 새로운 카메라는 들었다 250 달러가. 그런데 그 비용으로 누군가의 팔 하나와 다리 하나를 내준다는 것은 엄청난 댓가입니다. 거의 신체 포기 각서 수준입니다. '어떤 것이 아주 비싸다', 사투리로는 '겁나게' 또는 '허벌나게 비싸다' 라는 표현입니다.

• *We'd like to send our children to a private school but it would cost us an arm and a leg.*

• *Going to Europe for a holiday will cost an arm and a leg.*

• *Many Korean parents think (that) raising children in Korea costs an arm and a leg.*

• *우리는 보내고 싶다 우리의 아이들을 사립 학교에, 그러나 이것은 들 것이다 우리에게 엄청난 비용이.*

• *가는 것, 유럽으로 휴가를 위해,은 매우 비쌀 것이다.*

• *많은 한국인 부모들은 생각한다, 양육하는 것, 아이들을 한국에서,은 엄청난 비용이 든다고.*

Konglish　　　　　　매니큐어

manicure/매니큐어/는 man(손) + cure(치료)가 어원으로 손톱 소재 및 칠을 포함한 '손에 대한 미용' 을 포괄적으로 의미합니다. 발의 경우는 pedicure/페디큐어/라 합니다. 여성분들이 흔히 이야기하는 손톱과 발톱에 칠하는 액체 소재를 매니큐어로 지칭하는 것은 잘못입니다. nail polish/네일폴리시/(손톱 광내기)가 정확한 표현입니다.

• *Lisa spends too much time putting on nail polish.*

• *Do you have/sell nail polish remover?*

• *I don't like women with nail polish, especially on their toe nails.*

• *Is there a manicure/pedicure/beauty salon in the shopping centre?*

• *리싸는 소비한다 너무 많은 시간을 칠하는데 네일폴리시를.*

• *당신은 가지고 있습니까/판매합니까 네일폴리시 제거제를?*

• *나는 좋아하지 않는다 여자들을, 네일폴리시와(를 한), 특히 그들의 발톱들에.*

• *있습니까 매니큐어/페디큐어/미용 쌀론이 그 쇼핑 쎈터에?*

She is putting nail polish on her finger nails.　　　*She is receiving a pedicure.*

Conjunctions

1. _____ Mark has studied English for only 20 weeks, his English has improved a lot.

2. ' Mom, can I go out and play?' 'Not _____ you finish your homework.'

3. I'm sure _____ you will go bankrupt _____ you keep spending money like that. You must know _____ money doesn't grow on trees.

4. I've lived in Seoul _____ I left school in 2008.

Prepositions

1. Joe was wearing a pink-flowered shirt _____ his jacket.

2. I always wear these shoes _____ this dress.

3. It's _____ your car. How much are you selling it _____?

4. There were many people walking _____ George Street.

5. Anyone who has information _____ the crime should **come forward**.

6. _____ the storm, we were _____ electricity _____ five days.

Conjunctions

1. 막이 공부해 왔을지라도 *although, though*, 영어를, 단지 20주 동안, 그의 영어는 향상되었다 많이.

2. '엄마, 나 나가서 놀아도 되지?' '안 된다, 네가 끝낼 때까지는 *until*, 너의 숙제를.'

3. 나는 확신한다, 네가 파산(신용불량자가 될 것)할 것이라고 *that*, 네가 계속해서 쓰면 *if*/쓸 때 *when*, 돈을 그렇게. 너는 반드시 알아야 한다, 돈이 자라지 않는다는 것을 *that*, 나무들에서 (돈이 귀하다는 것을). Ex 126

4. 나는 살아왔다 서울에서, 내가 떠난(졸업 또는 관둔) 이래로 *since*, 학교를 2008년에.

until 이 답이 되려면 I had lived/lived in Seoul 이 되어야 합니다.

Prepositions

1. 조는 입고 있었다 분홍색 꽃 무늬의 셜을, 그의 자켙 아래에 *under*/바로 아래(접촉)에 *underneath*.

2. 나는 항상 입는다 이 신발들을 이 드레쓰와 함께 *with*.

3. 이것은 당신의 차에 관한 것이다 *about*. 얼마에 당신이 팔고 있나 그것을 *for*?

4. 있었다 많은 사람들이, (그들은) 걸었다, 조지 거리 위에서 *on*/길 한복판에서 *in*/거리를 따라 *along*/거리 위로 *up*/거리 아래로 *down*/거리로 *to*/거리를 향하여 *towards*/거리 근처에 *near*.

5. 사람(누구라도), 그는 가지고 있다 정보를, 그 범죄에 관한 *about, on*,은 나서야 한다.

come forward 나서다 *The police are appealing for more witnesses to come forward with information.* 경찰은 호소하고 있다, 더 많은 증인들이 나서주기를, 정보를 가지고

6. 그 폭풍 후에 *after*/때문에 *due to, because of*/전에 *before*, 우리는 있었다 전기 없이 *without*, 닷새 동안 *for*.

이제 한글 해석을 보고 영어로 말해 볼 차례입니다.

Figurative Expressions (Sayings, Proverbs & Colloquial expressions)

cross one's fingers to hope that something will happen in a wanted way

동사로서 cross 는 '길을 건너다' 또는 '십자(+) 모양을 만들다' 라는 의미입니다. 그래서 직역하면 '가로 질러라 너의 손가락들을' 입니다. 아래 그림처럼. '십자가 모양을 만들어서 기원을 해라' 라는 표현입니다. 우리말에 가장 근접한 표현은 '날 위해 기원해 줘' 입니다.

• *Cross your fingers for me. Will you? I've just started my new business.*

• *I hope (that) you pass the test. I will cross my fingers for you.*

• *기원해 주세요 나를 위하여. 그래 주겠습니까? 나는 막 시작했습니다 나의 새로운 사업을.*

• *내가 바란다, 당신이 통과하기를 그 시험을. 내가 기원합니다 당신을 위해.*

Cross your fingers for me!

A little girl is crossing her fingers.

Konglish　　악쎄사리

accessory/액쎄써리/ 또는 /익쎄써리/로 발음합니다. 가장 먼저 떠오르는 것은 '멋을 내기 위한 여성용 장신구' 입니다. handbag, belt, sunglasses, 보석 등을 말하지요. 그리고, 자동차나 욕실 따위를 장식하는 그런 물품들도 의미합니다. 모두 어떤 것에 추가되는 부수적인 것들입니다. '부수적인' 이 accessory 의 가장 기본 의미로, 여기에서 범죄 용어, '공범' (보통 범죄 현장 함께하지 않은 공범)이 생겼습니다. '공범' 의 경우를 제외하고는 복수형, accessories 쓰이는 경우가 대부분입니다.

• *Jasmine is crazy about fashion accessories. Her room is full of them.*

• *Elisabeth was given a set of fully matching clothes and accessories on her birthday.*

• *His business sells car accessories, such as seat covers, steering wheel covers and floor mats.*

• *Brad was arrested and **charged** with being an accessory to murder.*

• *재즈민은 환장한다(정말 좋아한다) 패션 익쎄써리들에. 그녀의 방은 꽉 차있다 그것들로.*

• *엘리자벧은 받았다 셑을, 완전하게 짝이 맞는 옷과 익쎄써리들의, 그녀의 생일에.*

• *그의 사업체는 판매한다 자동차 익쎄써리들을, 예를 들어, 싵 커버들, 운전대 커버들 그리고 바닥맽들을.*

• *브랟는 체포 되었고 **혐의 부과**되었다, 공범으로, 살인에.*

Conjunctions

1. You have to wait _____ see _____ happens.

*2. _____ I was going out for a walk, the phone rang, _____ I went back _____ **answered it**.*

3. No one else can cook pasta _____ Jamie can!

4. The gravestones were covered with moss, _____ it was impossible to read the names on them.

Prepositions

1. These toys are not suitable _____ children _____ five.

2. Coat the meat _____ breadcrumbs and fry.

3. Tonight, temperatures are expected to go down _____ zero.

4. This is the only bridge _____ the river.

5. _____ a parent, I feel that more should be done to protect our children.

6. The general opinion _____ police officers is that the law _____ violent protests should be tightened.

Conjunctions

1. 당신은 두고 and, 봐야 한다, 무슨 일이 what, 일어날지.

> wait and see! 두고 봐라. *Wait and see! I will marry her whatever it takes.* 두고 봐라 나는 결혼할 것이다 그녀를, 무슨 일이 있더라도.

*2. 내가 나가려는 순간에 as/나가려는 때에 when, 산책을 위해, 전화가 울렸다 그래서 so, 나는 돌아갔고 and, **받았다(답했다)** 그것을.*

> while 이 답이 되려면 while 뒤의 동사의 행위가 지속적이고 길어야 합니다. 예를 들어, *While I was having a shower, the phone rang.* 내가 하는 중에 샤워를, 전화가 울렸다. 본문에서처럼 '집 밖으로 나가는 짧은 순간' 의 경우에 while은 적절하지 않습니다.
>
> *answer the phone/the door (When a phone keeps ringing) Come on! **Answer** the phone!* (전화기가 계속 울릴 때) 제발! 전화 좀 받아라. *(When somebody is knocking on the front door) I will **answer** the door!* (누군가가 두드릴 때 현관문을) 내가 나가 볼게요!

3. 아무도 만들지 못한다 파스타를, 제이미가 할 수 있는 것처럼 like!

4. 그 비석들은 덥혀있었다 이끼로, 그래서 so, 이것(to 이하)은 불가능했다, 읽는 것, 이름들을 그들(비석들) 위에.

Prepositions

1. 이 장난감들은 적당하지 않다 어린이들을 위해서 for, 다섯 살 이하의 under/이상의 over.

2. 입혀라 그 고기를 빵 부스러기(빵가루)로 with/빵가루 안에서 in 그리고 튀겨라.

3. 오늘밤, 기온들은 기대되어진다, 내려 가길, 빙점으로 to/빙점 아래로 below.

4. 이것이 유일한 다리이다, 강을 가로지는 across/강 위에 over.

5. 부모의 한 사람으로서 as, 나는 느낀다, 더 많은 것들이 되어져서 보호해야 한다고 우리 아이들을.

6. 일반적인 의견, 경찰관들 사이에서 among,은 이다, 법, 폭력 시위들에 관한, about, on/대항하는 against,이 강화 되어져야(조여져야) 한다.

> opinion 뒤에 on/about 이 오는 경우가 있으나, 본문에서는 문맥상 불가능합니다. 다음 예문이 가능한 경우입니다. *The general opinion about police officers is not very positive in Korea.* 일반적 의견, 경찰관들에 대한,은 그리 긍정적이지 않다, 한국에서는.

이제 한글 해석을 보고 영어로 말해 볼 차례입니다.

Figurative Expressions (Sayings, Proverbs & Colloquial expressions)

cry over spilt milk to waste time regretting an earlier mistake or problem that cannot be changed

직역은 '울다 엎질러진 우유에 관하여' 입니다. (over 가 때로는 '관해서' 정도로 해석되기도 합니다.) 우유가 엎질러지면 담을 수가 없습니다. 아이들이 우유를 쏟고 나서 징징거리는 모습을 비유한 말입니다. '이미 돌이킬 수 없는 상황에 대해 시간을 낭비하다' 라는 뜻입니다. 우리말에 비슷한 말로는 '이미 엎질러진 물' 입니다. 우유가 흔한 서구 사회가 반영된 표현입니다.

- *You're crying over spilt milk. It's too late.*
- *Would you stop crying over spilt milk? You know (that) nothing will change.*

- *당신은 낭비하고 있다 시간을, 돌이킬 수 없는 일에. 이것은 너무 늦었다.*
- *하지 마세요 시간 낭비 좀, 돌이킬 수 없는 일에? 당신은 안다, 아무것도 바뀌지 않을 것이라는 것을.*

A baby is crying over spilt milk.

Konglish   (비치) 파라솔

parasol/파라쏠/이라 하면 보통 해수욕장에 있는 커다란 양산이 먼저 떠오릅니다. 물론 그런 의미도 있지만 parasol 의 기본 의미는 '양산' 입니다. 여성들이 외출 할 때 가지고 다니는 그런 휴대용 양산. 해수욕장에서 일반적으로 쓰는 그런 커다란 양산은 (beach) parasol 이고, 단독 주택 뒷 마당의 야외 식탁에 그늘을 제공해주는 커다란 우산은 garden parasol 또는 sun 과 umbrella가 합쳐진 sunbrella 라고도 합니다. sunbrella 는 사전에는 아직 등재되지 않은 신조어 입니다.

- *Michelle was walking down the street under/carrying her pink parasol.*
- *Is there a place for renting a beach parasol on the Gold Coast?*
- *I bought a **huge** garden parasol/sunbrella from K-mart for the outdoor dining table in my backyard.*

- *미쉘은 걷고 있었다 길 아래쪽으로 그녀의 분홍 양산 아래에/가지고서.*
- *있습니까 장소가, 빌리기 위한 비치 파라쏠을 골드코슽에?*
- *나는 샀다 **매우 큰** 정원용 양산을 케이맡으로부터, 야외 식사 탁자를 위하여, 내 뒷 마당에 (있는).*

She is under her white parasol.

A lady is sitting under a parasol on a beach.

Conjunctions

1. I was really tired, _____ I fell asleep.

2. That dog must be destroyed _____ it attacks any more children.

3. Neither James _____ Sam wants to go to Canada for the business trip.

4. More than 500,000 people have lost their jobs _____ the recession began last year.

Prepositions

1. Her blonde hair was hidden _____ a baseball cap.

*2. I got a phone call _____ Korea just _____ **midnight** last night.*

3. The matter will be discussed _____ the meeting _____ Monday.

4. _____ most people _____ the office, I don't come _____ work _____ car.

5. The presidential election will be held _____ a month.

6. A tall gentleman _____ a grey beard was standing _____ the platform, waiting _____ the first train _____ the day.

Conjunctions

1. 나는 정말 지쳤었다 그래서 so/그리고 and, 나는 빠졌다 잠에.

2. 그 개는 폐기되어야 한다, 이것이 공격하기 전에 before, 더 이상의 어린이들을.

> because/since 가 답이 되려면 문맥상 any more 가 빠져야 합니다.

3. 제임쓰도 쌤도 nor, 원하지 않는다 가기를, 캐나다로, 출장을 위해.

4. Five hundred thousand 이상의 사람들이 잃어왔다 그들의 직업들을, 경기 후퇴(불황)가 시작된 이래로 since, 작년.

Prepositions

1. 그녀의 금발 머리는 숨겨져 있었다, 야구 모자 바로 아래에 underneath/아래에 under.

*2. 나는 받았다 한 통의 전화를 한국으로부터 from, 바로 **자정** 전에 before/후에 after/어젯 밤.*

> at 을 사용하여 '자정'이 되려면 just 가 문맥상 빠져야 합니다.

3. 그 사안은 논의될 것이다 회의에서 at, in/회의 중에 during, 월요일에 on.

4. 대부분의 사람들 같지 않게 unlike/대부분의 사람들처럼 like, 사무실에 at/사무실 안의 in, 나는 오지 않는다 직장으로 to, 차로 by.

5. 대통령 선거는 열릴 것이다 한 달 안에 within/한 달만에 in/한 달 후에 after.

6. 키가 큰 신사, 회색 턱 수염을 가진 with,가 서 있었다 승강장에 on, (그는) 기다리고 있었다 첫 열차를 for, 그 날의 of.

이제 한글 해석을 보고 영어로 말해 볼 차례입니다.

Figurative Expressions (Sayings, Proverbs & Colloquial expressions)

shed crocodile tears to pretend to feel sad, sorry, or upset when not really feeling that way

동사 shed 의 가장 근본적인 뜻은 '만들어 내다' 입니다. 눈물을 만들어 내니 '울다' 라고 표현되는데, 특히 문학 작품 등에서 shed tears (울다) 라고 사용됩니다. '만들어 내다' 의 의미가 확대되어 '동물들이 새로운 피부를 재생산하는 것' 즉 '털갈이를 하다' 또는 '낙엽이 되다' 라는 의미로도 사용됩니다. 예문 참고. *She did not shed a single tear during the funeral.* 그녀는 흘리지 않았다 한 방울의 눈물도 장례식 동안. *The trees have started to shed their leaves.* 나무들은 시작했다 나뭇잎 갈이(?)를. *Snakes regularly shed their skin.* 뱀들은 규칙적으로 바꾼다 그들의 피부를. 여하간 본문의 표현은 '흘린다 악어의 눈물을' 인데, 움직이지 않고 가만히 슬픈 척을 하여, 사람이나 다가오면 잡아먹으려 하는 악어의 교활함을 빗댄 것이 어원이라 합니다. 현대 영어에서는 '슬픈 척, 미안한 척 하다' 라는 의미로 사용됩니다.

- *She shed crocodile tears when she heard the news.*
- *Would you stop shedding crocodile tears? We all know (that) you are happy (that) he's dead. You're so sick!*

- *그녀는 슬픈 척 했다, 그녀가 들었을 때 그 소식을.*
- *당신 그만해 줄 래 슬픈 척 좀? 우리 모두는 안다, 네가 행복하는 것을, 그가 죽은 것에. 당신 정말 잔인하다!*

> 형용사 sick 은 '아프다' 라는 뜻도 있지만 '속이 울렁거린다' '잔인하다' '지겹다' 등의 의미도 있습니다. *I have been sick with flu.* 나는 아파왔다 독감으로. *I am sick of you lying.* 나는 지겹다 당신이 거짓말하는 것에. *(In a car) I feel sick. Please stop the car somewhere.* (차 안에서) 나 멀미 난다. 멈춰주세요 차를 어딘가에.

A cat is shedding crocodile tears in front of a dead mouse.

Konglish   (침대) 시트

많이 실수하시는 발음이기에 짚고 넘어가겠습니다. 우리말에는 단모음 장모음의 구별이 거의 없습니다. 그래서 우리 식으로 sheet 를 좀 짧게 해버리면 shit/쉿/이 되어버립니다. 똥이죠, 똥. 누군가 침대에 똥을 싼 경우가 아니라면 발음을 좀 길게 sheet/시잍/으로 해야 합니다. 복수형은 /시이츠/입니다.

- *(In a department store) Excuse me, where are bed sheets?*
- *It's time to change those bed sheets.*
- *I'll go and get some clean sheets and blankets for you. **Give me a minute.***

- *(백화점 안에서) 실례합니다. 어디에 있습니까 침대 시이츠가?*
- *시간이다, 갈, 저 침대 시이츠를.*
- *내가 가서 가져오겠습니다 몇 몇의 깨끗한 시이츠와 담요들을 당신을 위해. **주세요 저에게 1분만 (잠시만요).***

She is changing the bed sheet.

Conjunctions

1. Josh is not a perfect man _____ that's OK _____ no one is perfect.

2. Hurry up _____ we'll be late.

3. You need that money more _____ I do.

4. Do you remember _____ we came here just _____ we got married?

Prepositions

1. _____ recently, Anna worked _____ an English teacher _____ Japan.

2. You'd better take your ID _____ you.

3. Not long _____ the wedding, Julie became seriously ill.

4. The fight _____ terrorism will continue, no matter what.

5. Liam arrived home _____ me.

6. Burning the candle _____ both ends doesn't guarantee that you'll be rich. Work smart rather than work hard.

Conjunctions

1. 조씨는 아니다 완벽한 남자는, 그러나 *but*, 그것은 괜찮다, 아무도 완벽하지 않기 때문에 *because, since/*않으므로 *as*.

2. 서둘러라, 그렇지 않으면 *or*, 우리는 늦을 것이다.

3. 당신은 필요하다 저 돈이 더, 내가 그런 것보다 *than*.

4. 당신은 기억합니까, 우리가 온 것을 *that*/왜 왔었는지 *why*/어떻게(교통수단) *how* 왔었는지, 여기에, 우리가 결혼하기 직전에 *before*/직후에 *after*?

Prepositions

1. 최근까지 *until*, 아나는 일했다 영어 교사로서 *as*/영어 교사와 *with*/영어 교사를 위해서 *for*, 일본에서 *in*.

2. 당신은 낫겠다, 가지고 가는 것이, 당신의 신분증을 당신과 *with*.

3. 얼마 되지 않아 결혼식 후 *after*/결혼식 얼마 전 *before*, 줄리는 되었다 매우 아프게.

4. 싸움, 테러리즘을 대항하여 *against*,은 계속 될 것이다, 무슨 일이 있어도.

5. 리엄은 도착했다 집에 내가 도착하기 전에 *before*/도착한 후에 *after*/나와 *with*/나 없이 (나를 놔두고) *without*.

6. 태우는 것, 양초를, 두 끝들에서 *at*, (너무 열심히 일하는 것)은 보증하지 않는다, 당신이 될 것이라고 부유하게. 일해라 현명하게, 열심히 일하기 보다. Ex 22

이제 한글 해석을 보고 영어로 말해 볼 차례입니다.

Figurative Expressions (Sayings, Proverbs & Colloquial expressions)

it's not one's day to say that several unpleasant things have happened to someone in one day

직역이야 간단히 '이것은 누군가의 날이 아니다' 입니다. 여러 가지 좋지 않은 일들이 하루 동안에 연속적으로 일어날 때 '오늘 일진 정말 안 좋네!' 또는 '오늘 참 재수 없네!' 라고 말하고 싶을 때 사용하세요.

• *It's not my day today. I got up late, I spilt coffee on my shirt and I lost my wallet.*

• *Jennifer **was fired** from her job and **dumped** by her boyfriend on the same day. It was not her day at all.*

• 정말 일진 더럽네 오늘. 나 일어났다 늦게, 나 쏟았다 커피를 나의 셭에 그리고 나는 잃어버렸다 나의 지갑을.

• *Jennifer* 는 **해고 되었다** 그녀의 직업으로부터, 그리고 **차였다** 그의 남자 친구에게 같은 날에. 정말 그녀에게 재수없는 날이었다.

> fire 해고하다 *If you're late again, I will fire you. I mean it.* 당신이 늦으면 다시, 나는 해고 할 것이다 당신을. 나는 의미한다 그것을. (정말이다). dump (연예 관계에서) 차다 *Julie dumped Brad because he always hangs out with other girls.* 쥴리는 차버렸다 브렛을, 그가 항상 시간을 보내기 때문에 다른 여자 애들과.

Konglish   비닐

우리가 흔히 이야기하는 비닐은 합성 수지의 일종입니다. 한국에서는 비닐이라 하면 보통 투명한 재질의 화학 제품이 떠오르지만, 영어권에서 vinyl/바이닐/하면 가장 먼저 떠오르는 것은 지금은 희귀해진 '레코드 판' 입니다. 우리가 흔히 이야기하는 '포장용/덥개용 비닐' 은 plastic sheet, 비닐 봉지는 plastic bag 입니다.

• *I think (that) plastic bags are bad for the environment because they take hundreds of years to decay.*

• *Excuse me! Do you sell plastic sheets to cover an outdoor table?*

• *Some people prefer vinyls to cds and tapes. They say that vinyls sound better.*

• 나는 생각한다, 플라스틱 가방들(봉지)이 나쁘다고 환경에, 그들은 걸리기 때문에 몇 백 년들이, 썩는데(그래서 썩는다).

• 실례합니다! 당신은 판매합니까 플라스틱 시츠를, 덥을 야외 탁자를?

• 어떤 사람들은 선호한다 레코드판들을 씨디들과 테잎들에(보다). 그들은 말한다, 레코드판들이 소리난다고 더 좋게.

vinyl 이 짱이다!

Conjunctions

*1. The house was so badly damaged in a fire _____ it had to be **pulled down**.*

2. She won't eat breakfast _____ you prepare it for her.

3. Amy comes and visits me _____ she wants.

4. Would you please look after my children _____ I do the shopping?

Prepositions

1. She's got a mole _____ her lips.

2. I couldn't see anything _____ smoke but somehow I escaped _____ the burning house.

3. Everybody goes back _____ their homes when the school holidays start _____ December.

4. There are seven students studying _____ the classroom now.

5. Jesica worked _____ an English teacher _____ Korea _____ a couple _____ years.

She said that she loved the heated floors _____ Korean rooms.

*6. You can buy tickets _____ the concert _____ **the phone**.*

Conjunctions

1. 그 집은 매우 심하게 손상 되었다 화재에서, 그래서 that, 이것은 철거되어야 했다.

이미 badly 앞에 so 가 나와있을 경우, 뒤에 so that 에서는 that 만을 쓰는 것이 일반적입니다. 그리고, pull down 은 phras verb 로 '잡아당기다 + 아래(바닥)', 즉 아래까지 잡아당기니 다 부서지지요. 주로 건물 따위를 '철거하다' 라는 의미로 사용됩니다.

2. 그녀는 먹지 않을 것이다 아침 식사를, 당신이 준비하지 않는 한 unless/준비한다면 if/당신이 준비하더라도 although, though/당신이 준비하기 때문에 because/하므로 as, 그것을 그녀를 위하여.

3. 에이미는 와서 방문한다 나를, 그녀가 원할 때 when/원할 때 마다 whenever.

4. 당신은 돌봐주시겠습니까 나의 아이들을, 내가 하는 동안에 while, 쇼핑을?

Prepositions

1. 그녀는 가지고 있다 점을 그녀의 입술들 근처에 near/위에 above/아래에 below/입술 표면에 on.

around 가 답이 되려면 점이 여러 개가 나와야 합니다.

2. 나는 볼 수 없었다 아무것도 연기를 제외하고는 but, except. 그러나 여하간 나는 탈출했다 그 불타는 집으로부터 from.

because of (연기때문에) 또는 in (연기 속에서)가 답이 되려면 관사가 함께한 the smoke 가 되어야 합니다.

3. 모든 사람들은 돌아간다 그들의 집들로 to, 방학이 시작할 때 12월에 in.

4. 있다 일곱 학생들이 (그들은) 공부한다 교실에서 in, 지금.

5. 제씨카는 일했다, 영어 교사로서 as/영어 교사와 with/영어 교사를 위해 for, 한국에서 in, 동안 for, 두어 of, 해들. 그녀는 말했다, 그녀는 정말 좋아했다고, 열이 가해지는 바닥들을, 한국 방들의 of.

많은 외국인들이 좋아하는 한국의 것들 중에 하나가 온돌입니다.

*6. 당신은 살 수 있다 표들을 그 콘썰을 위한 for/콘썰으로 가는 to/콘썰 전에 before, **전화상으로** over.*

'전화로' 라는 의미로 by 가 답이 되려면 the 가 생략된 **by phone** 이 되어야 합니다. 관사 the 의 유무에 주의하세요.

이제 한글 해석을 보고 영어로 말해 볼 차례입니다.

Figurative Expressions (Sayings, Proverbs & Colloquial expressions)

it's one's lucky day! used when something very good happens to someone

직역은 간단히 '이것은 누군가의 행운의 날이다' 입니다. 어떤 좋은 일이 일어났을 때 '운수 좋은 날, 재수 좋은 날' 의 의미로 사용하세요.

• *I found a 50 dollar **note** on the street. It must be my lucky day!*

• *You bought that for $10? Wow! It's a real **bargain**. I think (that) it's your lucky day.*

• *나는 발견했다 50 달러 **지폐**를 거리에서. 이것은 틀림없이 나의 운 좋은 날이다!*

• *당신은 샀냐 그것을 10 달러쓰에? 와우! 이것 정말 **거저**네. 나는 생각한다, 당신 정말 오늘 운 좋다고.*

Konglish   까쓰렌지

gas stove/개쓰 스토브/나 gas cooktop/개쓰 쿡톱/이 바른 표현입니다. 대부분의 호주 가정들은 gas stove/cooktop 을 가지고 있기보다 electric stove/cooktop 을 가지고 있는습니다. 이유는 gas 관을 따로 설치할 때 추가되는 비용이 만만하지 않기 때문입니다. 이러한 연유로 세를 놓는 집에는 거의 다 electric stove/cooktop 이 설치되어 있습니다. 하지만 집 주인이 요리를 좋아하는 경우에는 열 조절이 쉬운 gas cooktop/stove 를 사용하기도 합니다.

• *The pot's boiling over! Turn off the cooktop/stove.*

• *I prefer gas cooktops/stoves to electric **ones**. Gas cooktops/stoves are faster to heat up, and it's easier to control the heat.*

• *Most Australian households have an electric cooktop/stove. It's cheaper and easier to install than a gas cooktop/stove which costs more due to the need to install gas pipes.*

• *냄비가 끓어 넘친다! 꺼라 cooktop/stove 를.*

• *나는 선호한다 개쓰 cooktop/stove 들을, 전기 **그것들**보다. 개쓰 cooktop 들은 더 빠르게 열을 올리고, 이것(to 이하)은 더 쉽다, 조절하는 것, 열을.*

• *대부분의 호주 가구들은 가지고 있다 전기 cooktop/stove을 이것은 더 싸고 더 쉽다 설치하기가 개쓰 cooktop/stove 보다, 그것은 비용이 든다 더 많이, 필요 때문에, 설치할, 개쓰관들을.*

Ceramic cooktops are popular in Australia because they are easy to clean.

A kettle is boiling on the (gas) cooktop/stove.

Conjunctions

1. It's strange _____ I haven't heard from Josh.

2. Is this _____ you want?

3. Lora is uncertain _____ she will stay or leave.

4. Anna wondered _____ had sent the flowers.

Prepositions

1. Don't go! Stay _____ me please!

2. Rebecca was standing _____ the window, looking outside.

3. This knife is _____ cutting bread.

4. I've been feeling very tired _____ the summer holiday.

5. (A sales person at a shop) What can I do _____ you?

6. Peter is very _____ his father.

Conjunctions

1. 이것(that 이하)은 이상하다, 내가 듣지 못한 것이 *that*, 조씨로부터 *from*.

2. 이것이 당신이 원하는 것이냐 *what*?

3. 로라는 확신하지 않는다, 그녀가 머무를지 떠날지 *whether*, *if*

4. 애나는 궁금해했다 누가 *who*, 보냈는지 그 꽃들을.

Prepositions

1. 가지 마! 머물러 주세요 나와 *with*/내 곁에 *by*/내 옆에 *next to*, *beside*.

2. 레베카는 서 있었다 창문 옆에 *next to*, *beside*/창가에 *by*/근처에 *near*/앞에 *in front of*, 보았다 밖을.

3. 이 칼은 자르기 위함 이다 *for*, 빵을.

4. 나는 느껴오고 있는 중이다 매우 피곤하게, 여름 휴가 이래로 *since*/여름 휴가때문에 *becasue of*, *due to*.

5. (한 판매원, 상점에서) 무엇을 제가 할 수 있습니까 당신을 위해 *for*? (무엇을 도와 드릴까요?)

6. 피터는 매우 그의 아버지답다 (비슷하다) *like*/답지 않다 (비슷하지 않다) *unlike*.

이제 한글 해석을 보고 영어로 말해 볼 차례입니다.

Figurative Expressions (Sayings, Proverbs & Colloquial expressions)

in my day to describe what things were like when someone was young

'나의 날에는' 이라는 직역으로, '옛날(내가 어렸을/젊었을 때)에는 (세상이) 보통 이러 이러 했었다' 라는 표현입니다. 주의 하셔야 할 점은 흔히 '왕년에는' 또는 '내가 한창 젊었을 때는' 라는 의미로, 개인의 생활을 표현하는데에는 사용하지 않습니다.

• *In my day, kids used to have some respect for their teachers.*

• *In my day, things were different. We had to walk 5 kilometres to school every day! Our mothers didn't drive us.*

• *In my day, having a holiday abroad was for rich people only.*

• 내가 어렸을 때는, 아이들이 가지곤 했다 약간의 존중을 그들의 선생님들을 위한(향한).

• 내가 어렸을 때는, 일들(많은 것들)이 달랐다. 우리는 걸어야 했다, 5 킬로미터쓰를, 학교로, 매일! 우리들의 엄마들은 차로 데려다 주지 않았다 우리들을.

• 내가 젊었을 때는, 가지는 것, 휴가를, 해외에서,은 부자들만을 위한 것이었다.

Konglish   전자렌지

micro(미세한) + wave(단파) 합쳐져 '초단파' 가 본래의 뜻이고, 이것을 이용하여 요리를 하는 기구를 microwave oven 또는 줄여서 microwave/마이크로웨입/라고 합니다. '전자렌지' 도 일본식 영어입니다. 물론 range 가 명사로서 요리용 cooker 와 비슷한 뜻이 있지만, 현대 영어에서는 거의 사용하지 않는 단어입니다.

• *(Cooking instructions on a label of a food) Just heat it up in a microwave for 3 minutes.*

• *I find that foods cooked in a conventional oven are tastier than those cooked in a microwave oven.*

• *I use a microwave only to heat up and defrost, not to cook.*

• *(조리법들, 상품 설명서에, 한 음식의)* 단지 데워라 이것을, 마이크로웨입 안에서 3분 동안.

• 나는 발견한다, 음식들, 요리되는, 전통적인 오븐에서,이 더 맛있다고, 그것들보다, 요리되는, 마이크로웨입 *oven* 에서.

• 나는 사용한다 마이크로웨압을 (그래서), 단지 데우고 해동 한다. 요리하지는 않고.

A whole chicken is being cooked in a microwave.

Conjunctions

1. I promise _____ I will return your laptop computer by tomorrow.

2. Son! _____ you do, slow down _____ take your time.

3. The World Trade Centre, _____ was completed in the 1970s, was famous for its height at that time.

4. Solar energy is an idea _____ time has come.

Prepositions

1. Are there any public holidays _____ Christmas and Easter?

2. We should get_____ the airport _____ 7am.

3. I played tennis _____ five hours last week.

4. Two _____ the guests are vegetarian.

5. The team has a lot _____ work to do _____ now and spring when the league starts.

6. She's got long black hair coming down _____ her waist.

Conjunctions

1. 나는 약속한다, 내가 돌려주겠다고 *that*, 그 당신의 허벅지 윗 부분 컴퓨터를 내일까지.

2. 아들아! 무엇을 네가 하든지 *whatever*, 천천히 해라(서두르지 마라) *and*, **가져라 너의 시간을 (여유를 가져라)**.

3. 국제 무역 센터, 이것은 *which*, 완성되었다 1970년대에,는 유명했다 이것의 높이로, 그 당시에.

4. 태양 에너지는 아이디어이다, 이것의 *whose*, 때가 왔다. (도래했다)

Prepositions

1. 있느냐 공휴일들이 성탄절과 부활절 사이에 *between*/성탄절과 부활절 말고도 *besides*?

2. 우리는 **도착해야** 한다 공항에 *to*, 오전 일곱 시까지 *by*/일곱 시 전에 *before*/일곱 시에 *at*.

3. 나는 쳤다 테니쓰를 다섯 시간 동안 *for*, 지난 주.

4. 둘, 그 손님들의 *of*,은 채식주의자이다.

5. 그 팀은 가지고 있다 많은 *of*, 일을, 해야 할, 지금과 봄 사이에 *between*, 그 때(봄)에 리그가 시작한다.

6. 그녀는 가지고 있다 검고 긴 머리를, (이것은) 내려온다 그녀의 허리로(까지) *to*/허리 아래까지 *below*/허리 가까이 *near*.

이제 한글 해석을 보고 영어로 말해 볼 차례입니다.

Figurative Expressions (Sayings, Proverbs & Colloquial expressions)

dark horse someone who is little known to others but has surprising qualities or abilities

잘 알려진 표현입니다. 형용사 dark 는 '어둡다' 라는 의미도 있지만, 색을 이야기할 때는 '짙은' 이라는 의미입니다. 그래서, dark hosre/닥 호쓰/, 즉, '짙은 색을 가진 말'이 직역입니다. 경마에서 유래된 표현으로 예상치 못했던 말이 경기에서 승리한 것을 빗대어, '잘 알려지지는 않았으나 놀라운 능력을 가진 사람' 이라는 의미로 사용됩니다.

- She's a dark horse. I didn't know (that) she could run **that** fast.
- He is a dark horse. I didn't know (that) he could sing that well.
- It's difficult to predict who will **win the championship**; there are a couple of dark horses in the tournament.

- 그녀는 닥호쓰이다. 나는 몰랐다, 그녀가 달릴 수 있었는지 **그렇게** 빨리.
- 그는 닥호쓰이다. 나는 몰랐다, 그가 노래할 수 있었는지 그렇게 잘.
- 이것(to 이하)은 어렵다, 예상하는 것 누가 **우승할**지, 왜냐하면(;) 있다 몇 몇의 닥호쓰들이 대회에.

Konglish   싱크대

sink 는 우선 /싱크/가 아니라 /씽크/가 맞는 발음입니다. sink 가 동사로 '가라 앉다' 이고 그 푹 가라 앉은, 꺼진 모양을 하고 있는, 부엌의 설거지하고 물 받는 곳을 명사로 sink 라고 합니다.

- Leave the dishes in the sink.
- The house was messy, with dirty plates piled high in the sink.
- Damn! The sink **is blocked** again. Honey, please **unblock** it.
- The 'Titanic' sank on her first journey, killing approximately 1490 people **on board**.

- 두어라 접시들을 씽크 안에.
- 그 집은 지저분했다, 더러운 접시들이 쌓여있었다 높이, 씽크 안에.
- 젠장! 씽크가 **막혔다** 또. 자기야, **뚫어줘** 이것을.
- 타이타닉은 가라 앉았다 그녀의 첫 여정에서, 죽였다 대략 1490명을, **승선한**.

He is cleaning the sink using the extendable tap.

Conjunctions

1. I think _____ he drank some alcohol _____ I am not sure.

2. _____ his family came here from Vietnam as refugees, they had nothing.

3. You can either have the double room _____ the family room.

4. I really want to know the reason _____ I didn't get the job.

Prepositions

1. Consumer prices rose _____ 5% this year.

2. _____ the summer holiday, I will be _____ Europe.

3. There is a **grocery shop** a few hundred meters _____ the school.

4. 'Scarlet, do you know James Kim who works _____ the marketing division?' 'I don't really know him. I only know him _____ name. Why?'

5. We need to buy two kilos _____ prawns and one kilo _____ salmon _____ the party.

6. Birds _____ a feather flock together. Check her friends out before you go out _____ her.

Conjunctions

1. 나는 생각한다, 그가 마셨다고 *that*, 약간의 술을, 그러나 *but*, 나는 확신하지는 않는다.

2. 그의 가족이 왔을 때 *when*, 이곳에 벱남으로부터, 난민들로서 그들은 가지지 않았다 아무것도. (아무 것도 없었다)

3. 당신은 가질 수 있습니다, 2 인실이나 *or* 가족실을.

4. 나는 정말 원한다 알기를 그 이유를, 왜 *why*, 내가 얻지 못했는지 그 직업을.

Prepositions

1. 소비자 가격(물가)들은 올랐다 5% 만큼 *by*/5% 이상으로 *over*, 올해.

2. 여름 휴가 동안에 *during*/전에 *before*/후에 *after*/여름 휴가를 위해 *for*, 나는 있을 것이다 유럽에 *in*.

3. 있다 **식료품점**이 몇 백 미터쓰, 학교로부터 *from*.

4. '스칼렡, 당신은 아는냐 제임쓰 킴을, 그는 일한다, 영업부에서 *in*? '나는 정말 모른다 그를. 나는 단지 안다 그를 이름으로만 *by* (그의 **이름만** 안다). 왜?' Ex 132

5. 우리는 필요하다 사야 할, 투 킬로쓰를, 새우의 *of*, 그리고 원 킬로, 연어의 *of*,를, 파티를 위해 *for*/파티 전에 *before*/파티 때문에 *because of*.

due to 는 문맥상 답으로 넣기에 너무 formal 표현입니다.

6. 유유상종이다 *of*. 확인해 봐라 그녀의 친구들을, 당신이 사귀기 전에 그녀와 *with*. Ex 10

Figurative Expressions (Sayings, Proverbs & Colloquial expressions)

neck and neck to say that two competitors or groups are very close and either of them could win in a competition or race

직역은 '목과 목' 입니다. 경마에서 말들이 목을 나란히 하며, 앞서거니 뒤서기니 달리는 모양을 표현합니다. 어떤 두 경쟁자의 실력이나 인기도가 매우 비등하여 경쟁에서 누가 승리할지 모르는 상황을 가리킬 때 사용하는 표현으로 특히 선거철에 '경합을 벌이고 있다' 라는 식으로 뉴스나 신문 등에서 쉽게 접할 수 있습니다.

- *Recent opinion polls show that the two candidates are running neck and neck.*
- *Amy and Tiffany finished the race neck and neck.*
- *The two companies are neck and neck in the mobile phone market.*

- *최근의 의견 조사들은 보여준다, 두 후보자들이 경합을 벌이고 있다고.*
- *에이미와 Tiffany 는 끝냈다 그 경주를 막상 막하로.*
- *그 두 회사들은 앞서거니 뒤서거니 한다 휴대 전화 시장에서.*

Konglish   팬, pan/fan?

요즘 방송에서 그 나마 제대로 발음이 되고 있는 외래 단어 중 하나입니다. fan 은 fanatic(광적인 사람)에서 온 표현입니다. 실제로 어떤 유명인의 fan 이라 하면 제 정신이 아닌 사람들이 많습니다. fan 은 또한 선풍기나 부채를 의미하기도 합니다. 여하간, /p/가 아니라 /f/로 발음해야 합니다. /p/로 발음하면 frying pan 이나 sauce pan (냄비) 또는 pen (필기구)를 의미합니다.

- *'Wow! You have a huge collection of Beatles CDs.' 'Yes, I'm a big fan of Beatles.'*
- *It's too hot here in summer. We need a fan.*
- *I bought a **non-stick** frying pan made in France.*

- *'와! 당신은 가지고 있군요 매우 큰 규모의 수집을, 비틀즈 씨디들의.' '예, 저는 엄청난 fan 입니다, 비틀즈의.'*
- *너무 덥다 이곳은 여름에. 우리는 필요하다 선풍기가.*
- *나는 샀다 **붙지 않는** frying pan 을, (이것은) 만들어졌다 프랑스에서.*

The stadium is packed with thousands of soccer fans. (left)

Fish cakes are being fried in a frying pan. (middle)

Eggs are being boiled in a sauce pan. (right)

Conjunctions

1. How can you treat me **like this** after all _____ I've done for you?

2. _____ I told you already, he is not here. Call _____ you come next time.

3. I think _____ I can fix it tomorrow. _____ not, you'll have to wait until Friday.

4. I haven't seen Amanda _____ she left for Seoul after graduation.

Prepositions

1. The little girl was sitting _____ her father's shoulders.

2. We saw a helicopter flying _____ the bridge.

3. The car was rusty _____ the bonnet.

4. I wanted to punch him _____ the nose.

5. I'm sure that your father will welcome you home even though you left a long time ago because blood is thicker _____ water.

6. _____ a period _____ ten years, she stole more _____ a million dollars _____ her company.

Conjunctions

1. 어떻게 당신은 대할 수 있는가 나를 **이렇게**, 모든 것 후에 (그것들을 that), 내가 한, 당신을 위하여?

   문법적으로는 that 이나 which 가 들어갈 수 있으나 실제로는 that 이나 which 를 넣어서 쓰는 경우는 없습니다.

2. 내가 말했듯이 as, 당신에게 이미, 그는 없다 이곳에. 전화해라, 당신이 오기 전에 before, 다음에.

3. 나는 생각한다, 내가 고칠 수 있다고 (that), 그것을 내일. 그렇지 안으면 if, 당신은 기다려야 할 것이다 금요일까지.

4. 나는 보지 못해왔다 아만다를, 그녀가 떠난 이래로 since, 서울로, 졸업 후에.

Prepositions

1. 작은 여자 아이가 앉아 있었다, 그녀 아빠의 어깨들 위에 on.

2. 우리는 보았다 헬리콥터를, (그것은) 날고 있었다 다리 위로 over/주위를 around/근처에 near/아래로 under.

3. 그 자동차는 녹이 슬어 있었다 보넬 표면 위에 on/아래 표면에 underneath/보넬 아래의 엔진 등의 부품에 under.

4. 나는 원했다 주먹 날리기를, 그를, 그의 코에 on, in.

   접촉 동사(hit/punch/kiss etc) + 사람 + on/in + 부위 My mom used to smack me in/on my bottom when I was a child. 나의 엄마는 때리곤 했다, 나를, 나의 엉덩이에, 내가 아이였을 때. James kissed Cindy on her forehead. 제임쓰는 입맞춤 했다 씬디를, 그녀의 이마에.

5. 나는 확신한다, 당신의 아버지가 환영할 것이라고 당신을 집으로, 심지어 당신이 떠났을 지라도 오래 전에, 피는 물보다 than, 진하기 때문에. Ex 14

6. 기간 동안에 during, for/기간에 걸쳐서 over, 10 년들의 of, 그녀는 훔쳤다 백만 달러쓰 넘게 than, 그녀의 회사로부터 from.

이제 한글 해석을 보고 영어로 말해 볼 차례입니다.

Figurative Expressions (Sayings, Proverbs & Colloquial expressions)

be dying for something/be dying to do something to want something very much

직역은 '죽고 있다 무엇을 위해' 입니다. 어떤 것을 위하여 목숨을 내놓고 있으니, 우리 식으로 표현하면 '죽도록 원한다' 입니다.

- *I'm dying for a cup of coffee.*
- *It's so hot! I'm dying for an ice cold beer.*
- *My daughter is dying for a new mobile phone.*
- *Paul is dying to go back to his country.*
- *I'm dying to see Rachel again.*

- *나는 정말 원한다 한 잔의 coffee 를. (커피 한 잔 마시면 소원이 없겠다.)*
- *이것은 매우 덥다! 나는 정말 원한다 얼음처럼 차가운 맥주를.*
- *나의 딸은 죽도록 원한다 새로운 휴대 전화기를.*
- *폴은 죽도록 원한다 돌아가기를 그의 나라로.*
- *나는 죽도록 보고 싶다 레이첼을 다시.*

Konglish   커피 포트

tea pot/티 팥/이나 coffee pot 은 차나 coffee 를 우려내는 작은 주전자나 단지를 말합니다. 하지만, tea pot 이라는 단어는 흔히 쓰여도 coffee pot 은 거의 사용되지 않습니다. 그 이유야 여러 가지가 있겠지만 아무래도 인스턴트 coffee 가 흔한 것이 주된 이유인 듯합니다, 우려먹기보다는 타서 먹으니 말이죠. 반면에 tea 는 아직도 많은 사람들이 tea pot(그림 참고)에 담아 우려 먹곤 합니다. 각설하고, 한국인이 말하는 coffee pot 은 사실 '전기 주전자' 입니다. 그래서 electric kettle/일렉트릭 케틀/ 또는 그냥 kettle(주전자)이라고 합니다. 그리고 pot 은 '솥 단지' 라는 의미도 있습니다.

- *Amy! Please boil some water in the kettle for coffee.*
- *Would you please put the kettle on?*
- *The water in the kettle is still very hot. I've just boiled it.*
- *We need a teapot for green tea.*

- *에이미! 끓여 주세요 약간의 물을 주전자에 coffee 를 위하여.*
- *당신 놓아서 켜 주시겠습니까 주전자를?*
- *물, 주전자 안의,은 여전히 매우 뜨겁다. 내가 막 끓었다 그것을.*
- *우리는 필요하다 티팥이, 녹차를 위한.*

It's a ceramic tea pot.   *Tea is being infused in a teapot.*   *The kettle is boiling.*   *It's a cordless electric kettle.*

Conjunctions

1. I invited Julie for dinner _____ she refused to come.

2. Apples are usually either green _____ red.

3. It is unthinkable _____ anyone wanted to kill him.

4. We decided to stay at a hotel _____ all the motels were fully booked _____ we knew _____ we could not really afford it.

Prepositions

1. I was born _____ July 1ˢᵗ / I was born _____ July.

2. If it costs more _____ $500, I won't buy it.

3. There were so many people standing _____ front _____ the cinema that I couldn't get in.

4. Scott's been _____ a lot of pressure _____ **work**.

5. Sarah got a hangover? I cannot believe it. She doesn't drink **that much**. It is very _____ her.

6. The government is planning to **offer** free medical care _____ pensioners aged 65 **and over**.

Conjunctions

1. 나는 초대했다 쥴리를 저녁 식사를 위해, 그러나 *but*, 그녀는 거절했다 오기를/거절 했음에도 *although, though*.

2. 사과들은 대개 녹색이거나 *or*, 빨간색이다.

3. 이것(that 이하)은 생각할 수 없다, 누군가 원했다고 *that*, 죽이기를 그를.

4. 우리는 결정했다 머물기로 호텔에, 모든 모텔들이 완전히 예약되어 있었기 때문에 *because, since*/예약되어 있었으므로 *as*, 우리가 알았지만 *although, though*, 우리가 정말 감당할 수 없다는 것을 (*that*), 이것(호텔에 머무는 것)을.

Prepositions

1. 나는 태어났다 7월 1일에 *on*/나는 태어났다 7월에 *in*.

2. 그것이 비용이 든다면 $500 이상으로 *than*, 나는 사지 않을 것이다 그것을.

3. 있었다 매우 많은 사람들이, 서서, 극장 앞에 *in ~ of*, 그래서, 나는 들어갈 수 없었다 안으로.

4. 스콧은 있어왔다 많은 압박/스트레쓰 하에 *under*, **직장에서** *at*/직장으로부터 *from*/일로 *with*/일 때문에 *because of, due to*.

5. 쎄라가 가지고 있다고 숙취를(숙취에 시달린다고)? 나는 믿지 못하겠다 그것을. 그녀는 마시지 않는다 **그렇게 많이**. 이것은 매우 그녀답지 않다, *unlike*.

6. 정부는 계획중이다 제공할 무료 의료 치료를 연금 수급자들에게 *to*/위하여 *for*, (그들은) 나이 먹었다 65세 **이상**.

영어에서는 '이상/이하' 가 한 단어로 표기되지 않고 **숫자 + and + over/under** 가 쓰입니다.

이상 Anyone (aged) **19 and over** can vote in the presidential election in Korea.

(초과) = Anyone (aged) over 18 can vote in the presidential election in Korea.

이하 Anyone (aged) **17 and under** cannot purchase alcohol in Australia.

(미만) = Anyone (aged) under 18 cannot purchase alcohol in Australia.

이제 한글 해석을 보고 영어로 말해 볼 차례입니다.

Figurative Expressions (Sayings, Proverbs & Colloquial expressions)

I'd rather die to say very strongly that I do not want to do something

직역은 '내 차라리 죽겠다' 입니다. 특별히 함축적인 의미를 가졌다기 보다는 would rather 의 부정적인 의미를 고스란히 가지고 있는 '어떤 것을 하느니 차라리 죽겠다' 라는 표현입니다. 우리말에 '죽어도 못 해' 와 같은 표현입니다. 주의! 많은 분들이 had better 와 would rather 가 비슷한 의미를 가지고 있다고 잘못 알고 있습니다. had better 와 would rather 는 절대 비슷한 의미를 가지고 있지 않습니다. had better + 동사원형 구조는 긍정적인 의미를, would rather + 동사원형은 부정적인 의미로만 사용됩니다. 예문 참고하세요. *I'd better stay home because I'm very tired.* 나는 낫겠다 머무는게 집에, 내가 매우 피곤하기 때문에. *I'd rather stay home. I really hate spending time with someone like Jessy.* 나 차라리 있겠다 집에. 나는 정말 싫어한다 보내는 것 시간을 누군가와, 제씨 같은.

- *I'd rather die than work for him!*
- *She is asking me to go to the party with her. I'd rather die.*
- *I know (that) getting a decent job is very hard these days, but I'd rather die than go back to the Army.*

- 내가 차라리 죽겠다, 일할 바엔, 그를 위해!
- 그녀는 요구하고 있다 나에게 가자고 그 파티로 그녀와. 난 죽어도 못 간다, 배째라.
- 나는 안다, 얻는 것, 근사한 직업을, 이 매우 힘들다고, 요즘에, 그러나 나는 차라리 죽겠다, 돌아가는 것보다는 육군으로.

Konglish   믹서(기)

흔히들 '믹서' 나 '믹서기' 라고 하지만 blender/블랜더/가 바른 표현입니다. 동사 mix 와 blend 둘 다 '섞다' 라는 의미가 있지만 밀크 셰익을 만들 때처럼 **완전하게 섞**을 때는 blend 를 사용합니다.

- *You'd better crush garlic in the blender. It will be quicker than doing it by hand.*
- *I bought a brand new blender in order to make milk shakes for my kids.*

- 당신은 낫겠다, 으깨는 것이 마늘을 블렌더 안에서. 이것이 더 빠를 것이다, 하는 것보다 그것을 손으로.
- 나는 샀다 새 블렌더를, 만들기 위하여 밀크 셰익들을 내 아이들을 위해.

brand new 는 '완전히 새 것'을 의미합니다. 반면에 new 는 완전히 새 것이라는 뜻도 있지만, 기본적인 뜻은 '새로운' 입니다. 예문을 참고 하세요. *'You got a new car!' 'Yeah, my uncle gave it to me. He has only driven it for a year.'* '너 차 바꿨네!' '응, 내 삼촌이 줬어 이것을 나에게. 그는 탔어 이것을 1년 동안만 (1년 밖에 안탔어).'

It's a blender.

Conjunctions

1. Rebecca didn't speak to anyone _____ nobody spoke to her.

2. I want to get back by five o'clock _____ (it is) possible.

3. Why don't you start now _____ you don't need to hurry?

4. It is impossible _____ anyone can master English in three months. _____ stop dreaming!

Prepositions

1. My mom has been talking _____ the phone _____ 2 hours. I don't know how she can do it.

2. Did you get an **invitation** _____ their wedding?

3. A bird _____ the hand is _____ two _____ the bush. So be thankful.

4. It is very difficult to live _____ Australia _____ a car.

5. Sprinkle the shredded cheese _____ the pizza.

6. She's only 17, and has a great future ahead _____ her _____ golf.

Conjunctions

1.1 레베카는 말하지 않았다 누구에게도, 그래서 so/그리고 and, 아무도 말하지 않았다 그녀에게.

1.2 레베카는 말하지 않았다 누구에게도, 아무도 말하지 않았기 때문에 because, since/않았으므로 as, 그녀에게.

2. 나는 원한다 돌아 오기를 다섯 시 정각까지, 가능하면 if.

3. 왜 당신은 시작하지 않는가 지금, 그래서 so, 당신은 필요가 없지 않은가 서두를?

4. 이것(that 이하)은 불가능하다, 누구든 통달하는 것은 that, 영어를 삼 개월 만에. 그러니 so, 꿈 깨라!

Prepositions

1. 나의 어머니는 말을 해오고 있는 중이다 전화에 on, 두 시간 동안 for. 나는 모른다, 어떻게 그녀가 할 수 있는지 그것을.

2. 당신은 얻었는가 초대를 그들의 결혼식에 to?

3. 한 마리 새, 손 안의 in, 가치가 나간다 worth 둘, 풀 숲의 in. 그러니, 감사해라. Ex 10

4. 이것(to 이하)은 매우 어렵다, 사는 것, 호주에서 in. 차 없이 without.

5. 흩어 뿌려라 채 썰어진 치즈를 핏짜 위에 on/위로 onto.

6. 그녀는 겨우 열일곱이다, 그리고 가지고 있다 매우 좋은 미래를, 그녀의 앞에 of, golf 에 in.

이제 한글 해석을 보고 영어로 말해 볼 차례입니다.

Figurative Expressions (Sayings, Proverbs & Colloquial expressions)

Old habits die hard to say that it takes a long time to change to a new way of doing something

직역은 '오래된 습관들은 죽는다 힘들게' 입니다. hard 의 품사는 부사로 '열심히, 힘들게' 입니다. Bruce Willis 의 영화 제목 Die Hard 에서처럼 '죽는다 힘들게', 힘들게 죽는다는 것은 그 만큼 쉽게 죽지 않는다 라는 말입니다. 바꿔 말하면 '죽기 힘들다' 입니다. '한 번 들어버린 습관은 고치기 힘들다', 즉, '세 살 버릇 여든까지 간다' 라는 우리 속담과 비슷합니다.

• *He divorced again? Old habits die hard. He used to change his girl friend every month when he was young.*

• *She **got caught** stealing things from a shop again. Old habits die hard.*

• *(While playing golf) Old habits die hard. It's really hard to correct my swing.*

• *그가 이혼했어 또? 버릇 고치기 참 힘들군. 그는 바꾸곤 했어, 그의 여자 친구를 매 달, 그가 젊었을 때.*

• *그녀는 **잡혔다** 훔치다 물건들을 상점에서 또. 습관은 고치기 힘들다.*

• *(하는 도중에, 골프를) 습관 고치기 참 힘드네! 이것(to 이하)은 정말 어려워, 고치기가, 나의 스윙을*

Konglish   스덴, 스텐레스

원래 단어 stainless(stain 얼룩, less 없는)의 발음이 변형된 경우입니다. 영어에서는 줄여 쓰지 않고 stainless steel /스테인리쓰 스틸/이라 합니다. 주물 자국 및 얼룩이 없는 반질 반질한 금속을 뜻합니다.

• *I'm very happy **with** the new saucepan. It is made **of** stainless steel.*

• *Stainless steel is one of the most widely used materials for cooking utensils.*

• *나는 매우 행복(만족)하다 그 새로운 냄비에. 이것은 만들어 졌다 스테인리쓰 금속으로.*

happy, satisfied, angry 등 감정을 나타내는 형용사 뒤에는 with 를 함께 사용하여 '~에 형용사하다' 로 사용하세요. *I'm very angry with Jeremy. He ruined my day.* 나는 매우 화가 났다 제레미에게. 그는 망쳤다 나의 날을. 그리고 is made of 에서 of 는 재질에 변화가 없을 시(금속→금속)에, 여기처럼 금속이 냄비를 만든 경우에 쓰입니다. 그러나 Butter is made from milk 에서처럼 재질에 확연한 변화가 있을 시(우유→버터)에는 from 을 씁니다.

• *스테인리쓰 금속은 하나이다, 가장 널리 쓰이는 물질들 중의, 요리 기구들을 위한.*

Stainless kitchen tools are hung alongside.

Conjunctions

1. We asked Lucas to go with us, _____ he knew the road to the lake.

2. Neither Katie's mother _____ her father speak English.

3. Susan's English is much better _____ I thought/expected.

4. I won't do the job _____ you pay me in cash in advance.

Prepositions

1. Rebecca often travels _____ Japan.

2. George's sister was married _____ an Italian guy _____ 8 years, but she is divorced now.

3. The house is still _____ construction. You need to wait a few more months until you move in.

4. What did you do _____ the weekend?

5. _____ the holiday _____ New Zealand, can we talk now?

6. She's been terrified _____ the sound _____ aircraft ever _____ the crash.

Conjunctions

1. 우리는 요구했다 루커쓰에게 가자고 우리와, 그가 알고 있기 때문에 because, since/있으므로 as, 그 길을, 그 호수로.

2. 케이티의 어머니도 아버지도 nor, 말하지 못한다 영어를.

같은 문장 구성 요소 (이번에는 주어, Katie's mother, her father) 앞에서 neither 와 nor 가 위치 했습니다.

3. 수잔의 영어는 훨씬 더 좋다, 내가 생각했던/기대했던 것 보다 than.

4. 나는 하지 않을 것이다 그 일을, 당신이 지불하지 않는다면 unless, 나에게 현금으로, 미리.

매우 드문 경우지만, if 도 답이 될 수도 있습니다. ^^;

Prepositions

1. 레베카는 종종 다닌다 일본으로 to/일본에서 in/일본 여기 저기를 around, across/일본 방방 곡곡을 throughout/일본을 거쳐서 via/일본 국외로(일본에 주로 거주하는 경우) outside.

2. 조지의 여형제는 결혼한 상태였다, 이탈리 남자에게 to, 8년 동안 for, 그러나 이혼한 상태이다 지금은.

지금도 결혼한 상태이면 is married 입니다.

3. 그 집은 있다 여전히 공사 하(중)에 under. 당신은 필요하다 기다려야 할, 몇 더 달들 (몇 달 더), 당신이 입주하기까지.

4. 무엇을 당신은 했습니까 주말에 at, on/주말 동안에 during/주말에 걸쳐 over/주말 전에 before/후에 after.

5. 휴가에 관하여 about, 뉴질랜드로의 to/뉴질랜드에서 in/뉴질랜드 여기 저기의 around, 우리 이야기 할 수 있나요 지금?

6. 그녀는 무서워해왔다 소리를 of/at, 비행기의 of, 그 충돌(사고)이래로 쭉 since.

이제 한글 해석을 보고 영어로 말해 볼 차례입니다.

Figurative Expressions (Sayings, Proverbs & Colloquial expressions)

Every dog has its day to say that even the most unimportant person has a time in their life when they are successful and noticed

직역은 '모든 개는 가진다 이것의 날을' 입니다. 개는 사람을 비유한 말이고, '정말 별 볼일 없는 사람일지라도 일생에 한 번 쯤은 성공적이고 인정받는 때가 있다' 라는, 우리 속담에 '쥐 구멍에도 볕 들 날 있다' 와 일맥상통합니다.

• *I know (that) Leo hasn't been very successful but I'm sure (that) things will **get better** soon. Every dog has its day.*

• *You shouldn't disregard him **like that**. You may regret it someday. Remember the saying 'Every dog has its day'!*

• 나는 안다, 리오가 그리 성공적이지 못해왔다라는 것을, 그러나 나는 확신한다, 여러 가지들이 **더 좋아질** 것이라고 조만간. 그에게도 성공하는 날이 올 것이다.

• 당신은 무시해서는 안 된다 그를 **그렇게**. 당신은 후회할지도 모른다 그것을 **언젠가**. 기억해라 그 속담, '쥐 구멍에도 볕 뜰 날이 있다' 을.

Konglish   아이스 박스

우리가 흔히 이야기하는, 소풍 갈 때 가지고 가는 그런 보온/보냉 박쓰는 영어로 cool box 라 합니다. ice box 는 아주 오래 전 냉장고가 없던 시절에 얼음을 넣어 두던 실내용 목재 가구나 우리나라 60-70년대에 얼음 장수의 얼음 보관 창고를 뜻하는 말로서 요즘에는 별로 사용되지 않는 단어입니다.

• *Joey, do you have a coolbox? Can I borrow it please? I'm **go**ing **on a picnic** this weekend.*

• *Freeze a couple of bottles of water and put them in the coolbox. It will help to keep the food cool longer.*

• *(At a camping gear store) Do you have a coolbox which can be connected into the cigarette lighter socket of a car?*

• 조이! 당신 가지고 있습니까 쿨 박쓰를? 내가 빌릴 수 있습니까 그것을? 나는 **소풍갑니다** 이번 주말

• 얼려라 몇 병들의 물을 그리고 넣어라 그들을 쿨 박쓰안에. 이것은 도울 것이다 유지하는 것을, 그 음식을 시원하게 더 오래

• (캠핑 장비 상점에서) 당신은 가지고(팝니까) 있습니까 쿨 박쓰를, 그것은 연결될 수 있다, 담배 라이터 전원부안으로, 차의?

It's a traditional wodden ice box.

This cool box is packed with fruit and drinks.

Conjunctions

1. _____ you have/sit an IELTS test, you'd better get some advice from Mr. Han.

2. You'd better stay at home _____ you get well.

3. _____ he was in the Air Force, he flew F16 fighters.

4. _____ I go, I will **be in touch** with you.

Prepositions

1. I found a $50 note _____ the street and got this book _____ my teacher _____ free. It's my lucky day.

2. Emily wants to marry Jason only because he was born _____ a silver spoon _____ his mouth.

3. I saw a young lady _____ a short skirt, running _____ the street _____ a large black suitcase.

4. Mike can't sleep _____ night _____ drinking alcohol _____ stress _____ work.

5. You must cook the pancake _____ a medium heat.

6. Barack Obama is the first African-American president _____ U.S. history.

Conjunctions

1. 당신이 본다면 if/보기 전에 before/볼 때 when/볼 때마다 whenever, IELTS 시험을, 당신은 낫겠다 얻는 편이, 약간의 조언을 한 선생님으로부터.

영어권에서 선생님을 호칭할 때는 보통 Mr 나 Miss (결혼 유무 상관없이) 사용합니다.

2. 당신은 낫겠다 지내는 것이 집에서, 당신이 좋아질 때까지 until.

3. 그가 있을 때 when, 공군에, 그는 비행(조종)했다 F16 전투기들을.

4. 어디에 내가 가던지 wherever, 내가 **연락하겠다** 당신과.

Prepositions

1. 나는 발견했다 50 달러 지폐를 거리에서 on, in 그리고 얻었다 이 책을 나의 선생님으로부터 from, 공짜로 for. 나의 운 좋은 날이다. Ex 40

2. 에밀리는 원한다 결혼하기를 제이슨을, 단지 그가 태어났기 때문에 은 숟가락과 with, 그의 입에 (부유한 집안에서) in. Ex 18

3. 나는 보았다 젊은 아가씨, 짧은 치마를 입은 in,가 뛰는 것을 길 위로 up/아래로 down/길 한복판에서 in/길을 따라서 along, 큰 검정색 여행용 가방을 가지고 with.

4. 마익은 잘 수 없다 밤에 at, 마시지 않고는 without, 술을, 스트레쓰 때문에 because of, due to, 직장에서 at/ 일로부터 from/일로 with.

5. 당신은 반드시 요리해야 한다 그 팬 케익을, 중간 불 위에서 over, on.

6. 바락 오바마는 첫 번째 아프리칸 혈통의 미국인 대통령이다, 미국 역사에서 in.

이제 한글 해석을 보고 영어로 말해 볼 차례입니다.

Figurative Expressions (Sayings, Proverbs & Colloquial expressions)

open doors for someone to give someone an opportunity that they would not have had otherwise

직역은 '열다 문들을 누군가를 위하여' 입니다. 물론 말 그대로 누군가에게 문들을 열어주는 경우를 의미하기도 하겠지만 숨은 뜻은 '누군가에게 기회의 문들을 열어 준다' 입니다. 관사 없는 복수 형태 (doors)를 하고 있습니다.

• *I am sure (that) your new job will open doors for you.*

• *Once you complete your study at university, your degree will open doors for you.*

• *나는 확신한다, 당신의 새로운 직업이 열어줄 것이라고 기회의 문들을 당신을 위해.*

• *일단 네가 마치면 당신의 공부를 대학에서, 당신의 학위는 줄 것이다 기회들을 당신을 위해.*

open the door to something to make something possible

비슷한 표현으로 직역은 '연다 (특정) 문을 ~에' 입니다. 우리말에 '새로운 장을 연다' 와 비슷한 의미로 '어떤 것을 가능하게 하다' 라는 표현으로 관사 + 단수 형태 (the door)를 하고 있습니다. 하지만 반드시 긍정적인 표현으로만 사용되는 것은 아닙니다.

• *You're opening the door to trouble by hitchhiking. Don't even think about it.*

• *Research on cloning human organs will open the door to innovative medical treatments.*

• *당신은 문제를 일으킬 소지가 있다 히치하이킹 함으로서. 생각조차 하지 마라 그것에 관하여.*

• *연구, 복제하는 것에 관한, 사람의 장기들을,는 가능하게 할 것이다 혁신적인 의료 치료들을.*

Konglish   샤프

거의 한국어화 되어 버린 단어입니다, sharp/샾/. 일단 바른 표현은 mechanical/메카니컬/(기계적인) pencil 입니다. 구분 않고 그냥 pencil 이라고 하는 경우가 대부분입니다. 한국에서는 70년대 말부터 선풍적인 인기를 몰고 와서, 초등학생부터 대학생, 직장인들까지 한국인이라면 안 써본 사람이 없을 정도로 인기 있는 필기구입니다. 하지만 한국과 일본에서의 인기와는 달리 영어권에서는 연필에 밀리는 경우가 허다합니다. 한국과 일본에서는 mechanical pencil 을 가지고 있지 않은 초, 중, 고생들이 거의 없는 반면, 영어권에서는 그냥 연필을 사용하는 학생들이 훨씬 더 많습니다. 필자의 교직 경험으로 비추어 보아 mechanical pencil 이 서구에서 인기가 없는 이유는, 그들이 사용하는 일반적인 필기구의 굵기에서 찾을 수 있습니다. 손이 큰 서양인들은, 한국이나 일본에서 인기를 끄는 가는 0.5mm, 0.3mm 필기구보다 0.7mm이나 1.0mm의 굵은 필기구를 선호하는 편입니다. 그러니 0.5mm가 주류인 mechanical pencil 도 인기가 있을 리가 만무합니다. 적은 인기로 인해 lead /레드/, 심도 매우 비쌉니다. 여하간, 주로 형용사로 쓰이는 sharp 는 '날카롭다' 가 기본 뜻이죠. 예문에서처럼, 의미가 확장되어, '날카로운 통증(쿡쿡 쑤시고나 쓰라린)', '그림이나 화면 따위가 선명한' 의 의미로도 쓰입니다. 부사로서는 '시간 따위를 칼 같이 정확하게 하는' 정도로, 우리말과 비슷하게 사용되기도 합니다.

• *(At a shop) Do you have mechanical pencils?*

• *Can I use your (mechanical) pencil for a minute please?*

• *Make sure (that) you use a good sharp knife.*

• *I felt a sharp pain in my abdomen.*

• *The photos taken with this camera are sharp and clear.*

• *We're meeting at 10:30 sharp. Got it?*

• *(상점에서) 당신은 가지고 있습니까 (판매합니까) 메카니컬 연필들을?*

- 제가 써도 되겠습니까 당신의 연필을 잠시 동안?
- 확실히 해라 (that 이하를) 당신은 사용한다 좋고 날카로운 칼을.
- 나는 느꼈다 날카로운 통증을 나의 복부에.
- 그 사진들, 찍히는 이 캐머러로,은 선명하고 맑다.
- 우리는 만난다 10시 30분에 정확하게. 알았지?

Conjunctions

1. _____ they are playing outside, they will be fine.

2. Is this _____ you want?

3. Please call me _____ you can. I will be waiting.

4. Caroline is not sure _____ she will keep living in Korea (or not).

Prepositions

1. All the windows _____ the living room face the backyard.

2. There were many cars parked _____ the main road.

3. Justine is very *good* _____ cooking Korean food.

4. Diane is very upset and it is all _____ her husband who cares too much _____ his appearance.

5. We are really busy _____ **the moment**. Can I call you later?

6. Wendy has been sent _____ a **boarding school** _____ her will (= she did not want to go to a boarding school).

Conjunctions

1. 일단 그들이 놀게 되면 *once*/놀고 있다면 *if*/놀고 있기 때문에 *because, since*/놀고 있으므로 *as*/놀고 있더라도 *although, though*, 밖에서, 그들은 괜찮게 될 것이다/괜찮을 것이다.

> when 이 답이 되려면 when they play outside 가 되어야 합니다.

2. 이것이 것인가 *what*, 당신이 원하는?

3. 전화하세요 나를(에게) 당신이 할 수 있으면 *if*/할 수 있을 때 *when*/할 수 있을 때라면 언제든지 *whenever*, 내가 기다리고 있을 것이다.

4. 캐롤라인은 확신하지 않는다, 그녀가 계속 살지 *if, whether*, 한국에, 아닐지.

Prepositions

1. 모든 창문들, 거실의 *of*,은 향하고 있다 뒷 마당을.

2. 있었다 많은 차들이, 주차되어, 주 도로를 따라서(길 가로) *along*/주 도로 위에 *on*.

3. 저스틴은 매우 잘한다 요리하는데 *at*, 한국 음식을.

4. 다이앤은 매우 화가 나있다 그리고 이것은 모두 그녀의 남편 때문이다, *because of, due to*, 그는 신경 쓴다 너무 많이, 그의 외모에 관하여 *about*.

5. 우리는 정말 바쁘다 **지금** *at*, 내가 전화할 수 있나 당신에게 나중에?

6. 웬디는 보내졌다 **기숙사가 딸린 학교**로 *to*, 그녀의 의지에 반(反)하여 *against*.

이제 한글 해석을 보고 영어로 말해 볼 차례입니다.

Figurative Expressions (Sayings, Proverbs & Colloquial expressions)

drag one's feet/heels to take too much time to do something because one does not want to do it

직역은 '끌다 누군가의 발들/뒤꿈치들' 입니다. 가기 싫은 사람을 억지로 끌고 가는 모양, 즉 발이 질질 끌려 가는 모양에서 나온 표현입니다. '하기 싫은 일을 억지로 해야 할 때, 질질 끌다/늑장 부리다' 라는 표현입니다.

- *Would you stop dragging your feet? We're already 30 minutes late.*
- *Bill always drags his heels when he does his assignments.*
- *The authorities are dragging their feet over increasing direct taxes for the rich.*

- *당신 그만 해 주시겠습니까, 늑장 부리는 것을? 우리는 이미 30 분들 늦었습니다.*
- *빌은 항상 늑장 부린다, 그가 할 때 그의 과제들을.*
- *관계 기관들은 늑장을 부리고 있다, 인상하는 것에 대하여, 직접세를, 부자들을 향한.*

'빈익빈 부익부' 라는 말을 영어로 어떻게 표현할까요? 영어로는 *The rich get richer, the poor get poorer* 입니다.

Konglish   볼펜

한국에서 '볼펜' 하면 주로 '유성 필기구'(수성이나 중성 필기구 말고)를 지칭합니다. ball pen 의 정식 명칭은 ball point pen 입니다. 그러나 영어권 실생활에서 ball pen 또는 ball point pen 이라고 말하는 사람은 거의 없다고 보시면 됩니다. 그냥 전부 pen 으로 지칭합니다.

- *Can I use your pen for a minute please?*
- *Please fill out the form in pen, not in pencil.*
- *I don't have pens. I only have pencils. By the way, do you have a pencil sharpener (that) I can borrow?*

- *내가 사용해도 될까요 당신의 펜을 잠깐 동안?*
- *기입 하세요 이 양식을 펜으로, 연필로 말고.*

펜으로/연필로 라고 할 때는 in + (무관사) + pen/pencil 로 표현합니다.

- *나는 가지고 있지 않다 펜들을. 나는 단지 가지고 있다 연필들을. 그건 그렇고, 당신은 가지고 있나 연필 깎기를, (그것을) 내가 빌릴 수 있는?*

Conjunctions

1. Can you believe _____ Nicole is only 38 years old?

2. You can have _____ you want. *I mean it.*

3. *Freeze!* Stay _____ you are. Put your hands behind your head.

4. _____ you like it or not, I'm going overseas to study.

Prepositions

1. My mother has been seriously ill _____ diabetes.

2. I'm sure (that) Justin spent last night _____ Amy.

3. The game will be _____ TV _____ 9 pm _____ Tuesday night.

4. Don't you think (that) this shirt is too tight _____ my shoulders?

5. Christopher Reeves was famous _____ his role _____ the movie 'Superman'.

6. Mandy walked _____ her husband _____ the path _____ the park.

Conjunctions

1. 당신은 믿을 수 있느냐, 니콜이 단지 서른 여덟 살이라는 것을 *(that)*?

2. 당신은 가질 수 있다, 당신이 원하는 것을 *what*/원하는 것 무엇이든지 *whatever*, 나는 의미한다 그것을 *(진심이다)*.

3. *꼼짝 마라!* 있어라, 당신이 있는 곳에 *where*. 두어라 당신의 손들을 당신의 머리 뒤에.

영화에서 경찰이 범인에게 총을 겨누며 흔히 하는 대사입니다.

4. 당신이 좋아하든지 그것을 아니든지 간에 상관없이 *whether*, 나는 간다 해외로,(가서) 공부할 것이다.

Prepositions

1. 나의 어머니는 심각하게 아파왔다 당뇨로 *with*/당뇨 때문에 *because of, due to*.

2. 나는 확신한다, 저스틴은 보냈다고 지난 밤을 에이미와 *with*/에이미 없이 홀로 *without*.

spend the night with someone to stay for the night and have sex with someone 영어권에서도 '남,녀가 밤을 함께 보냈다' 라는 말은 '성 관계를 가졌다' 의 간접적인 표현입니다. 또 다른 간접적인 표현으로는 sleep with someone 이 있습니다. *Did you sleep with him?* 너 잤니 그와?

3. 그 경기는 있을 것이다 TV에 *on*, 저녁 아홉 시에 *at*/아홉 시부터 *from*, 화요일 밤에 *on*.

4. 당신은 생각하지 않아, 이 셔츠가 너무 꽉 낀다고, 나의 어깨들을 가로 질러 *across*?

5. 크리쓰토퍼 리브즈는 유명했다 그의 역할로 *for (이유)*, 영화 '수퍼맨'에서 *in*.

6. 맨디는 걸었다 그녀의 남편과 *with*/남편을 향하여 *towards*/남편에게 *to*, 오솔길 위로 *on*/오솔길을 따라서 *along*/오솔길 위쪽으로 *up*/아래쪽으로 *down*/오솔길로 *to*/오솔길을 향하여 *towards*, 공원 안의 *in*/공원을 가로 지르는 *through, across*/공원을 향하는 *to,towards*/공원에 따라서 있는 *along*.

직접 그림과 함께 설명하지 못함을 참 안타깝게 생각합니다. 여러분이 직접 왼쪽 공간에 연필로 그림을 한 번 그려보시기 바랍니다. 충분히 하실 수 있습니다. 여러 가지 다른 상황들이 만들어 짐에 놀라실겁니다.

이제 한글 해석을 보고 영어로 말해 볼 차례입니다.

Figurative Expressions (Sayings, Proverbs & Colloquial expressions)

a drop in the ocean/bucket a very small amount of something compared to what is actually needed or wanted

직역은 '한 방울, 대양에/양동이에' 입니다. 바다에 물 한 방울 떨어져 봐야 표도 안 나고, 그런다고 양동이에 물 한 방울도 그리 표가 나는 양이 아닙니다. 필요한 것에 비해 아주 적은 양, 소위 말하는 '택도 없는 양' 을 뜻합니다. 아주 적은 양을 나타내는 우리말 속담 '새 발의 피' 와 비슷합니다.

• *What? You only have $50? For the holiday? Oh dear! It's a drop in the bucket.*

• *The department will subsidize only $20,000 for the new library. It's only a drop in the ocean, compared to what is needed.*

• *Five new computers have been purchased for the school, but this is just a drop in the ocean for such a large number of students.*

• *뭐? 너 단지 가지고 있어 50 달러쓰를? 휴가를 위해? 내 참! 택도 없는 액수다.*

• *그 부처는 재정 지원해 줄 것이다 단지 이만 달러만을, 새로운 도서관을 위하여. 그것은 너무 적다, 필요로 하는 것에 비해.*

• *다섯 대의 새로운 컴퓨터들이 구입되었다 학교를 위하여, 그러나 이것은 턱 없이 모자란다 그 큰 숫자의 학생들을 위하여는.*

a drop in the bucket

a drop in the ocean

Konglish   매직(펜)

Magic Marker 라는 상호가 일반 명사화 된 경우입니다. 한국에서는 주로 잘 지워지지 않는 유성의 굵은 필기구를 말하죠. 영어에서는 이런 지워지지 않는 유성펜들은 permanent/퍼머넌트/(영구적인) maker/마커/(표시 내는 것)라 합니다. 물론 magic 은 명사로 '마술' 입니다.

• *Do you have a permanent marker (that/which) I can borrow? I need it for the name cards for the meeting.*

• *Write your name on your bag with a black permanent marker.*

• *I don't really understand how magicians saw a woman in a box **in half**.*

• *당신은 가지고 있습니까 퍼머넌트 마커를, (그것을) 내가 빌릴 수 있는? 나는 필요하다 그것을, 이름표들을 위하여, 회의를 위한.*

• *써라 당신의 이름을 당신의 가방에 검정색 퍼머넌트 마커로.*

• *나는 정말 알지 못하겠다, 어떻게 마술사들이 톱질을 하는지 여인을, 상자 안의, **반으로**.*

She is writing her name on a mug with a permanent marker.

Conjunctions

1. _____ Tomoko hasn't studied English for the last 10 years, she is now studying it very hard.

2. I'll give you a call again _____ I get home.

3. Rebecca is going to Europe for her summer holiday, _____ she is planning to spend a month.

4. One of the boys kept laughing, _____ annoyed the teacher a lot.

Prepositions

1. It's _____ your son. Please come and see me _____ school.

2. The family moved _____ Seoul _____ June 2010, and Sarah's first child was born soon after.

3. The biggest concern _____ many Korean parents is *providi*ng quality education _____ their children.

4. I will see you _____ your school _____ 3 pm.

5. I saw Chelsea _____ her father's funeral.

6. Excuse me, are you _____ the queue?

Conjunctions

1. 토모코가 공부 해오지 않았을지라도 *although, though*/않았기 때문에 *because, since*/않았으므로 *as*, 영어를, 지난 10년들 동안, 그녀는 지금 공부하고 있다 그것(영어)을 매우 열심히.

2. 내가 주겠다 당신에게 전화 한 통을 다시, 내가 집에 도착할 때 *when*/도착하고서 바로 *once*/도착한다면 (왠지 집으로 가다가 사고 나서 집에 도착하지 못할 것 같은 느낌이 들 때) *if*/도착하기 전에 *before*.

3. 레베카는 간다 유럽으로 그녀의 여름 휴가를 위하여, 그곳에서 *where*, 그녀는 계획 중이다, 보내기로 한 달을.

4. 하나, 꼬마 녀석들 중,가 계속 웃었다, 그것은 *which*, 짜증나게 했다 선생님을 많이.

Prepositions

1. 이것은 당신의 아들에 관한 *about*, 겁니다, 오셔서 보세요 저를, 학교에서 *at*.

2. 그 가족은 이사 왔다 서울로 *to*, 유월에 *in*, 2010년, 그리고 쎄라의 첫 아이가 태어났다 바로 후.

3. 가장 큰 걱정, 많은 한국인 부모님들 사이에서 *among*/부모님들에게 *for*,은 제공하는 것이다 질 좋은 교육을, 그들의 아이들을 위해 *for*.

4. 나는 보겠다(만나겠다) 당신을, 당신의 학교에서 *at*/학교 근처에서 *near*/학교 앞에서 *in front of*/학교 주위에서 *around*/학교 뒤에서 *behind*, 오후 세 시에 *at*/세 시 전에 *before*/세 시 후에 *after*.

5. 나는 보았다 첼씨를 그녀 아버지의 장례식에서 *at*/장례식 전에 *before*/장례식 후에 *after*.

6. 실례합니다. 당신은 있나요 줄 안에 *in*? (줄 서고 계신 건가요?)

이제 한글 해석을 보고 영어로 말해 볼 차례입니다.

Figurative Expressions (Sayings, Proverbs & Colloquial expressions)

behind closed doors where other people cannot see what happens: secretly

직역은 '닫힌 문들 뒤에서' 입니다. 문이 닫혀 있으면, 그 뒤에서는 무슨 일이 일어나고 있는지 알 수가 없습니다. 뭐 문이 유리문이라면 할말이 없겠지만. --; 여하간, 어떤 일이 '비공개적으로' 또는 '비밀스럽게' 진행된다' 라고 할 때 사용합니다.

• The meeting **took place** behind closed doors.

• They **struck the deal** behind closed doors.

• I don't know any **details** about the plan because everything has been decided behind closed doors.

• 그 회의는 **열렸다** 비공개로.

• 그들은 **다다랐다** 합의점에/성사시켰다 거래를 비밀스럽게.

• 나는 모른다, 어떤 **세부 사항들**도 그 계획에 관한, 모든 것이 결정되어왔기 때문에 비공개적으로.

Konglish   화이트 (수정액)

수정액을 의미하는 white/와잍/은 white-out 의 준말입니다. 종종 correction fluid/pen/tape 으로도 불립니다. white 은 형용사로 '흰' 그리고 '백인의' 라는 뜻도 있습니다. 명사로는 '계란 흰자' 를 말하기도 합니다.

• Erase the mistake using white out and write it again.

• Do not use correction fluid when you've made a mistake on the form. Instead, **cross** it **out** with a pen and **put your signature.**

• The new president is not very popular among the **white people.**

• My 3 year old daughter **loves** eggs but she only eats **the white.**

• 지워라 실수를, 사용하여 와잍아웉을, 그리고 써라 그것을 다시.

• 사용하지 마시오 수정액을, 당신이 만들었(했)을 때 실수를 그 양식에. 대신에 **가로줄을 긋고** 그것을 펜으로, 그리고 두어라 당신의 서명을(서명하시오).

• 새로운 대통령은 그리 인기가 있지 않다 **백인들** 사이에서.

• 나의 3살 난 딸은 **매우 좋아한다** 계란을, 그러나 그녀는 단지 먹는다 **흰자만.** 필자의 이야기입니다 ^^;

Her name is crossed out.

Conjunctions

1. _____ day she comes, it doesn't really matter.

2. My brother is a lawyer _____ office is located in Jongno, Seoul.

3. I looked up _____ found her glaring at me.

4. _____ I were you, I wouldn't buy that house. It's too far from a shopping center and public transport services.

Prepositions

1. Please turn off the lights when they are not _____ use.

2. I'm not going to buy a house yet, _____ the high interest rates.

3. Fiona is not **responsible** _____ what happened. It was _____ her control.

4. I like all modern music _____ rap and techno.

5. The changes mean over 70,000 job losses _____ construction workers.

6. I suppose (that) I'm lucky because my parents have been _____ me **all the way**.

Conjunctions

1. 어떤 요일에 *whichever, whatever,* 그녀가 오든지, 이것은 정말 문제가 되지 않는다.
2. 나의 형/오빠/남동생은 변호사이다, 그의 *whose* 사무실은 위치하여 있다 종로에, 서울.
3. 나는 올려다 보았다 그리고 *and,* 발견했다 그녀가 노려보고 있는 것을 나를.
4. 내가 당신이라면 *if,* 나는 사지 않을 것이다 그 집을. 이것은 있다 너무 멀리, 쇼핑 센터와 대중 교통 써비쓰들로부터.

Prepositions

1. 꺼주세요 등들을, 그들이 있지 않을 때 사용 중에 *in.*
2. 나는 사지 않을 겁니다 집을 아직, 높은 이자율들 때문에 *because of, due to.*
3. 피오나는 책임없다, 일어난 것에 대해 *for.* 이것은 그녀의 통제를 초과했다 (그녀가 어찌할 수 있는 상황이 아니었다) *beyond.*
4. 나는 좋아한다 모든 현대 음악을, 랩과 텍노를 제외하고 *except.*

기억하시려는지 모르겠지만, 전치사 but 은 일반적으로 anything, anyone, anybody, any + 명사, nothing, no one, nobody, everything, everyone, all 뒤에서만 사용합니다. all + 명사 뒤에는 사용하지 않는다는 이야기.

5. 그 변화들은 의미한다, *seventy thousand* 이상의 직업 상실들을 건설 노동자들 사이에 *among.*
6. 나는 생각(+추측) 한다. 나는 운이 좋다고, 나의 부모님들이 있어왔기 때문에, 나의 뒤에 *behind*/나와 *with,* **내내**.

behind 는 '후원/지지' 라는 추상적인 의미입니다.

Figurative Expressions (Sayings, Proverbs & Colloquial expressions)

be kept in the dark to know nothing about something important because one has not been told about it

'놓여지다 어둠 속에' 라는 직역입니다. 어둠 속에서는 잘 보이지가 않습니다. 누군가가 어둠 속에 놓여져 '어떠한 상황에 대하여 전혀 모른다' 는 의미입니다. kept 를 생략하고 be 동사만 사용될 때도 있기는 하나 **사람 + be kept + in the dark + about something** 이 가장 일반적인 구조 입니다. 영화 이탈리안 잡, 79분 22초쯤에 나오는 대사이기도 합니다.

- *I don't want to be kept in the dark anymore. Can anyone tell me what's going on?*
- *She was deliberately kept in the dark regarding her illness.*
- *The employees are being kept in the dark about how much money the company makes.*
- *The public was kept in the dark about the investigation.*

- 나는 원하지 않는다 있기를 모르는 상태로, 더 이상. 누군가가 말해줄 수 있는가 나에게, 무슨 일이 일어나고 있는지?
- 그녀는 놓여 졌다 고의적으로(누군가가 일부러) 모르는 상태로, 그녀의 질병에 관하여.
- 피고용인들은 모른다 전혀, 얼마나 많은 돈을 그 회사가 만드는지(버는지)에 관해.
- 대중들은 모르고 있었다 전혀, 그 수사에 관하여.

Konglish   호치키스

서류를 묶는 사무용 도구를 hotchkiss/호치키쓰/라고 하는데, 올바른 표현은 stapler/스테이플러/입니다. 호치키쓰는 stapler 를 만들던 1900년대 초의 유명한 회사명이라 합니다. staple 은 동사로 'stapler 를 사용해서 서류를 묶다' 그리고 명사로는 'stapler 알' 이라는 뜻입니다.

- *'May I use your stapler please?' 'Sorry! My stapler has **run out of** staples.'*
- *The documents are all stapled together.*
- *I stapled the receipt to the invoice.*

- '제가 좀 써도 되겠습니까 당신의 스테이플러를?' '미안합니다. 내 스테이플러가 알이 **다 떨어졌네요.**'

> run out 다 쓰다, 고갈 되다. *Oh dear! We ran out of petrol.* 제기랄! 우리 휘발유 다 떨어졌다.

- 그 서류들은 모두 스테이플로 묶여 있다 함께.
- 나는 스테이플로 묶었습니다 (찍어 놓았습니다) 그 영수증을 청구서에.

The frame is stapled together.

Conjunctions

1. _____ she did such things is still a mystery.

2. You shouldn't buy a house in a bad area _____ I told you before.

3. _____ explained on the receipt, without the proof of purchase, we can't give you a refund.

4. Schools in big cities tend to be better equipped, _____ those in *the country* are relatively poor.

Prepositions

1. I'm not telling you _____ a colleague. I'm telling you _____ a friend.

2. Everyone is so happy _____ Jessica.

3. Exercising _____ pregnancy is beneficial.

4. The finance minister is doing his best to keep the inflation rate _____ 3%.

5. Ann bought her boyfriend a watch _____ his birthday.

6. Sam **was up** all night because she was not **happy** _____ the practice test result.

Conjunctions

1. 왜 *why*/어떻게 *how*/언제 *when*/어디서 *where* 그녀가 했는지 , 그런 일들을,는 여전히 알 수가 없다.

2. 당신은 사서는 안 된다 집을 나쁜 지역에, 내가 말했듯이 *as* 너에게 전에.

3. 설명되어 있듯이 *as*, 영수증에, 증거 없이는, 구입의, 우리는 줄 수 없다 당신에게 환불을.

> 엄밀하게 말해서 *As it is explained on the receipt,~* 가 본래의 표현이나, 실제로 it is 를 넣는 사람은 거의 없습니다.

4. 학교들, 대도시들에,은 경향이 있다 (시설이) 더 잘 갖추어진, 반면에 *while, whereas*/그러나 *but*, 그것들, 시골에,은 상대적으로 가난하다.

> 명사 country 는 '나라' 라는 의미 이외에 '시골' 이라는 의미도 가지고 있습니다. country 가 '시골'을 의미할 때는 반드시 정관사 the 와 함께 the country 가 되어야 합니다. 하지만, the 가 들어갔다고 해서 무조건 '시골' 로 이해해서는 안됩니다. *I'd like to live in the country.* 는 해석이 두 가지가 됩니다. *나는 살고 싶다 시골에/그 나라에*.

Prepositions

1. 나는 말하고 있지 않다 당신에게 직장 동료로서 *as*. 나는 말하고 있다 당신에게 친구로서 *as*.

2. 모든 사람들은 매우 만족(행복)하다, 제씨카를 제외하고는 *but*, *except*/제씨카 때문에 *because of*/제씨카를 위하여 (축하해주는 분위기) *for*/제씨카처럼 *like*/제씨카와는 다르게 *unlike*/제시카와(함께 있어) *with*/제시카에게(만족) *with*/제시카가 없어서 *without*.

3. 운동하는 것, 임신 중에 *during*,은 이롭다.

4. 재정부 장관은 다하고 있다 그의 최선을, (그래서) 유지하고 있다 물가 상승률을 3% 아래로 *below, under*/3%로 *at*.

> 드문 경우이지만, above 나 beyond 도 가능하기는 합니다.

5. 앤은 사줬다 그녀의 남자 친구에게 손목 시계를 그의 생일을 위하여 *for*/그의 생일에 *on*/생일 전에 *before*, 생일 후에 *after*.

> 손목 시계는 watch, 자명종은 alarm clock 입니다.

6. 쌤은 **깨어 있었다(잠을 자지 못했다)** 모든 밤(밤새), 그녀가 **만족**하지 않았기 때문에 모의 시험 결과에 *with, about*.

이제 한글 해석을 보고 영어로 말해 볼 차례입니다.

Figurative Expressions (Sayings, Proverbs & Colloquial expressions)

(drop dead) gorgeous *extremely beautiful or attractive*

표현이라기보다 그냥 한 단어인데요, 영어권에서 매우 흔하게 사용되나, 한국 영어 교과 과정에 잘 알려지지 않은 단어라 소개합니다. 우선 gorgeous/고저쓰/의 사전적 의미를 살펴보면 '매우(극단적으로) 아름답다, 또는 매력적이다' 입니다. 여기에 drop dead, '넘어져 죽는' 이 합쳐져 '까무러쳐서 죽을 정도로 예쁘고 매력적인' 이라는 의미가 되었습니다. 굳이 우리말에 비슷한 표현을 찾자면 '죽이게/끝내주게/허벌나게/겁나게 예쁘다/잘 생겼다/매력적이다' 정도 입니다.

- *'What do you think of my new flatmate?' 'He's absolutely gorgeous!*
- *'Silvia, you look gorgeous today. Are you going to a party or somewhere?*
- *Wow!!! Look at that girl. She is drop dead gorgeous.*

- *'무엇을(어떻게) 당신은 생각하나 나의 새로운 **집을 같이 사용하는 사람**에 관해?' '그는 정말 죽인다!'*
- *씰비아, 당신 보입니다 정말 매력적으로 오늘. 당신 가나요 파티나 뭐 그런 곳을?*
- *와!!! 봐, 저 여자애를 (저 여자 애 좀 봐봐). 그녀는 까무러칠 정도로 예쁘다 (어떻게 저렇게 예쁠 수 있냐?)*

Konglish   스카치 테이프

전 세계적으로 접착용 tape 을 가장 잘 만드는 회사, 3M의 유명한 상표명 Scotch/스코치,스커치/가 일반 명사화 된 경우입니다. 일반적으로는 sticky(끈끈한) tape 이라 하고, 미국에서는 scotch tape, 영국에서는 sellotape 이라고도 합니다. scotch 가 단독으로 쓰이면 대부분의 영어권 사람들은 'Scotland 사람들' 아니면 whiskey/위스키/(술)를 가장 먼저 떠올립니다.

- *Stick the photos on the wall using scotch tape.*
- *Do you have some sticky tape, the wide one for packaging?*
- *Can I have a glass of scotch (whiskey) on the **rocks** please!*

- *붙여라 그 사진들을 벽에, 사용하여 스커치 테잎을.*
- *당신은 가지고 있나 약간의 sticky tape 을, 넓은 것, 포장을 위한?*
- *내가 마실 수 있습니까 한 잔의 스카치(위스키)를, **얼음들 위에**?*

scotch on the rocks

This is the world famous Scotch transparent tape.

Conjunctions

1. I discussed the matter with my friend _____ is a lawyer.

2. _____ you open the package, you will not get a refund.

3. Always check the area out first _____ you buy a house.

4. _____ you move into your new house, everything will start to be fine.

Prepositions

1. Show some respect _____ your teachers.

2. _____ now on, I'm _____ *charge* _____ everything.

3. The post office is _____ a jewelry shop.

4. Harley drives _____ 50 km _____ 60 km zones. It is a bit slow, I think.

5. This week's internet failure has been a real pain _____ the ass. I can't do anything _____ next Monday.

6. You should return the books _____ the library _____ the end _____ this month.

Conjunctions

1. 나는 상의했다 그 문제를 나의 친구와, 그는 who, 변호사이다.

2. 당신이 일단 열면 once/만약 연다면 if, 포장을, 당신은 얻을 수 없을 것이다. 환불을.

3. 항상 확인해라 지역을 먼저. 당신이 사기 전에 before/살 때 when/살 때마다 whenever (집을 자주 사는 부동산 투자자의 경우), 집을.

4. 당신이 일단 이사하면 once/이사할 때 when/만약 이사를 한다면 if/이사하기 전에 before, 당신의 새로운 집으로, 모든 것이 시작할 것이다 괜찮아 지길.

Prepositions

1. 보여라 약간의 존중을 당신의 선생님들에게 to/향하여 towards/선생님들을 위하여 for.

2. 지금부터 from, 계속, 내가 있다 권한에 in, 모든 것의 of,

3. 우체국은 있다, 보석상 옆에 next to, beside/곁에 by/가까이에 near/맞은편에 opposite/아래층에 below, under/위층에 above/뒤에 behind.

4. 할리는 운전한다 50 킬로미터쓰로 at/50 킬로미터쓰 이하로 under, 60 킬로미터 구간들에서 in. 이것은 좀 느리다. 나는 생각한다 (내가 생각하기에).

5. 이번 주의 인터넷 불통은 정말 짜증나는 일이여 왔다 in. 나는 할 수 없다 아무것도, 다음 월요일까지 until.

Ex 135

> 월요일까지 아무것도 할 수 없는 지속적 상태이기에 until 이 답입니다.

6. 당신은 반납해야 한다 그 책들은 도서관으로 to, 말까지 by/말에 at/말 전에 before, 이 달의 of.

> after 가 '이번 달 말이 지나서' 라는 의미로 문법적으로는 답이 될 수도 있지만, 아무도 그렇게 말하는 사람은 없습니다. '이번 달 말이 지나서'는 즉 '다음달 초'나 '다음 달'을 말함으로 next month 나 at the beginning of next month 라고 말합니다.

이제 한글 해석을 보고 영어로 말해 볼 차례입니다.

Figurative Expressions (Sayings, Proverbs & Colloquial expressions)

a dream come true something wanted for a long time happens eventually

직역은 '꿈, 이루어진, 현실로' 입니다. '오랜 기간 동안 이루어지길 바랬던 그런 꿈이 현실이 되다' 라는 뜻입니다. 문법적으로 살펴보면 come 은 동사가 아니라 come 의 과거 분사형 come 입니다. 명사 dream 뒤에서 꾸며주는 일종의 형용사 역할을 합니다. 주로 be 동사와 함께 is/was + a dream come true 의 구조로 사용됩니다.

- *Finding my real mother after all those years was a dream come true for me.*
- *Buying my own home was a dream come true.*
- *Marrying a man like James is a dream come true for me.*

- *찾은 것, 진짜 어머니를 모든 그 세월들 이후에,은 꿈이 이루어진 것이었다 현실로 나에게.*
- *사는 것, 내 소유의 집을,은 꿈이 이루어진 것이었다 현실로.*
- *결혼하는 것, 남자를 제임쓰 같은,은 꿈이 이루어지는 것이다 현실로, 나에게는.*

Konglish   코팅

동사로 coat/콭/은 '막을 입히다', 명사로는 '막' 입니다. 증명서나 종이, 사진 따위에 투명한 막을 입히는, 즉 한국에서 일반적으로 이야기하는 '코팅' 은 동사 laminate/레미네잍/입니다. laminate 하는 기계는 laminator/레미네이터/라 합니다. 주의하세요. 터미네이터가 아닙니다. ^^;

- *My company ID card is laminated.*
- *Do you have a laminator? If you have one, would you laminate this ID (identification) please?*
- *He applied a **light** coat of varnish on the wooden table.*
- *Next, coat the sliced pork with breadcrumbs.*
- *The tent has a waterproof coating.*

- *내 회사 신분증(identity card) 레미네잍 된다(되어 나온다).*
- *당신은 가지고 있습니까 레이네이터를? 당신이 가지고 있으면 그것을, laminate 해 주시겠어요 이 신분증명서를?*
- *그는 적용했다 **얇은** 막, varnish(흔히 이야기하는 '니쓰')의,을, 그 목재 탁자(표면)에.*
- *다음, 입히세요 썰어진 돼지 고기를, 빵 가루들로.*
- *그 텐트는 가지고 있다 방수 막을.*

A photo is being laminated.

Conjunctions

1. Nikki will take _____ wants to go on a picnic as long _____ they are handsome.

2. _____ it is not easy to learn English, Patricia is doing her best.

3. Jess bought a very old house, _____ it's located in a very good area.

4. Neither the principal _____ the deputy is available at the moment. Can I take a message?

Prepositions

1. Rachel was wearing a beautiful silk shawl _____ her shoulders _____ the party.

2. You should arrive _____ the classroom _____ least 10 minutes _____ the lesson.

3. A new road has been built _____ Brisbane and Byron Bay.

4. _____ her efforts, she failed to pass the driving test again.

5. The hotel is a bit further down _____ **your left**.

6. Everyone waited _____ the result _____ **silence**.

Conjunctions

1. 니키는 데리고 갈 것이다, 누구든지 whoever, 원하는, 가기를, 소풍을, 그들이 잘 생긴 한 as.

> as long as 주어 + 동사 (주어 + 동사 하는 한) 첫 번째 as 는 부사로, 해석을 하지 마시고, 두 번째 as 가 접속사임을 명심하세요. 그러니 주어와 동사가 나올 수 있습니다. I will go to the party as long as you drive me back home. 나는 가겠다 파티에, 당신이 태워주는 한 나를 집으로. Sarah doesn't care who her future husband will be as long as he is rich. 쎄라는 신경쓰지 않는다, 누가 그녀의 미래의 남편이 될지, 그가 부자인한.

2. 이것(to 이하)이 쉽지 않음에도 although, though/쉽지 않기 때문에 because, since/않음으로 as, 배우는 것 영어를, 팯리샤는 다하고 있다 그녀의 최선을.

3. 제쓰는 샀다 매우 오래된 집을, 그러나 but, 이것은 위치하여 있다 매우 좋은 지역에.

4. 교장도 교감도 nor, 없습니다, 지금. 제가 취할 수 있습니까 메쎄지를? (제가 받아 둘까요 메쎄지를?)

> 이번에는 neither ~ nor 가 둘 다 주어 앞에서 부정을 했습니다.

Prepositions

1. 레이첼은 입고 있었다 아름다운 씰크 숄을 그녀의 어깨들을 가로질러 across, 파티에서 at.

2. 당신은 도착해야 한다 교실에 at, 적어도 at, 10분들 수업 전에 before.

3. 새로운 도로가 지어 졌다, 브리즈번과 바이런 베이(지명) 사이에 between.

4. 그녀의 노력들에도 불구하고 despite, 그녀는 실패했다 통과하는 것을, 운전 시험을, 또.

5. 그 호텔은 있습니다 조금 더 아래에, 당신의 왼쪽에 on. (조금 더 내려가면 왼쪽에 있습니다.)

6. 모든 사람이 기다렸다 그 결과를 for, 침묵 속에서 in.

이제 한글 해석을 보고 영어로 말해 볼 차례입니다.

Figurative Expressions (Sayings, Proverbs & Colloquial expressions)

live in a dream world to have ideas or hopes that are not practical or likely to happen

말 그대로 '산다 꿈 세상에서' 라는 의미로, '비현실적인 생각을 가지다/꿈을 꾸고 있다' 라는 뜻입니다. 뭐 특별히 추가적으로 설명할 것이 없네요. 뭐 이런 때도 있어야지요^^;

- *If you think (that) he'll change, you're living in a dream world.*
- *I don't understand what you're thinking. I think (that) you are living in a dream world.*
- *You think (that) you can pass the test in three months? Hey man! You're living in a dream world.*

- *당신이 생각한다면, 그가 변할 것이라고, 당신은 꿈을 꾸고 있는 것이다.*
- *나는 이해하지 못한다, 당신이 생각하고 있는 것을. 나는 생각한다, 당신은 공상가라고.*
- *당신 생각하나, 당신이 통과할 수 있다고 그 시험을 3 개월 만에? 이 보게! 자네 너무 비현실적이구먼.*

Konglish　　　　　프린트 물

학교 수업 또는 강의 시간에 나누어 주는 그런 임시 인쇄물 따위를 보통 '프린트 물(物)' 이라고 칭합니다. 영어와 한국어 가 합쳐져서 만들어진 그런 단어입니다. 영어로는 hand(건네다, 전해주다) + out(바깥으로)가 합쳐진 명사 handout /핸다웉/을 사용합니다. handout 은 '나누어 주다' 라는 동사로도 사용됩니다. 아시다시피 print 는 '인쇄하다' 라는 동사로 대개 사용됩니다.

- *Mr. Han gives us lots of handouts in class.*
- *Can you please hand out these handouts?*
- *I need to make a few changes before I print the document.*
- *Over a million copies of **the paper** are printed every day.*

- *한 선생님은 준다 우리에게 많은 인쇄물을 수업 중에.*
- *당신 나눠 주시겠습니까 이 인쇄물들을?*
- *나는 필요하다, 만들 약간의 변화들을(바꿀 필요가 있다), 내가 인쇄하기 전에 그 서류를.*
- *백만 부 이상, **신문의**,이 인쇄된다 매일.*

These are handouts.

Conjunctions

1. We must leave now _____ we'll be terribly late.

2. The problem is _____ no one knows _____ will happen.

3. I can't believe _____ Liam got involved in the scam.

4. The prime minister of Australia will not sign the agreement, _____ China and India agree on all the conditions.

Prepositions

1. Mike works the hardest _____ all the employees.

*2. We don't need to hurry. We are **ahead** _____ schedule.*

3. She is drop-dead gorgeous, _____ your imagination.

*4. Tears were streaming _____ her face when she **found out** (that) she got only 1 question right.*

5. ESL means English _____ a second language.

*6. The temperature _____ Busan **occasionally** drops _____ zero _____ winter.*

Conjunctions

1. 우리는 반드시 떠나야 한다 지금, 그렇지 않으면 or, 우리는 매우 늦을 것이다.

2. 문제는 아무도 모른다는 것 that, 이다, 무슨 일이 what, 일어날지.

3. 나는 믿을 수 없다 (믿기 어렵다), 리엄이 연루되었다는 것을 (that), 그 사기에.

동사 believe 와 trust 는 우리말에 둘 다 '믿다' 라고 해석이 됩니다. 하지만, 주의 하셔야 할 것은 believe 는 '어떤 사실 따위의 진위 여부를 믿다' 라는 말이고, trust 는 '신용을 가지다' 라는 의미입니다. 예문을 참고하시어 실수 없으시기를 바랍니다. *I believe what he said.* 나는 믿는다, 그가 말한 것을 (말한 것이 사실이라고). *I can't believe (that) she's only 17.* 나는 믿을 수 없다, 그녀가 단지 열 일곱이라는 것을. *Do you think (that) I can trust her?* 당신은 생각하나, 내가 믿을 수 있다고 그녀를? *You shouldn't trust a man like Tony.* 당신은 믿어서는 안 된다 남자를, 토니같은.

4. 수상은, 호주의, 서명하지 않을 것이다 그 협정에, 중국과 인도가 동의하지 않는 한 unless/동의 할 때까지는 until/동의 하더라도 although, though, 모든 조건들에.

Prepositions

1. 마익은 일한다 가장 열심히, 모든 직원들 사이에서 among/모든 직원들 중의 of.

*2. 우리는 필요 없다 서두를. 우리는 있다 **앞서 일정에** of.*

behind schedule 일정에(보다) 뒤쳐져 있다, on schedule 일정대로 진행되고 있다. *Hurry up, guys! We're behind schedule.* 서둘러라, 여러분들! 우리는 뒤쳐져 있다 일정에. *Don't worry! Everything is on schedule.* 걱정마라! 모든 것이 일정대로 진행되고 있다.

3. 그녀는 까무러칠 정도로 예쁘다, 당신의 상상력을 초월하여 beyond. Ex 53

*4. 눈물들은 흐르고 있었다 그녀의 얼굴 아래로 down, 그녀가 **알았을 때**, 그녀가 맞았다고 단지 한 문제만을.*

find 눈에 보이는 물건 따위를 찾다 *I lost my key yesterday but I've found it this morning.* 나는 잃어버렸었다 나의 열쇠를 어제 그러나 나는 찾았다 그것을 오늘 아침. find out 눈에 보이지 않는 추상적 사실 따위를 알아내다 *She found out (that) her mom is not her real mother.* 그녀는 알아냈다/알게 되었다, 그녀의 엄마가 그녀의 진짜 엄마가 아니라는 것을.

5. ESL 은 의미한다 영어, 제 2 언어로서 as.

*6. 기온, 부산에 in,은 **가끔씩** 내려간다 영(도) 이하로 below/영(도)로 to, 겨울에 in.*

이제 한글 해석을 보고 영어로 말해 볼 차례입니다.

Figurative Expressions (Sayings, Proverbs & Colloquial expressions)

in your dreams to say that something is not likely to happen

'너의 꿈속들에서' 라는 직역입니다. '꿈속에서나 일어날 만한, 즉, 현실에서는 일어나지 않을 일이니 포기해라' 라는 말입니다. 매우 일상적으로 사용되는 표현으로, 용법은 누군가가 '나 뭐 할거야' 하는 말에 '택도 없는 소리 좀 하지 마라', '꿈 깨', '꿈도 꾸지마' 라는 식으로 사용됩니다. 그래도 '꿈이라도 꾸라' 하니 '꿈도 꾸지 말라' 는 우리 식 표현보다는 덜 잔인(?)한 표현입니다. ^^;

- *'I'm going to ask Sam **to go out with me**.' 'In your dreams!'*
- *'I will buy a beach-front house someday.' 'In your dreams!'*

- *'나는 요구할 것이다 쌤에게 **사귀자고 나랑**'. '너 꿈도 야무지다'.*
- *'나는 살 것이다 바닷가를 앞에 두고 있는 집을 언젠가'. '절대 그런 일은 없을 게다'*

Konglish   노트

note/놑/하면 가장 먼저 떠오르는 것이 '공책' 인가요? 영어에서 note 는 절대 공책을 의미하지 않습니다. 영어에서 note 하면 가장 먼저 떠오르는 것은 흔히 '대충 갈겨쓴 전달 사항' 입니다. 그 다음으로 '필기' 입니다. 그래서 공책은 note 가 아니라 notebook 입니다. note 는 '음정' 과 '지폐' 를 의미하기도 합니다.

- *Daniel **made a note** of her address and phone number.*
- *This is just a quick note to let you know (that) I won't be in the office tomorrow.*
- *She left a note on his desk, saying (that) she would be back in 10 minutes.*
- *Can I borrow your lecture notes? I will **take notes** myself from next time.*
- *She has a good voice but has trouble hitting the high notes.*
- *Can you **break** this $50 note please?*

- *다니엘은 **적었다** 그녀의 주소와 전화 번호를.*
- *이것은 간단한 놑이다, 알게 한다 (that 이하를), 당신에게, 내가 없을 것이다 사무실에 내일.*
- *그녀는 남겼다 놑을 그의 책상에, (그 놑은) 말한다, 그녀가 돌아 올 것이다, 10분 만에 .*
- *내가 빌릴 수 있지 (좀 빌려 줄래) 너의 강의 필기한 것들을? 내가 **필기 하겠다** 직접 다음부터는.*
- *그녀는 가지고 있다 좋은 목소리를 그러나 가지고 있다 어려움을 때리는데 높은 음정들을.*
- *당신 깨주실 수 있나요 이 50달러 지폐를?*

> **break a note** 지폐를 잔돈으로 바꾸다.

Somebody left notes on the small pieces of paper.

Conjunctions

1. _____ Stacey left the company, everyone has been rather depressed.

2. Jay is about to buy a house _____ is located in Jongno, Seoul.

3. _____ you are asking is impossible.

4. _____ you have lots of time to do _____ you like, I have very little time indeed.

Prepositions

1. Dad's _____ work.

2. Make sure (that) you have your child _____ you _____ all times.

3. My husband was very sick. He was unable to swallow anything _____ liquids.

4. Eggs are usually sold _____ the dozen.

5. It started to rain _____ the football game.

6. The Chinese restaurant is right _____ the bank. **You can't miss it.**

Conjunctions

1. 스테이씨가 떠난 이래로 *since*/떠났기 때문에 *because*/떠났으므로 *as*, 회사를, 모든 이는 다소 **우울해** 왔다.

2. 제이는 막 사려한다 단독 주택을, 그것은 *which, that* 위치하여 있다 종로에, 서울.

> be about to + verb 막 verb 하려 하다. *(on the phone)* '*What's up, Jess?*' '*Hi, Jason! I'm about to go out for shopping.*' (전화상에서) '뭔 일 있어, 제쓰?' '안녕, 제이슨! 나는 막 나가려는 참이다 쇼핑을 위해.' *I got a phone call from my mom when I was about to call her.* 나는 얻었다 전화 통화를 엄마로부터, 내가 막 전화하려 할 때 그녀를.

3. 당신이 요구하고 있는 것은 *what*, 불가능하다.

4. 당신은 가지고 있는 반면에 *while, whereas*/가지고 있을지라도 *although, though*, 많은 시간을, (그래서)한다, 당신 좋아하는 것을 *what*, 나는 가지고 있다 매우 적은 시간을 실제.

Prepositions

1. 아빠는 있다 직장에 *at*/직장에 떨어져 (휴식 중) *off*.

2. 확실히 해라, 당신이 가지고(데리고) 있는 것을, 당신의 아이를, 당신과 *with*/당신 곁에 *by*, 항상 *at*.

> 놀이 공원 등지에서 흔하게 볼 수 있는 주의 사항입니다.

3. 나의 남편은 매우 아팠다. 그는 삼킬 수 없었다, 어떤 것도, 액체들을 제외하고는 *but, except*.

4. 계란들은 보통 팔린다 12개 단위로 *by*.

5. 이것은 시작했다, 비 내리기, 축구 경기 전에 *before*/도중에 *during*/후에 *after*.

6. 그 중국 식당은 있다 **바로** 그 은행 옆에 *beside, next to*/근처에 *near*/맞은편에 *opposite*/뒤에 *behind*/위층에 *above*/아래층에 *below, under*. 당신은 놓칠 수 없다 그것을 (**쉽게 찾을 것이다**).

이제 한글 해석을 보고 영어로 말해 볼 차례입니다.

Figurative Expressions (Sayings, Proverbs & Colloquial expressions)

It's early days to say that it is too soon to be sure about what the result of something will be

직역은 '이른 날들이다' 입니다. '어떤 일의 결과가 어떻게 나타날지 아직 판단하기에는 이르다' 라는 표현으로 '아직 일러' 정도의 어감입니다.

• *She's having a few problems with her research at university, but it's early days yet.*

• *It looks like we will make a profit, but it's early days yet and we can't be sure.*

• *The team is at the bottom of the league, but it's early days yet.*

• *그녀는 가지고 있다 몇 가지 문제들을 그녀의 연구와(에), 대학에서(의), 그러나 이르다 뭐라고 말하기에는 아직.*

• *이것은 보인다, 우리가 만들(낼) 것처럼 이익을, 그러나 이르다 아직은, 그리고 우리는 확신할 수 없다.*

• *그 팀은 있다 바닥에, 그 리그의 (꼴찌이다), 그러나 이르다 판단하기는 아직.*

Konglish   다이어리

콩글리시 어휘 중에 정말 몇 안 되는 발음과 뜻 모두 맞는 단어입니다. 발음은/다이어리/이고 뜻은 흔히 쓰는 것처럼 '일기장' 과 '일정 관리 수첩' 입니다.

• *Did you **put/write down** the meeting date in your diary?*

• *I bought a new year diary for my boyfriend who is a sales person.*

• *Damn! I have lost my diary which contains all the appointments and contact details.*

• *Amy **kept** a diary (= wrote in a diary) while she was an exchange student in the US.*

• *당신은 적었나 그 회의 날짜를, 당신의 일정 관리 수첩에?*

• *나는 샀다 새해 일정 관리 수첩을, 나의 남자 친구를 위하여, 그는 판매 사람(영업 사원)이다.*

• *제기랄! 나는 잃어 버렸다 나의 일정 관리 수첩을, 그것은 포함하고 있다 모든 (업무적)약속들과 연락 세부사항(연락처)들을.*

• *에이미는 **썼다** 일기를, 그녀가 교환 학생이었을 때 미국에서.*

Keeping a diary is not an easy task.

She is about to write something in her diary.

Conjunctions

1. Are you still reading the book _____ you borrowed from me last month?

2. I know (that) _____ I suggest, he will say 'No'.

3. _____ they have money or not, they won't be able to come.

4. Alex was so tired after coming back from fishing _____ he went to bed straightaway, even without taking off his smelly socks.

Prepositions

1. Dad got really mad _____ me _____ scratching the car.

2. The company went bankrupt _____ the effort to save it.

3. Call me any day _____ Saturday.

4. We will have Korean BBQ _____ lunch.

5. Am I able to buy the ticket _____ the phone?

*6. She **knows next** _____ nothing _____ cars.*

Conjunctions

1. 당신은 여전히 읽고 있습니까 그 책을 (which, that), 당신이 빌린 나로부터 지난 달?

2. 나는 안다, 내가 무엇을 제안하든지 whatever, 그는 말할 것이다 '노' 라고.

3. 그들이 가지고 있든지 돈을, 아니든지 (상관없이) whether, 그들은 올 수 없을 것이다.

4. 알렉쓰는 매우 피곤했다, 돌아온 이후에 낚시로부터, 그래서 that, 그는 갔다 침대로(자러) 바로, 심지어 벗는 것 없이, 그의 냄새 나는 양말들을.

동사 smell (+ adj)은 좋은 냄새일 수도 나쁜 냄새일 수도 있습니다. 하지만 형용사 smelly 는 무조건 악취입니다. *Your hair smells so good.* 너의 머리는 냄새난다 매우 좋은. *The fried chicken smells delicious.* 튀긴 닭이 냄새난다 맛있는. *The room was dark and smelly.* 그 방은 어두웠고 악취가 났다.

Prepositions

1. 아빠는 되었다 정말 화나게, 나에게 at, with, 긁은 것에 for (이유)/긁은 것에 대해 about, 그 차를.

2. 그 회사는 되었다 파산하게, 노력에도 불구하고 despite, 구하려는 이것을.

여기서 go 는 become 의 의미

3. 전화 해라 나에게 어떤 요일에도 토요일만 제외하고 but, except/토요일 전의 어떤 요일에라도 before/이후라면 어떤 요일에라도 after.

4. 우리는 먹을 것이다 한국식 비비큐(숯불구이)를 점심으로 for.

5. 살 수 있습니까 내가 그 표를 전화상으로 over?

'전화로' 는 관사 없이 by phone 입니다.

*6. 그녀는 **모른다 거의** to, 자동차들에 관하여 about.*

이제 한글 해석을 보고 영어로 말해 볼 차례입니다.

Figurative Expressions (Sayings, Proverbs & Colloquial expressions)

easier said than done to say that doing something is harder than talking about it

직역은 '더 쉽다 말해지는 것이, 되어지는 것 보다' 입니다. 어떤 일에 관하여 말할 때, '말하는 것은 쉽지만, 막상 실천하는 것은 어렵다' 라는 의미로, 흔히 이야기하는 '말이 쉽지' 또는 '말처럼 쉽지 않다' 라는 표현입니다. 주로 주어 + be + easier said than done 의 문장 구조로 사용하시면 됩니다.

- *I should treat Jim, my ex, like any other client, but that's easier said than done.*
- *The doctor says (that) I should stop drinking, but that's easier said than done.*
- *Some people say (that) learning English is not that difficult, but I think (that) that's easier said than done.*
- *Most people know (that) smoking is harmful, but quitting is easier said than done.*

- *나는 대해야 한다 짐, 나의 전 남자 친구,을 다른 고객처럼, 그러나 그것은 말처럼 쉽지 않다.*

> ex 는 명사로, ex-girlfriend, ex-boyfriend, ex-wife, ex-husband 의 줄임 표현입니다.

- *의사는 말한다, 나는 멈춰야 한다고 음주를, 그러나 그게 말처럼 쉽지 않다.*
- *어떤 사람들은 말한다, 배우는 것, 영어를,은 그리 어렵지 않다고, 그러나 난 생각한다, 그것은 말처럼 쉽지 않다고.*
- *대부분의 사람들은 안다, 흡연이 해롭다는 것을, 그러나 끊는 것은 말처럼 쉽지 않다.*

Konglish   크레파쓰

'크레파스'는 crayon/크레용/에서 왔습니다. caryon 은 잘 아시다시피 좀 흐리고 기름기도 덜합니다. 한국에서는 crayon 보다 좀 더 끈적하고 진한 것을 흔히 '크레파스' 라고 구분해서 부릅니다. 여하간 '크레파스' 라는 영어 단어는 없습니다. 바른 표현은 oil pastel/오일 파스텔/입니다.

- *Oil pastels are a popular art tool for children.*
- *'Mom! I need an oil pastel set for my art class tomorrow.' 'Why are you telling me that now?'*

- *오일 파스텔들은 인기 있는 미술 도구이다 어린이들을 위한.*
- *'엄마! 나는 필요해요 오일 파스텔 셑이, 나의 미술 시간을 위해 내일.' '왜 너 말하고 있나 나에게 그것을 지금?'* (왜 이제서야 이야기 하나?)

The oil pastel set consists of 24 different colors.

They are crayons, not oil pastels.

Conjunctions

1. The price of the house is much higher _____ I am willing to pay.

2. _____ Jeremy graduated from university only half a year ago, he's already got a **decent** job.

3. _____ I was a child, I used to chew bubble gum a lot.

4. The Smith Library, _____ was built in 1835, is an important local monument.

Prepositions

1. Courtney is very **busy** _____ the moment preparing _____ the TOEFL test.

2. Don't tell anyone. It is strictly _____ us.

3. It takes more _____ 12 hours _____ Brisbane _____ Sydney _____ train.

4. I paid $30 _____ the ticket.

5. I'm sure (that) Harry is the best person _____ the job.

6. We haven't **come up with** anything yet! We're just going around _____ circles.

Conjunctions

1. 가격, 그 집의,은 훨씬 더 높다 (비싸다), 내가 기꺼이 지불하려는 것 보다 *than*.

2. 제레미가 졸업했음에도 *although, though*, 대학으로부터 단지 반년 전에, 그는 이미 가지고 있다 **괜찮은**(어느 정도 수준이 되는) 직업을.

3. 내가 아이였을 때 *when*, 난 씹곤 했다 풍선껌을 많이.

4. 스미쓰 도서관, 이것은 *which*, 건립되었다 1835년에,은 중요한 지역 기념물이다.

Prepositions

1. 콜니는 매우 바쁘다 지금, *at*, 준비한다고, TOEFL 시험을 위해 *for*.

2. 말하지 마라 누구에게도. 이것은 철저히 우리끼리이다 *between*.

여기서 us 는 두 명입니다.

3.1 이것은 걸린다 12 시간들 이상이 *than*, 브리즈번(으로)부터 *from*, 씯니로 *to*, 열차로 *by*.

3.2 이것은 걸린다 12 시간들 이상이 *than*, 브리즈번으로 *to*, 씯니로부터 *from*, 열차로 *by*.

4. 나는 지불했다 30달러를 그 표를 위해 *for*.

5. 나는 확신한다, 헤리가 최고의 사람이라고 그 일을 위해 *for*.

6. 우리는 **생각해 내**지 못해오고 있다 아무것도 아직! 우리는 단지 맴돌고 있을 뿐이다 원들 안에서 (진전이 없다) *in*. Ex 26

이제 한글 해석을 보고 영어로 말해 볼 차례입니다.

Figurative Expressions (Sayings, Proverbs & Colloquial expressions)

put all one's eggs in one basket to depend completely on one thing in order to succeed

직역은 '넣는다 모든 누군가의 계란을 한 바구니에' 입니다. 계란은 '돈' 이나 '노력' 을 비유하는데, '어떤 성과를 거두기 위하여, 한 가지 것에 몰입/투자한다' 라는 의미 입니다. 모든 계란을 한 바구니에 담은 상태에서, 혹시라도 바구니를 떨어뜨리게 되면, 모든 계란(돈, 노력)이 깨지게, 즉 수포로 돌아가게 됩니다. 그래서 '그렇게 하지 마라' 라는 형태로 종종 'Don't' (put all ~) 과 함께 사용됩니다.

• *Eric didn't want to put all his eggs in one basket, so he played five different lottery games, but he lost all.*

• *Don't put all your eggs in one basket when you invest your money.*

• *Recently, **someone (who) I know** lost all his money because he put all his eggs in one basket, the share market.*

• 에릭은 원하지 않았다, 한 곳에 모든 것을 거는 것을, 그래서 그는 했다 다섯 가지 다른 복권 게임들을, 그러나 그는 잃었다 모두를.

• 맡기지 마라 당신의 돈을 한 곳에, 당신이 투자를 할 때 당신이 돈을.

• 최근에, **사람 (그를) 나는 안다 (내가 아는 사람)**,은 잃었다(날렸다) 모든 그의 돈을, 그가 투자했기 때문에 그의 모든 돈을 한 곳에, 주식 시장.

Konglish   도라이바/드라이버

많은 분들이 '도라이바' 를 driver 의 한국식 발음 정도로 알고 계십니다. 하지만 영어에서 driver 하면 가장 먼저 떠오르는 것은 '자동차나 버쓰의 운전사' 이거나 컴퓨터의 소프트웨어의 일종인 '드라이버' 입니다. 공구를 의미할 때는 반드시 screwdriver/스크루드라이버/라고 해야 합니다. 나사(screw)를 몰아버리는 것(driver)이니까요. 일자 screwdriver 의 정식 명칭은 slotted screwdriver 이나, 보통 간단하게 screwdriver 라 합니다. 십자 screwdriver 는 cross head/philips head crewdriver 라 합니다. 물론 screw driver 는 vodka/본카/와 오렌지를 섞은 cocktail 의 한 종류이기도 합니다.

• *'Hey John! Do you have a **cross head/philips head** screwdriver (which) I can borrow?' 'Let me have a look. Sorry James! I only have a **slotted** screwdriver.'*

• *Fix the frame in position and tighten the screws.*

• *A 'screwdriver' is an alcoholic drink made from vodka and orange juice.*

• '여보게 존! 당신은 가지고 있나 **십자 머리(philips head)**의 스크루드라이버를, (그것을) 내가 빌릴 수 있나?' '허락해라 내가 보도록 (한 번 볼게). 미안하네 제임쓰! 나는 단지 가지고 있다 **일자 모양의** 스크루드라이버를.'

• 고정해라 그 액자를 그 자리에, 그리고 조여라 나사들을.

• 스크루드라이버는 알코홀이 들어간 음료인데, 만들어진다 본카와 오렌지 주쓰로.

a cross head screwdriver with a cross head screw (left)

a (slotted) screwdriver with a slotted screw (middle)

a glass of screwdriver, decorated with a slice of orange (right)

Conjunctions

1. It will be a long trip _____ road you take.

2. _____ the grandparents love the children very much, that doesn't mean _____ they aren't strict with them.

3. William said _____ he would be late, _____ he arrived **on time**.

4. _____ you had been more **supportive** of her, Rosy wouldn't have left you.

Prepositions

1. Bridget walked home _____ the station.

2. Catherine put her socks on **inside out** _____ mistake.

3. The length _____ the swimming-pool is too short _____ any competition.

4. Please drop this off _____ the sales department _____ your way _____ the bank.

5. She has been sick _____ **around** 10 o'clock last night.

6. He is _____ an upper social class. You can **tell** _____ the way he speaks.

Conjunctions

1. 이것은 긴 여정일 것이다, 어떤 길을 whatever, whichever, 당신이 취하든지.

2. 비록 조부모님들은 사랑하지만 although, though, 아이들을 매우 많이, 그것은 의미하지 않는다, 그들이 엄하지 않다는 것을 (that), 그 아이들과(에게).

3. 윌리엄은 말했다, 그는 늦을 것 같다고 (that), 그러나 but, 그는 도착했다 **제 시간에**.

4. 당신이 좀 더 **밀어(도움, 응원, 호의)**주었더라면 if, 그녀를, 로지는 떠나지 않았을 것이다 당신을.

Prepositions

1. 브리짙은 걸었다 (걸어서 갔다) 집으로, 역으로부터 from/역을 통과하여 through .

기억하시죠? home 은 '집으로' 또는 '집에' 라는 부사입니다. 그래서 앞에 to 가 오지 않았습니다.

2. 케써린은 신었다 그녀의 양말들을 **뒤집어 실수로** by.

3. 길이, 그 수영장의 of,는 너무 짧다, 어떤 대회를 위해서라도 for.

4. 떨궈주세요(갖다 주세요) 이것을 판매부에 at, 당신의 길에 on, 은행으로 to.

be 동사 + on someone's way (to somewhere) (어디로) 가는 길에/길이다. *Please buy some bread and milk on your way home.* 사 주세요 약간의 빵과 우유를 집에 오는 길에. *I stopped by the bookshop on my way to school.* 나는 들렀다 그 서점을, 학교 가는 길에. *'Are you coming or what?' 'Yeah, I'm on my way.'* '당신 오고 있는 거야, 뭐야?' '어, 나는 지금 가는 중.'

5. 그녀는 아파왔다 **대략** 10시 정각부터 from/이래로 since, 지난 밤.

around 는 '대략' 이라는 뜻의 생략 가능한 부사입니다. *Clare is (around) 165 cm tall.* 클레아는 (약)165 cm 키 크다.

6. 그는 (출신)이다 상류 사회 계층으로부터 from. 당신은 **구별**할(알) 수 있다, 그가 말하는 방식에 의해 by.

이제 한글 해석을 보고 영어로 말해 볼 차례입니다.

Figurative Expressions (Sayings, Proverbs & Colloquial expressions)

it's not the end of the world to say that a problem someone is facing is not too serious

직역은 '이것은 아니다 끝이, 세상의' 입니다. 어떤 문제가 발생했을 때, 마치 인류의 멸망이라도 온 것처럼 호들갑을 떨거나, 온갖 걱정을 다하는 사람들에게 '그리 심각한 문제가 아니니, 걱정하지 마라' 라는 표현입니다.

- *Stephanie! Don't worry! It's just practice. It's not the end of the world.*
- *Failing the driving test is not the end of the world. You will pass it next time for sure.*
- *Carol! I know (that) he's left you and you're very upset, but it's not the end of the world. So **cheer up**!*

- *스테파니! 걱정 마! 이것은 단지 연습이야. 이것이 끝이 아니라고, 세상의.*
- *실패하는 것, 운전 시험을,은 끝이 아니다, 세상의. 당신은 통과할 것이다 그것을 다음 번, 확실히.*
- *캐롤! 나 알아, 그가 떠났고 너를, 네가 매우 화가 나 있다는 것을. 그러나, 이것이 끝은 아니잖아 세상의. 그러니, **힘 내**!*

Konglish　　　　빼찌

'빼찌'는 punch/펀치/(구멍을 내다)에서 유래된 듯합니다. 그런데 어떻게 이리 용도가 걸맞지 않는 단어가 우리가 이야기하는 '빼찌' 가 되었는지 참 놀라울 따름입니다. 바른 표현은 pliers/플라이어쓰/입니다. 항시 복수형으로 쓰이며 (쌍으로 이루어진 물건이라), 하나를 지칭할 때는 보통 a pair of 와 함께 사용합니다.

- *' Hey John! Do you have a pair of pliers?' 'What for?' 'I need to cut some wires.' 'Let me have a look. I only have (a pair of) long-nose pliers.' 'I think (that) they will do.'*

- *'여보게 존! 당신 가지고 있는가 한 쌍의 플라이어쓰를?' '무엇을 위해? (뭣 하게?)' '나는 필요하네, 자를, 약간의 철사들을.' '허락해 줘 내가 한 번 보게 (한 번 볼게). 나는 단지 가지고 있다 긴 코 플라이어스를.' '나는 생각한다 그들이면 될(충분할) 것이다 (긴 코 pliers로도 철사를 자를 수 있다).'*

동사 do 는 '충분하다' 라는 의미도 있는데, 수퍼마켙에서 *Can I have 2kg of chicken drumsticks please!* (닭다리 2킬로그램쓰 주세요!) 하고서 점원이 닭다리를 충분히 담았다고 생각할 때 *That will do!* 라고 하시면 '그 정도면 충분합니다' 라는 의미입니다. 또 다른 상황으로는 다음 대화를 보세요. *'Do you have a pen?' 'I only have a pencil' 'I think that will do.'* '당신은 가지고 있나 펜을?' '나는 단지 가지고 있다 연필을.' '난 생각한다, 그것이면 되겠다고.'

general purpose pliers

long-nose pliers

cutting pliers

Conjunctions

1. The lady _____ visited me yesterday is my wife's high school friend.

2. I know _____ she left the party early.

3. As soon _____ Helen got her exam result, she **fainted**.

4. Michael is tired _____ happy at the thought of having a holiday in Bali next week.

Prepositions

1. It's raining. We'd better go _____ the building.

2. Ben threw himself _____ the bed.

3. He has **been involved** _____ politics _____ his life.

4. There is a small garden _____ front _____ my house.

5. Oliver is a friend _____ Owen's.

6. 'Do you have a room?' 'We only have one double room _____ an en suite left.'

Conjunctions

1. 그 여인, 그는 who, 어제 방문했다 나를,은 내 아내의 고등학교 친구이다.

2. 나는 안다, 그녀가 떠났다는 것을 (that)/왜 why 떠났는지 파티를 일찍/어떻게 (몰래 빠져나갔을 경우의 방법 따위) how, 그녀가 떠났는지 파티를 일찍.

3. 헬렌이 받자 마자 as, 그녀의 시험 결과를, 그녀는 **의식을 잃었다**.

I will give you a call as soon as I arrive home. 나는 주겠다 너에게 전화를, 내가 도착하자 마자 집에.

4. 마이클은 지쳐있다, 그러나 but, 행복하다, 생각에, 가질, 휴가를, 발리에서, 다음 주.

Prepositions

1. 비가 오고 있다. 우리는 낫겠다, 가는 것이, 빌딩 안으로 in, into/안쪽으로 inside.

2. 벤은 던졌다 그 자신을 침대 위로 on, onto/침대로, 침대를 향하여 to, towards/침대 넘어로 over.

to 와 towards 는 침대 쪽으로 몸을 날렸으나 침대에 착지하지 못한, 즉 바닥에 떨어진 상황일 공산이 매우 큽니다. 마찬가지로 over 도 침대 위에 착지하지 못하고 침대 위로 몸을 날려 넘어간 상황으로, 영화에서 총알이나 폭발을 피해서 몸을 침대위로 날리는 그런 흔치 않은 상황입니다. ^^;

3. 그는 **연루되어** 왔다(몸 담아 왔다) 정치에 in, 그의 인생 내내 through/인생 내내 한 번의 빠짐없이 throughout.

through/throughout his life 대신에 all his life 라고 표현하기도 합니다.

4. 있다 작은 정원이 내 집 앞에, in ~ of.

5. 올리버는 친구이다 오웬의 of.

6. '가지고 있습니까 방을 (방 있나요)?' '우리는 단지 가지고 있습니다 하나의 2인실을, 욕실과 화장실이 딸린 with, 남겨져.'

이제 한글 해석을 보고 영어로 말해 볼 차례입니다.

Figurative Expressions (Sayings, Proverbs & Colloquial expressions)

open old wounds to remind someone of unpleasant things that happened in the past

직역은 '열다 옛 상처들을' 입니다. 예전에 다쳤던 곳, 예를 들어, 수술 부위 따위를 다시 열거나 건들면 참 아픕니다. 지난 상처, 즉 '누군가의 불쾌했고 괴로웠던 기억을 상기시키다' 라는 표현입니다. Don't open old wounds 하면 '(자꾸) 지나간 얘기 들추지마' 라는 이야기입니다.

- *There is no need to open old wounds. She's suffered enough for what happened in the past.*
- *Her daughter's divorce has opened old wounds for Sarah.*
- *A recent car accident which killed two teenagers opened old wounds for Tom whose teenage son and his best friend were killed in a car accident last year.*

- *필요 없다, 다시 상기시킬, 지난날의 쓰라린 기억을. 그녀는 고통을 겪어왔다 충분히, 발생한 일로, 과거에.*
- *그녀의 딸의 이혼은 다시금 떠오르게 했다 과거의 쓰라린 기억을, 쎄라를 위해(에게).*
- *최근의 자동차 사고, 그것은 죽였다 두 청소년들을,는 상기시켰다 과거의 아픈 기억을, 톰을 위해(톰에게), 그의 10대 아들과 그의 가장 친한 친구가 죽었다, 자동차 사고에서, 작년.*

Konglish   핀셀

뭐 공구라고 하기에는 약간 뭐시기 할 수도 있지만, 족집게를 말하는 '핀셀' 은 pincer/핀써/에서 온 말입니다. pincer 는 바다 가재 따위의 집게발이나 복수형 pincers 로, 아래 그림과 같은 공구를 의미합니다. '족집게' 는 tweezer/트위져/가 바른 표현입니다. 대개 복수형으로 사용됩니다.

- *She was plucking her eyebrows with a pair of tweezers.*
- *You need a pair of tweezers in order to pull out the splinter in your hand.*

- *그녀는 뽑고 있었다 그녀의 눈썹들을 한 쌍의 족집게로.*
- *당신은 필요하다 한 쌍의 족집게가, 집어 내기 위하여 가시를 당신의 손 안에.*

a pair of tweezers   *a pair of pincers*   *Lobsters have very strong pincers.*

Conjunctions

1. _____ comes is welcome.

2. You should get legal advice _____ you sign the contract.

3. It looks _____ we'll finish **on time**.

4. Jessica isn't as slim _____ she used to be.

Prepositions

1. When my husband arrived, things just went _____ *bad* _____ *worse*.

2. Rachel! Please cut the cake _____ pieces.

3. **Somehow** the sheep jumped _____ the fence.

4. Paul left **halfway** _____ the film. (in the middle of an event or period of time)

5. I'm sure (that) Jessie lives somewhere _____ here.

6. John put his own life _____ danger _____ order to save his daughter _____ his burning house.

Conjunctions

1. 누구든지 *whoever*, 오면 (오는 사람이라면 누구든지 간에) 환영이다.

2. 당신은 얻어야 한다 법적 조언을, 당신이 서명하기 전에 *before*, 그 계약을.

3. 이것은 보인다, 우리가 끝낼 것처럼 *like*, **제 시간에**.

4. 제씨카는 날씬하지 않다, 그녀가 예전에 그랬던 것만큼 *as*.

Prepositions

1. 나의 남편이 도착했을 때, 일들(이것 저것들)이 단지 갔다(되었다) 안 좋은(상태)에서 *from*, 더 안 좋은 (상태)로 *to*. (상태가 더 나빠졌다)

> go + adj 형용사한 상태로 되다, *The company went bankrupt last year.* 그 회사는 파산했다 작년에. *Please don't go mad.* 제발 화내지마.

2. 레이첼! 잘라주세요 그 케익을 조각들로 *into*. (형태 변화)

3. **어떻게 된 영문인지는 모르겠지만**, 그 양은 뛰었다 담장 넘어로 *over*/담장 위로 *on, onto*.

> on 이나 onto 의 경우는 드문 경우지만 양이 담장 위에 올라가 서 있을 때 ㅋㅋㅋ, 만화 영화에나 나올 법 합니다.

4. 폴은 떠났다 영화가 중간을 통과할 때 *through*.

5. 나는 확신한다 제씨가 산다고 어딘가 이 근처에 *near, around*.

6. 존은 두었다 그의 자신의 삶을 위험에 *in*, (위험을 감수했다) 구하기 위하여 *in*, 그의 딸을, 그의 불타는 집으로부터 *from*.

이제 한글 해석을 보고 영어로 말해 볼 차례입니다.

Figurative Expressions (Sayings, Proverbs & Colloquial expressions)

have a/an (good) eye for something to be good at noticing and recognizing what is attractive, valuable, of good quality etc

직역은 '가지고 있다 (좋은) 눈을, 무엇을 위한(향한)' 입니다. '어떤 물건의 가치 따위를 알아 보는 눈',즉 '안목이 있다' 라는 뜻으로 우리말에 '혜영이 쟤는 물건 보는 눈이 있어!' 라는 식으로 사용합니다. 주의할 것은 '사람보는 눈/안목'의 의미로는 사용하지 않습니다.

• *Emma has an eye for antiques/fashion/art.*

• *Liz has bought that expensive looking handbag for only $50. She's definitely got a good eye for **a bargain**.*

• *에머는 가지고 있다 안목을 골동품들/패션/미술에 대한.*

• *리즈는 샀다 저 비싸게 보이는 손가방을 겨우 $50 에. 그녀는 분명히 가지고 있다 좋은 눈을, **의외로 싼 물건**에 대한.*

Konglish   빼 빠

짐작하신 분들도 있으실 것 같은데요, paper 에서 나온 말입니다. 이 종이의 목적은 나무 따위의 표면을 부드럽게 '연마'하는 것이지요. 이런 행위를 영어로 sanding/쌘딩/이라고 합니다. 그래서 sand 는 '연마하다' 라는 동사로도 사용됩니다. 그래서 흔히 말하는 '빼빠' 를 영어로는 sandpaper/쌘드페이퍼/라 합니다. 빨리 읽을 때는 거의 /쌘페이퍼/정도로 발음됩니다.

• *'Where is sandpaper?' 'It's in aisle 7, right next to paintbrushes/chisels.'*

• *Once you've finished sanding the surface of the table, varnish it. The table will be as good as a new one.*

• *A sander or a sanding machine is a power tool used to smooth wood and metal surfaces by abrasion with sandpaper.*

• *'어디에 있습니까 sandpaper 가?' '이것은 있습니다 열 7에, 붓들/끌들 바로 옆에.'*

• *일단 당신이 끝마치고 나면, 쌘딩을, 표면을, 그 탁자의, varnish/바니시/(흔히 말하는 나무에 입히는 니스칠) 해라 그것을. 탁자는 될 것이다 좋게 새 것만큼.*

• *쌘더 또는 쌘딩 머신은 전기 공구이다, 사용된다, 부드럽게 하는데, 나무와 금속 표면들을, 마찰에 의해, sandpaper 로.*

He is sanding the table top using a sander/sanding machine.

Conjunctions

1. _____ Esther is smiling, I'm sure _____ she's still angry.

2. Jay, _____ you need money, Mitchell will lend you some.

3. Bill isn't as busy _____ he used to be. He used to work over 12 hours a day.

4. Rebecca bought groceries, went to the bank, picked up a parcel at the **local** post office, _____ *so forth*.

Prepositions

1. Sue is already _____ her **mid** 30s.

2. Sometimes you sound just _____ my mum! That scares me.

3. Everyone stood up _____ the national anthem.

4. We flew _____ Bali _____ Singapore.

5. I think that the picture _____ the wall is upside down.

6. _____ the first day _____ his holiday _____ the East Coast, Patrick met his ex-girlfriend _____ a pink bikini.

Conjunctions

1. 비록 에스더가 웃고 있지만 *although, though,* 나는 확신한다, 그녀는 여전히 화 나 있다고 *(that).*

2 .제이! 당신이 돈이 필요하면 *if*/필요할 때 *when*/필요할 때마다 *whenever*/돈이 필요하기 때문에 *because, since*/필요함으로 *as,* 미첼이 빌려줄 것이다 너에게 약간을 (약간의 돈을).

3. 빌은 그리 바쁘지 않다, 그가 그랬던 것만큼 *as,* 그는 일하곤 했다 12시간 이상을 하루에.

4. 레베카는 샀다 식료품을, 갔다 은행에, 찾았다 소포를 **동네** 우체국에서 그리고 *and,* *(했다)기타* 등등.

Prepositions

1. 수는 있다 이미 그녀의 **중반** 30대에 *in.*

> 30대 초반 in somebody's early 30s, 30대 후반 in somebody's late 30s, *The women who called yesterday sounded like she is in her early 20s.* 그 여자, 그녀는 전화했다 어제,는 들렸다 그녀가 있는 것처럼, 그녀가 그녀의 초반 20대에.

2. 때로는 당신은 들린다 딱 나의 엄마처럼 *like.* 그것이 무섭게(놀라게) 한다 나를.

3. 모든이가 섰다 국가(애국가)를 위해 *for.*

4.1 우리는 날았다(비행) 발리로 *to,* 씽가포르로부터 *from.*

4.2 우리는 날았다 발리로부터 *from,* 씽가포르로 *to.*

4.3 우리는 날았다 발리를 거쳐서 *via,* 씽가포르로 *to.*

4.4 우리는 날았다 발리로 *to,* 씽가포르를 거쳐서 *via.*

5. 나는 생각한다(내 생각에) 그 그림, 벽에 *on,*은 있다 윗쪽이 아래로 (위 아래가 뒤집어져서).

6. 첫 날에 *on,* 그의 휴가의 *of,* 동해에서 *on,* 팻릭은 만났다 그의 전 여자 친구를 핑크 비키니 안의(입고 있는) *in.*

이제 한글 해석을 보고 영어로 말해 볼 차례입니다.

Figurative Expressions (Sayings, Proverbs & Colloquial expressions)

Why the long face? to ask why someone looks unhappy or worried

보통 기분이 우울하거나 걱정이 되거나 하면 얼굴이 길쭉하게(?) 보인다고 영어권에서는 생각하는가 봅니다. 아래 그림을 잘 보면서, 뭐 그렇다고 생각하고 보면 좀 그런 것 같기도 합니다. 그럼 short face 가 반대 표현인가?' 라는 상상은 상상만 하세요. short face 라는 표현은 없습니다. long face 는 '누군가가 수심이 가득한 얼굴을 하고 있다' 라는 표현으로 someone has a long face 라는 식으로 말하지 않고 항상 Why the long face? 라는 질문으로만 사용합니다.

- *Danny! What's wrong? Why the long face?*
- *'Jess! Why the long face? What's wrong?' 'My boyfriend doesn't want to see me anymore.'*

- *대니! 무엇이 잘못되었나? 왜 수심에 찬 얼굴을 (하고 있나)?*
- *'제쓰! 어째 얼굴에 수심이 가득하나? 뭐가 문제야?' '나의 남자 친구가 원하지 않아, 만나는 것을, 나를 더 이상.'*

Amy! Why the long face?

Konglish   뽄드

bond 는 '접착력' 정도의 의미는 있지만 흔하게 말하는 '접착제' 라는 의미는 없습니다. 접착제는 glue/글루/ 또는 adhesive/얻히씹/라고 하는데, glue 는 명사로 '풀, 순간 접착제, 공업용 접착제' 등을 포함하는 넓은 범위로 사용되고 동사로는 '접착제를 사용하여 붙이다' 라는 타동사(동사 바로 뒤에 목적어가 나오는)로 사용됩니다. bond 에는 접착력 이외에 '친밀성' 이란 의미도 있습니다.

- *Use glue to form a strong bond when repairing wood or **china**.*
- *The sheets are glued together with strong adhesive.*
- *I glued the broken teapot together with super glue.*
- *The emotional bond between mothers and babies is very important.*

- *사용하라 접착제를, (그래서) 형성해라 강력한 접착력을, 수리할 때, 나무나 **도자기**를.*
- *그 종이들은 접착되어 있다 함께, 강력한 접착제로.*
- *나는 (접착제를 사용하여) 붙였다 그 깨진 차 주전자를 함께, 강력 접착제로.*
- *감성적 친밀감, 어머니들과 아기들 사이에,은 매우 중요하다.*

Glue is being applied on a wooden board.   *These are so called Super Glue which forms a strong bond instantly.*

Conjunctions

1. You can borrow _____ books you want, _____ you must return them on time.

*2. I don't understand _____ they had a fight **over** such a trivial matter.*

3. _____ Napoleon once said, attack is the best method of defense.

*4. You should renew your visa **in time**, _____ you get in trouble.*

Prepositions

*1. _____ weeks _____ effort, we are still **nowhere** _____ finishing the work.*

2. I've sent the money _____ an envelope addressed _____ Ann.

3. Stop crying _____ spilt milk. You know better _____ anyone (that) nothing will change.

*4. Please **take** your shoes **off** _____ entering.*

5. Can we talk _____ this _____ dinner?

6. We have three weeks left _____ the holidays.

Conjunctions

1. 당신은 빌릴 수 있다 어떤 책들이라도 whatever, whichever (이미 언급된 몇 개중), 당신이 원하는, 그러나 but,

당신은 반드시 돌려줘야 한다 그들을 제 때에.

2. 나는 이해하지 않는다 (이해할 수 없다), 왜 why 그들이 가졌는지 싸움을, 그런 사소한 일로.

3. 나폴레옹이 언젠가 말했듯이 as, 공격은 최선의 방법이다, 수비의.

*4. 당신은 갱신해야 한다 당신의 비자를 **시간에 여유를 두고**, 당신이 곤란에 빠지기 전에 before.*

> or 가 답이 되기 위해서는 or you'll get in trouble 이 되어야 합니다.

Prepositions

1. 몇 주에도 불구하고 despite, 노력의 of, 우리는 있다, 여전히 근처에도 못간 near, 마치는 그 일을.

2. 나는 보냈다 그 돈을 봉투 안에 in, inside, (그 봉투는) 주소되어 있다, 앤으로 to.

3. 멈춰라 우는 것을 쏟아진 우유에 관하여 over. 당신은 안다 더 잘, 누구보다 than, 아무것도 바뀌지 않을

것이라는 것을. Ex 37

4. 벗으세요 당신의 신발들을 들어오기 전에 before/들어온 후에 after.

5. 우리는 말할 수 있나 이것에 관하여 about, 저녁 식사 하면서 over/저녁 식사 전에 before/저녁 식사 후에 after.

6. 우리는 가지고 있다, 3주를, 남겨져, 방학/휴가까지 until.

> '방학' 을 말할 때는 보통 복수형(holidays)으로 표현합니다.

이제 한글 해석을 보고 영어로 말해 볼 차례입니다.

Figurative Expressions (Sayings, Proverbs & Colloquial expressions)

so far so good to say that things have been happening successfully until now

'지금까지는 매우 좋다' 라는 직역에, 뜻도 직역 그대로입니다. 주어와 동사가 없어서 문법적으로 바른 구조는 아니나 다들 이렇게 말합니다. '뭐가 좀 어떻게 되어가나?' 라는 질문에 대한 대답으로, 밥 먹듯이 자주 사용되는 표현입니다.

- *'How's your business going?' 'So far so good.'*
- *'How's your English study going?' 'So far so good.'*
- *'How are you going with your new girlfriend/your work?' 'So far so good.'*

- *'어떻게 당신의 사업이 가고 있나? (사업 어때?)' '지금까지는 괜찮아.'*
- *'어떻게 당신의 영어 공부가 가고 있나? (영어 공부하는 것 잘 되가?)' '지금까지는 그럭 저럭….'*
- *'어떻게 당신 가고 있습니까 당신의 새로운 여자 친구와/당신의 일과?' '지금까지는 좋습니다.'*

Konglish   후래쉬

flash 는 명사로 '번쩍이는 불빛' 이고 동사로는 '(불빛 따위가) 번쩍인다' 는 뜻입니다. 물론 /f/발음을 주의하셔야 합니다. 여하간, 손전등은 flash 가 아니라 flashlight/플레시라잍/, 또는 torch/토치/라 합니다. torch 는 '횃불' 을 말하기도 합니다.

- *We shone our torches around the house, looking for the key.*
- *Do you have a flashlight (that) I can borrow? I'm **going camping** this weekend.*
- *She was the **torchbearer** who carried the Olympic torch in 2000.*
- *Lightening flashed overhead.*

- *우리는 비추었다 우리의 손전등들을 집 주위로, 찾고 있었다 그 열쇠를.*
- *당신은 가지고 있습니까 손전등을, (그것을) 내가 빌릴 수 있습니까? 나는 **갑니다 캠핑을** 이번 주말.*
- *그녀가 **성화 봉송자**였다, 그녀는 운반했다 올림픽 성화를 2000년에.*
- *번개가 번쩍였다 머리 위에서.*

Somebody left the flashlight on.

A torchbearer is carrying the torch.

Conjunctions

1. I will go to the post office _____ you're doing the shopping.

2. Three years _____ he married Liz, Peter discovered _____ she had a criminal record.

3. _____ you sell a second-hand car in Queensland, you must get a safety certificate for the car.

4. It seems _____ the meeting will never end.

Prepositions

1. Romance! Drama! Passion! They're all _____ this week's "Women" magazine.

2. It's very strange! This photo doesn't look _____ you _____ all!

3. (_____ a bus) Excuse me! I'd like to get off _____ Central Park please.

4. Mike has been welding _____ 1992.

5. Be patient! The school holidays are just _____ the corner.

6. Sprinkle shredded cheese _____ top _____ the pizza.

Conjunctions

1. 나는 갈 것이다 우체국으로(에), 당신이 하는 동안 while/할 때 when, 쇼핑을.

2. 3년 후 after/전에 before, 그가 결혼한지 리즈를, 피터는 발견했다, 그녀가 가지고 있었다고 that, 범죄 기록을.

3. 당신이 팔기 전에 before/팔 때 when/판다면 if/중고차를 퀸스랜드에서, 당신은 반드시 얻어야 한다 안전 증명서를, 그 차를 위한.

Queensland 는 Brisbane/브리즈번/이 수도로 있는 호주의 주 이름입니다.

4. 이것은 인듯하다, 그 회의는 절대 끝날 것 같지 않을 that, like.

It seems that subj + verb '뭐시기가 뭐 인듯해' 라는 말을 하고 할 때 사용하는 가장 쉬운 구조입니다. *It seems that he is gay.* 그가 게이인 것 같다. *It seems that they're not ready yet.* 그들이 준비가 되지 않은 것 같다, 아직. *It seems that Roger lived in Korea for a long time.* 로저가 살았던 것 같다, 한국에, 오랜 시간 동안.

Prepositions

1. 로맨쓰! 드라마! 정열! 그들은 있다 모두 이 주의 '여성' 잡지 안에 in.

2. 이것은 매우 이상하다! 이 사진은 보이지 않는다 당신같이 like, 전혀 at.

3. (버쓰에서 on) 실례합니다! 저는 내리고 싶습니다 중앙 공원에서 at.

4. 마익은 용접을 해오고 있는 중이다 1992년 이래로 since.

5. 참아라! 방학이 머지 않았다 around. Ex 31

'방학' 을 말할 때는 보통 복수형(holidays)으로 표현합니다.

6. 흩어 뿌려라, 채 썰어진 치즈를, 위에 on, 핏짜의 of.

이제 한글 해석을 보고 영어로 말해 볼 차례입니다.

Figurative Expressions (Sayings, Proverbs & Colloquial expressions)

lose face to become less respected

직역은 '잃다 얼굴을' 입니다. 얼굴은 한 개인을 대변합니다. 누군가가 얼굴을 잃었다는 것은 우리말에 '체면을 깎이다' 와 일맥상통 합니다.

- *He refused to admit that he **made a mistake** because he didn't want to lose face.*
- *Edward is more afraid of losing face than losing money.*
- *Things will go better if you can explain to him where he was wrong without making him lose face.*

- *그는 거부했다 받아 들이기를, 그가 **실수 했다**고, 그가 깎이고 싶어하지 않았기 때문에 체면을.*
- *엔월은 더 두려워한다 손상되는 것을 체면을, 잃는 것보다 돈을.*
- *일들이 더 나아질 것이다, 당신이 설명할 수 있다면 그에게, 어디에 그가 잘못되었었는지, 손상시키는 일 없이 그의 체면을.*

Konglish   도란쓰/트렌스

보통 가정용 변압기를 '도란쓰' 라고 하는데, transformer/트랲쓰포머/(trans 교환, 이동 + form 형태)가 맞는 표현 입니다. 자동차들이 로봇으로 변신하는 영화 제목과 동일합니다. 유의할 점은 transformer 는 가정용 소용 변압기에서 전력회사의 거대한 변압기까지 모든 규모의 변압기를 말합니다.

- *You must use a transformer or your rice cooker will soon stop working.*
- *In order to use some of my Korean appliances, I brought a (step-down) transformer with me when I came to Australia.*

- *당신은 반드시 사용하여야 한다 변압기를, 그렇지 않으면 당신의 전기 밥솥은 곧 멈출 것이다 작동을.*
- *사용하기 위하여 몇 몇을, 나의 한국 가전 제품들의, 나는 가지고 왔다 (전압을 낮추어주는) 변압기를 나와, 내가 왔을 때 호주에.*

필자의 이야기는 아니나 이렇게 하시는 분들이 많아서 적어 봤습니다. ^^;

They are all transformers.

Conjunctions

1. He is short _____ very *fit*.

2. There are many Koreans _____ English is **poor** _____ they have lived in Australia for more than 10 years.

3. Sebastian has neither phoned _____ written us _____ he left Korea 3 years ago.

4. People _____ live near busy streets tend to have more respiratory problems.

Prepositions

1. The wind was very strong _____ the weekend. It blew my umbrella *inside out*.

2. _____ my day, young people used to have some respect _____ the elderly (= elderly people).

3. We've been **go**ing **out** together _____ five years on and off.

4. The train will go _____ around 40 tunnels _____ arriving _____ Busan station.

5. The people sitting _____ us looked very *familiar*.

6. Esther always sits _____ the front row _____ the classroom.

Conjunctions

1. 그는 (키가) 작다 그러나 *but*/키가 작고 *and*, 매우 몸이 좋다. (**운동을 많이 해서 몸이 탄탄한**)

2. 있다 많은 한국인들이, 그들의 *whose*, 영어는 형편없다, 그들이 살아 왔더라도 *although*, *though*, 호주에 10년들 이상 동안.

3. 쎄바스티안은 전화도 하지 않아왔고 편지를 쓰지도 *nor*, 않아왔다 우리에게, 그가 떠난 이래로 *since*, 한국을 3년 전에.

> 동사 write 은 뒤에 a letter 를 따로 쓰지 않아도 그 자체로 '편지 쓰다' 입니다. *Don't forget to write to me!* 잊지 마라 편지하는 것을 나에게!

4. 사람들, 그들은 *who*, 산다 붐비는 거리들 근처에,은 경향이 있다, 가지는, 더 많은 호흡기 문제들을.

Prepositions

1. 바람이 매우 강했다, 주말에 *at*, *on*/주말 동안에 *during*/주말에 걸쳐서 *over*/주말 내내 *through*, *throughout*, 이것은 불어서 나의 우산을 **뒤집었다** (안쪽이 바깥으로).

2. 내가 어렸을 때는 *in*, 젊은 사람들이 가지곤 했다 약간의 존중을 나이드신 분들을 향해 *toward*, *for*. Ex 41

> elderly 는 old(늙은)의 공손한 표현입니다. 그리고, respect 는 '존경'(아랫 사람이 윗 사람에게)이 아니라, 수평적 의미인 ' 존중' 입니다. *When teachers respect their students, the students will respect them.* 선생님들이 존중할 때 그들의 학생들을, 학생들은 존중할 것이다, 그들을(선생님들을)

3. 우리는 **사귀어** 오고 있다 함께, 5년 동안 *for*, 사귀다가 말다가를 반복하며.

4. 열차는 갈 것이다, 약 40개의 터널들을 통과하여 *through*, 도착하기 전에 *before*, 부산 역에 *at*.

> until 은 '부산역에 도착하는 그 순간까지 계속' 이라는 의미가 되므로 답이 될 수 없습니다.

5. 그 사람들, 앉아 있던,은 우리 맞은 편에 *opposite*/우리 뒤에 *behind*/우리 앞에 *in front of*/우리 옆에 *beside*, *next to*/우리 근처에 *near*/우리 사이에 *between*/우리와 *with*/우리 주위에 *around*, 보였다 매우 **낯익게**.

6. 에스더는 항상 앉는다 앞 줄에 *in*, 교실의 *of*.

이제 한글 해석을 보고 영어로 말해 볼 차례입니다.

Figurative Expressions (Sayings, Proverbs & Colloquial expressions)

a wolf in sheep's clothing someone who seems to be friendly or harmless but is in fact dangerous, dishonest etc

직역은 '한 마리 늑대, 양의 옷 안의' 입니다. '양의 탈을 쓴 늑대' 라는 속담으로 잘 알려져 있죠. 목축을 주업으로 삼는 많은 서양 국가들에서, 늑대는 귀한 재산인 양을 잡아 먹는 아주 해롭고 사악한 동물입니다. 그런 사악한 늑대가 양의 옷을 입고 있는 경우이니, '겉으로는 온순하고 친절한 듯하나, 알고 보면 위험하고 정직하지 않고 교활한 사람' 을 일컫는 말입니다.

• 'Why shouldn't I go out with David? He's the nicest man (who) I've ever met.' 'Come on Michelle! He's a wolf in sheep's clothing, Can't you tell?

• He is handsome and gentle but who knows whether he is just a wolf in sheep's clothing?

• I don't understand why many educated women can't recognise a wolf in a sheep's clothing.

• '왜 내가 사귀면 안되나 데이빋과? 그는 가장 좋은 남자이다, 내가 지금까지 만난.' 제발 미쉘! 그는 겉과 속이 아주 다른 사악한 놈이다. 당신은 안 되나 분별이?

• 그는 잘 생겼고 부드럽다, 그러나 누가 아냐, 그가 단지 늑대인지, 양의 탈을 쓴?

• 나는 이해하지 못한다, 왜 많은 교육받은 여성들이 알아채지 못하는지, 겉과 속이 아주 다른 사람을.

I'm a wolf in sheep's clothing!

Konglish   포크레인

Poclain 은 1930년대 France 의 굴삭기 제조업체 이름입니다. '땅을 파다' 라는 동사 dig/딕/와 excavate/엑쓰커베잍/에서 나온 digger 나 excavator 가 굴삭기를 지칭하는 일반적으로 단어입니다.

• Damn! We can't dig such a big hole with a shovel. We need a digger/excavator.

• John has been driving/operating diggers/excavators for 20 years.

• 제기랄! 우리는 팔 수 없다 그렇게 큰 구멍을 삽 하나로. 우리는 필요하다 굴삭기가.

• 존은 운전해 오고 있다/운용해 오고 있다, 굴삭기들을 20년 동안.

A digger/excavator is digging the earth.

Conjunctions

1. I would not send my kids to a private school _____ I were you. It's too expensive for _____ you get.

2. We can start to clean up _____ everybody has gone.

3. Give the boy another chance. Then, **wait**_____ **see** _____ happens. He might surprise you.

4. I have a friend _____ nationality is Italian _____ Australian. He's got/He holds **dual nationality/citizenship**.

Prepositions

1. The inflation rate **is** now _____ 9%.

2. 'Melissa! Do you think (that) I could borrow some money _____ you?' '_____ course not.'

3. Let me start the work _____ the afternoon, will you?

4. Thailand is much hotter _____ Taiwan.

5. I **agree** _____ your mother that you shouldn't go there alone.

6. Could you wait _____ the office please?

Conjunctions

1. 나는 보내지 않을 것이다 나의 아이들을 사립 학교로, 내가 당신이라면 *if*. 이것은 너무 비싸다, 당신이 얻는 것에(비해) *what*.

2. 우리는 시작할 수 있다 청소하기를, 모든이가 간 후에 *after/*갔을 때 *when/*일단 가면 바로 *once/*갔다면 *if/*갔기 때문에 *because, since/*갔으므로 *as*.

3. 주어라 그 소년에게 또 한 번의 기회를. 그리고, **두고** *and*, **봐라**, 무슨 일이 *what*, 일어나는지. 그는 놀라게 할지도 모른다 당신을.

4. 나는 가지고 있다 한 친구를, 그의 *whose* 국적은 이탈리아인과 *and*, 호주인이다. 그는 보유하고 있다 **이중 국적**을.

Prepositions

1. 물가 상승률은 **있다** 지금 9%에 *at/*9%위에 *over, above/*9%아래 *under, below*.

2. '멜리싸! 당신은 생각하는가, 내가 빌릴 수 있다고 약간의 돈을 당신으로부터 *from?*' '물론 *of*, 아니지.'

3. 허락하세요 내가 시작하도록 그 일을, 오후에 *in*. 당신 그럴 거지?

before 나 after 는 자연스럽지 못합니다. 대신에 in the morning/evening 이 좋겠습니다.

4. 태국은 훨씬 더 덥다, 타이완보다 *than*.

5. 나는 동의한다 당신의 엄마와 *with*, 네가 가지 말아야 한다고 그곳에 혼자서.

6. 당신 기다려 주실 수 있겠습니까 사무실 밖에서 *outside/*안에서 *in, inside/*근처에서 *near/*앞에서 *in front of/*뒤에서 *behind/*사무실에서 *at?*

이제 한글 해석을 보고 영어로 말해 볼 차례입니다.

Figurative Expressions (Sayings, Proverbs & Colloquial expressions)

feel free! to tell someone that they are allowed to do something

아주 간단하면서도 매우 일상적으로 쓰는 표현으로, 직역은 '느껴라 자유롭게' 입니다. 누군가의 부탁에 대한 허락의 말로, '맘 편히 써라, 편할 대로 해라' 라는 매우 우호적인 표현입니다.

- *'Can I please use your phone for a minute?' 'Feel free.'*
- *Please feel free to stay for dinner.*
- *If you want to use my computer for your assignment, feel free.*

- *'내가 사용할 수 있겠습니까 당신의 전화기를 잠시 동안?' '그렇게 하세요.'*

please 를 넣어야 정중한 표현이 된다는 사실을 잊지 마세요.

- *제발 맘 편히 하시고 머무세요 저녁 식사를 위해.*
- *당신이 원하면, 쓰기를, 나의 컴퓨터를, 당신의 과제를 위하여, 맘 놓고 쓰세요.*

Konglish   핸들

handle 은 '손잡이' 라는 명사와 '다루다/취급하다' 라는 동사로 사용됩니다. 자전거, 문, 칼, 가방 따위의 손잡이 부분은 handle 이라 하지만, 자동차 운전대의 경우는 steering/스티어링/(항해) + wheel/휠, 윌/(바퀴)가 정확한 표현입니다. 배나 yacht /요트/의 조정간도 steering wheel 이라 합니다.

- *When you drive, you should hold the steering wheel with two hands, not with one.*
- *The steering wheel of my first car was too stiff because it did not have power steering.*
- *Leave it to me. I will handle it.*
- *The finance department handles all accounts matters.*

- *당신이 운전할 때, 당신은 쥐어야 한다 운전대를 두 손들으로, 아니고 하나(손)로(가).*
- *운전대, 내 첫 차의,는 너무 뻑뻑했다, 이것은 가지고 있지 않았기때문에 파워스티어링을.*
- *두어라 이것을 나에게 (나에게 맡겨라). 내가 처리 하겠다 이것을.*
- *재정부에서 취급한다 모든 장부/구좌 문제들을.*

door handle   *car door handle*   *knife handle*

Conjunctions

1. _____ I left the States in 2009, I have been living in Korea.

2. _____ it's cloudy today, your child had better wear sunscreen in order to prevent sunburn.

3. Be there by 5, _____ it takes.

4. She moved to Seoul, _____ many jobs are available.

Prepositions

1. *Vivian's attitude _____ her work has always been very positive.*

2. *I waited here _____ midnight, but she didn't come.*

3. *I have lost my passport. I think (that) I'm _____ big trouble.*

4. *I was cycling _____ the path when I met Gilbert.*

5. *_____ most men, Nicholas loves **pink-flowered** underpants.*

6. *I can live _____ you, so don't worry!*

Conjunctions

1. 내가 떠난 이래로 since, 미국을 2009년에, 나는 살아오고 있다 한국에.

2. 날씨가 흐리지만 although, though, 오늘, 당신의 자녀는 낫다 바르는 것이 썬스크린을, 방지하기 위하여 태양 화상을.

영어로 '~ 하기 위하여' 라는 의미를 to 부정사로 나타내는 방법은 두 가지가 있습니다. 하나는 본문처럼 in order to + verb 를 사용하는 것이고, 또 하나는 그냥 to + verb 의 형태를 사용합니다. to 부정사의 목적적 용법이니 하는 그런 것을 설명하려는 것이 아니라, to + verb 를 사용하여 '~하기 위하여' 라고 할 때는, 열에 아홉 문장 이상은 to verb 가 문두에 위치합니다. 아래 두 예문을 비교해 보세요.

To get there in time, I left earlier than usual. 도착하기 위하여 그곳에 제 시간에, 나는 떠났다 더 일찍, 보통보다.

I left earlier than usual to get there in time. 나는 떠났다 더 일찍 보통보다, (그래서) 도착했다 그곳에 제 시간에.

두 예문이 분명히 다른 의미를 가지고 있습니다. 설명이 너무 길어질 수 있으니 결론만 말씀드립니다. 현대 영어에서 to + verb 사용해서 '~하기 위하여' 라는 의미를 표현하려면, to + verb 를 문장 맨 앞에 사용하세요.

3. 있어라 (도착해라) 그곳에 다섯 시까지, 무슨 일이 있더라도 whatever.

whatever it takes, subj + verb 는 '무슨일이 있어도, 주어 + 동사 하다' 라는 표현입니다. *Whatever it takes, you must pass the the test.* 무슨 일이 있어도, 당신은 통과해야 한다 그 시험을.

4. 그녀는 이사했다 서울로, 그곳에 where, 많은 직업들이 가능하다/있다.

Prepositions

1. 비비안의 태도, 그녀의 일을 향한 towards, to,는 항상 매우 긍정적이어 왔다.

직장에서의 태도는 attitude at work 입니다.

2. 나는 기다렸다 이곳에서 자정까지 until, 그러나 그녀는 오지 않았다.

3. 나는 잃어버렸다 나의 여권을. 나는 생각한다, 내가 빠져있다고 엄청난 곤경에 in.

4. 나는 자전거를 타고 있었다 그 오솔길을 따라서 along/오솔길 위에서 on/오솔길 위로 up/오솔길 아래로 down/ 오솔길로 to/오솔길을 향하여 towards, 내가 만났을 때 길벗을.

*5. 대부분의 남자들 같이 않게 unlike, 니콜라쓰는 매우 좋아한다 **분홍 꽃 무늬의** 언더팬츠를.*

6. 나는 살 수 있다 당신 없이 without/당신과 with/당신처럼 like/당신 같지 않게 unlike/당신을 위해 for, 그러니 걱정 마라.

이제 한글 해석을 보고 영어로 말해 볼 차례입니다.

Figurative Expressions (Sayings, Proverbs & Colloquial expressions)

under fire/attack being criticized very strongly for something

물론 fire 가 '불' 이라는 뜻도 있지만, '총탄을 발사하다' 라는 동사이기도 합니다. 그래서 '불 아래에' 라고 해석하기 보다는 전장에서 '총탄이 머리위로 횡횡 날아가는 형국' 입니다. 이것에서 발전되어 '비난이 쏟아지는 상황', 즉 '엄청난 비난을 받고 있는 중' 을 뜻하는 표현입니다. be/come + under fire 의 형태로 사용되며, 거의 같은 표현으로 under attack 이 있습니다.

• The government came under fire from the Catholic Church leaders.

• The court is under fire for being too political.

• The Prosecutor's Office is under fire for unfair investigations.

• The company has been under fierce attack for closing down one of its factories and firing over 2000 employees.

• (In a battle field) We're under fire/attack! We need backup now!

• 정부는 비난을 받았다 천주교 지도자들로부터.

• 법원은 비난을 받고 있다, 너무 정치적이라는 이유로.

• 검찰청은 비난을 받고 있다, 불공정한 수사들로.

• 그 회사는 엄청난 비난을 받아오고 있다, 폐쇄한 것으로, 하나를, 이것의 공장들의, 그리고 해고한 것으로 이천 이상의 직원들을.

• (전장에서) 우리는 공격을 받고 있다! 우리는 필요하다 지원이 지금!

전쟁 영화에서 자주 나오는 대사입니다. ^^;

Konglish   크락숀

Klaxon/클랙쓴/은 옛날, 경찰차나 관용차에 달려있는, 소리가 매우 큰 경음기를 지칭하는 상표명이었습니다. '경음기' 는 horn/혼/이라 하고 '경음기를 울리다' 는 sound(소리 내다) + horn 이라 합니다.

• I had to sound the horn when a car suddenly came into the lane in front of me without indicating.

• I sounded the horn to warn other drivers of the changed traffic condition.

• In Australia, you shouldn't sound the horn in order to call someone out of their home.

• 나는 울려야 했다 경음기를, 자동차가 갑자기 들어왔을 때 차선으로 내 앞에, 방향지시 없이.

• 나는 울렸다 경음기를 (그리하여) 경고했다 다른 운전자들을 바뀐 교통 조건에 관해.

• 호주에서는, 당신은 울려서는 안 된다 경음기를, 불러내기 위하여 누군가를 그들의 집 밖으로.

Conjunctions

1. It was a very cold wintry day _____ I put my jumper on.

2. _____ you pass the interview, you cannot get the job.

3. Gary couldn't believe his eyes _____ she opened the door naked.

4. Your criminal record will always follow you _____ you go, _____ you die.

Prepositions

1. All children must be kept _____ parental supervision _____ all times.

*2. Molly saw Peter _____ **town** _____ his ex-girl friend.*

3. _____ course, my mother wanted to know all _____ it.

*4. She was the oldest _____ all the **girls** _____ the party.*

5. My husband often works late _____ night.

6. I heard a strange noise coming _____ the room _____ the kitchen.

Conjunctions

1. 이것은 매우 추운 겨울 날이었다, 그래서 so, 나는 입었다 나의 점퍼를.

2. 당신이 통과하지 않으면 unless/통과하기 까지는 until, 면접을, 당신은 얻을 수 없다, 그 직업을.

3. 게리는 믿을 수 없었다 그의 눈을, 그녀가 열었을 때 when/열었기 때문에 because, since/열었으므로 as, 그 문을, 나체로 (벗은 채로). Ex 8

4. 당신의 범죄 기록은 항상 따를 것이다 당신을, 당신이 어디를 가든지 wherever, 당신이 죽을 때까지 until.

Prepositions

1. 모든 어린이들은 반드시 유지되어야 한다 부모의 감독하에 under, 항상 at.

수영장이나 놀이 공원 같은 곳에서 흔하게 볼 수 있는 경고문입니다.

*2. 몰리는 봤다 피터를 **시내**에서 in, 그의 전 여자 친구와 with.(여자 친구와 함께 있는 피터를 보았다)*

3. 물론 of, 나의 엄마는 원했다 알기를, 모든 것을 그것에 관하여 about.

*4. 그녀가 가장 나이가 많았다, 모든 **젊은 여자**들 중에서 among, 파티에서 at.*

girl 은 '소녀' 라는 뜻 말고도 '젊은 여자' 또는 '아가씨' 들을 의미하기도 합니다.

5. 나의 남편은 종종 일한다 늦게(늦은) 밤에 at.

'밤 늦게까지' 는 work until late night 또는 unitl late at night 입니다.

6. 나는 들었다 이상한 소리를 (소리는) 왔다, 방으로부터 from, 부엌 위의 above/아래의 below/옆의 next to, by, beside/가까이의 near/맞은편의 opposite.

이제 한글 해석을 보고 영어로 말해 볼 차례입니다.

Figurative Expressions (Sayings, Proverbs & Colloquial expressions)

fishy to seem bad or dishonest

일단 /f/ 발음 유의하시고요. fish 는 우선 '생선'이고 fishy 는 형용사로 '비린내가 나는' 입니다. 물론 실제로 비린내나 생선 냄새가 날 때 사용하기도 합니다만, 무언가가 fishy 하다는 것은 '뭔가 정직하지 못하고 수상 쩍다' 라는 말입니다. 우리말에 '뭔가 구린내가 난다' 와 비슷한 표현입니다.

• *There's something very fishy about his business/him.*

• *I don't know exactly what he is doing now, but I'm sure (that) whatever it is, it's fishy.*

• *Frank said (that) there was nothing to worry about, but it all sounded very fishy to me.*

• *'Umm! It smells fishy.' 'Of course, it's fish!'*

• *있다 무엇인가 매우 구린, 그의 사업에 관하여/그에 관하여.*

• *나는 모른다 정확히, 무엇을 그가 하고 있는지 지금, 그러나 나는 확신한다, 무엇이든지간에 그것이, 그것은 뭔가 수상쩍다.*

• *Frank 는 말했다, 없다고 아무것도, 걱정할 관한, 그러나 이것은 모두 들렸다 매우 수상쩍게 나에게는.*

• *'음~~~! 이것은 난다 생선 냄새가.' '물론이지, 이것 생선이야!'*

Konglish　　　　　　　오토

흔히 '아무개의 차가 오토다' 해서 단어 '오토' 를 '자동 변속기가 달린' 정도의 의미로 많은 사람들이 사용합니다. 물론 auto/오토/가 어떤 단어 앞에 붙어 '자동의' 라는 뜻을 더해주기는 합니다만 단독으로 사용되는 경우는 거의 없습니다. 그래서 My car is auto 라고 하면 영어권 사람들은 잘 알아 듣지 못합니다. 바른 표현은 has + an automatic transmission /트랜쓰미쎤/(변속기)으로 표현합니다. auto 의 또 다른 대표적 의미는 '자동차'(automotive/오토모팁/의 준말)입니다. 그리고 수동은 stick/스틱/(막대기)이 아니라 manual/매뉴얼/ transmission 또는 stick shift 입니다.

• *My car has (got) an automatic/manual transmission.*

• *I prefer a car with an automatic transmission. It is really convenient to drive, especially in a city where I have to stop every 30 seconds.*

• *Cars with an automatic transmission generally use more fuel than ones with a manual transmission.*

• *The **auto/car** industry has suffered the most during the recession.*

• *Let's collect some sticks to start the fire.*

• *My grandfather always walks with a stick.*

They are working at an auto-assembly line.

• *나의 차는 가지고 있다 자동/수동 변속기를.*

• *나는 선호한다 차를, 자동 변속기가 달린. 이것은 정말 편리하다 운전하기에 특히 도시에서, 그곳에서 나는 멈추어야 한다 매 30초들 마다.*

• *자동차들, 사동 변속기가 달린,은 일반적으로 사용한다 더 많은 연료를, 그것들보다, 수동 변속기가 딸린.*

• ***자동차** 산업은 고생했다 가장 많이 불경기 동안.*

• *모으자 약간의 나뭇가지들을, (그래서) 피우자 불을.*

• *나의 할아버지는 항상 걷는다 지팡이와. (지팡이를 짚고 걷는다)*

Conjunctions

1. It was 2009 _____ I first met my wife/husband/girlfriend/boyfriend.

2. The airfare to Seoul/Europe is much more expensive in December _____ I expected.

3. I don't want to wait _____ you finish the meeting. I will call you later.

4. _____ the city spent over a million dollars on its museums and stadiums, it failed to look after its schools.

Prepositions

1. Cut the rope _____ this knife.

2. My best friend lives just _____ the road.

3. It's so hot! I'm dying _____ ice cold beer.

4. These days, shopping is *as easy* _____ *pie*, thanks _____ the Internet.

5. Johnny! Pay back the money _____ 24 hours or I will take your car.

6. This movie is not suitable _____ viewers _____ the age _____ 15.

Conjunctions

1. 이것은 2009년 이었다, 그 때 *when*, 나는 처음으로 만났다 나의 아내/남편/여자친구/남자친구를.

2. 항공 요금, 서울/유럽으로,은 훨씬 더 비싸다 12월에는, 내가 예상했던 것보다 *than*/내가 예상했듯이 *as*.

'내가 예상했듯이' 라고 하려면, ~ in December, as I expected. 라고 해야 합니다. comma 에 주의하세요. 말할 때는 상관없습니다. comma 를 읽지는 않으니.

3. 나는 원하지 않는다 기다리기를, 당신이 끝낼 때까지 *until*, 회의를. 나는 전화하겠다 당신을 나중에.

4. 그 도시가 소비한 반면에 *whereas*, *while*, 백만 달러쓰 이상을 이것의 박물관들과 경기장들에, 이것은 실패했다 돌보는데 이것의 학교들을.

spend $$$ on something 돈($$$)을 something 에 쓰다. *James has spent $80,000 on his new car.* 제임쓰는 썼다 팔만 달러를 그의 새로운 차에. *Women generally spend more (money) on their clothes.* 여자들은 일반적으로 사용한다 더 많이 (돈을) 그들의 옷에.

Prepositions

1. 잘라라 그 밧줄을 이 칼로 *with*.

2. 나의 가장 절친한 친구는 산다, 바로 이 길 건너에 *over*, *across*/길 아래쪽에 *down*/길 위쪽에 *up*.

친구가 노숙인 일 경우에는 on 이나 near 도 답이 될 수 있습니다.^^;

3. 이것은 너무 덥다! 나는 죽도록 원한다 얼음(처럼) 차가운 맥주를 *for*. Ex 44

4. 요즈음, 쇼핑은 **식은죽 먹기다 (정말 쉽다)** *as*, 인터넷 덕분에 *to*. Ex 139

5. 조니! 갚아라, 그 돈을, 24시간들 이내에 *within*/24시간들 만에 *in*, 그러지 않으면, 나는 취할(가질) 것이다 당신의 차를.

6. 이 영화는 적절치 않다, 시청자를 위해 *for*, 나이 미만의 *under*, 15세의 *of*.

under the age of 15 을 간단하게 under 15 라고도 합니다.

이제 한글 해석을 보고 영어로 말해 볼 차례입니다.

Figurative Expressions (Sayings, Proverbs & Colloquial expressions)

like a fish out of water to feel uncomfortable because someone is in an unfamiliar place or situation

직역은 '물 밖의 물고기 같다' 입니다. 물 속에서 살아야 하는 물고기가 물 밖으로 나오게 되면 그 물고기는 뭔가 많이 불편해 집니다. 익숙하지 않은 장소나 상황에서 느끼는 불편함과 어색함 나타내는 표현입니다.

• *I felt like a fish out of water at my new school.*

• *Peter felt like a fish out of water at the party.*

• *After living in Korea for most of his life, Lee was like a fish out of water in Canada.*

• *All the other children have wealthy, middle-class parents, so Alice often feels like a fish out of water at school.*

• *나는 어색했다 나의 새로운 학교에서.*

• *피터는 어색했고 불편했다 파티에서.*

• *산 이후에, 한국에서, 대부분 동안, 그의 삶의, 리는 어색하고 불편했다 캐나다에서.*

• *모든 다른 아이들은 가지고 있다 부유한, 중산층 부모들을, 그래서 엘리쓰는 종종 어색하고 불편하다 학교에서.*

A fish out of water; a gold fish has just got out of the fish tank.

Konglish   악셀

'악셀' 은 accelerator/액쎌러래이터/의 준말입니다. 당연히 영어에서는 가속기를 '악셀' 이라고 줄여 쓰지 않습니다. 동사 accelerate /액쎌러래잍/(가속화 하다)에서 나왔습니다.

• *(During a driving lesson) Put your foot on the accelerator and press it gently. Then your car will start to move.*

• *(During a driving lesson) Sorry! I accidentally stepped on the accelerator instead of the brake.*

• *My new sports car accelerates from 0 to 100 **kph** (kilometers per hour) in 7 seconds.*

• *New measures have been introduced to accelerate the rate of economic growth.*

• *(운전 교습 중에) 두세요 당신의 발을 가속기에 그리고 누르세요 그것을 부드럽게. 그러면, 당신의 자동차는 시작할 것 입니다 움직이기.*

• *(운전 교습 중에) 미안합니다! 제가 실수로 밟았습니다 가속기를, 브레익 대신에.*

• *나의 새로운 스포즈카는 가속한다 0 에서 100 킬로미터쓰로 **시속** 7초에.*

• *새로운 방법(제도)들이 소개 되었다, (그래서) 가속화 시킨다 속도를, 경제 성장의.*

Conjunctions

1. Make sure _____ you **put** your hat **on** _____ you go out.

2. This is not _____ I want. Can you show me another one please?

3. We can leave _____ you're ready.

4. _____ he **wins the championship** or not, he is still the best swimmer _____ Korea has ever had.

Prepositions

1. Have you seen the book _____ a green cover (which) I borrowed _____ the library?

2. Why are you spending money like there's no tomorrow. **Save** some _____ **a rainy day** or you will regret it.

3. I'm sorry. Mr. Robinson is _____ lunch now.

4. Please give me a call _____ my mobile as soon as you get this message.

5. Mike! You should not drive _____ the influence _____ alcohol. (You shouldn't drink and drive)

6. Drink driving is _____ **the law** _____ Australia, just like _____ many other countries.

Conjunctions

1. 확실히 해라, 당신이 쓰는 것을 (that), 당신의 모자를, 당신이 나가기 전에 before/나갈 때 when/나간 다면 if.

2. 이것이 아닙니다, 내가 원하는 것이 what. 당신은 보여 주시겠습니까 나에게 다른 하나의 것을?

3. 우리는 떠날 수 있다, 당신이 준비되었을 때 when/일단 준비되면 once/준비 되었다면 if/준비되었기 때문에 because, since/준비되었으므로 as.

4. 그가 **우승하**든지 아니든지 whether, (상관없이), 그는 여전히 최고의 수영선수이다, 그를 (who) 한국이 지금까지 가져 본.

Prepositions

1. 당신은 보았나 그 책을, 녹색 표지로 되어 있는 with, (그것을) 내가 빌렸다 도서관으로부터 from?

2. 왜 당신은 쓰느냐, 돈을, 없는 것처럼 내일이. **아껴라** 좀 어려울 때를 대비하여 for, 그렇지 않으면 당신은 후회할 것이다 그것을. Ex 141.

3. 미안합니다. 미스터 로빈슨은 있습니다 점심 식사에(식사 중) at, 지금.

4. 주세요 저에게 전화를 내 휴대 전화기에 on, 당신이 받는 즉시, 이 메씨지를.

5. 마익! 당신은 운전해서는 안 된다, 영향 하에서는 under, 알코올의 of. (당신은 음주운전해서는 안 된다)

6. 음주 운전은 **불법**이다 against. 호주에서 in, 많은 다른 나라들에서 in, 그런 것 처럼.

이제 한글 해석을 보고 영어로 말해 볼 차례입니다.

Figurative Expressions (Sayings, Proverbs & Colloquial expressions)

put one's foot in one's mouth to say something stupid or embarrassing without thinking carefully so that one regrets it later.

직역은 '넣다 누군가의 발을 그 누군가의 입으로' 입니다. 발을 입에 넣어 본 사람은 몇 없겠지만, 발을 입에 넣고 있는 황당하고 멍청한 모습에서, '무심코 툭 내뱉은 말이 듣는 사람과 말하는 사람 모두를 민망하고 당황하게 한다' 라는 표현입니다. 짧게 '말 실수 하다' 입니다. 예문을 보시면, 많은 분들이 비슷한 경험이 있을 듯합니다.

• *I've really put my foot in my mouth this time. I didn't realize (that) she was his wife.*

• *I really put my foot in my mouth with Julie. I didn't know (that) she was a vegetarian.*

• *Bob put his foot in his mouth when he asked Hannah how her husband was. He forgot (that) Hannah's husband died last year.*

• *나 정말 말 실수했다 이번. 난 몰랐다, 그녀가 그의 아내인 것을.*

• *나는 정말 말 실수했다 줄리와(에게). 나는 알지 못했다, 그녀가 채식주의자인 것을.*

• *봅은 해서는 안 될 말을 했다, 그가 물었을 때 헤나에게, 어떻게 그녀의 남편이 지내는지. 그는 깜빡했다, 헤나의 남편이 죽었다는 것을 작년.*

He has put his foot in his mouth.

Konglish   룸미러

room mirror 란 단어를 들었을 때 영어권 사람들이 가장 먼저 떠올릴 의미는 '방안의 거울' 정도 입니다. 아무리 생각해 봐도 자동차의 '후방 주시 거울' 을 의미하지는 않습니다. 후방 주시 거울은 글자 그대로 rear (후) + view (시각) + mirror = rearview mirror/리어뷰미러/ 입니다. 그리고 발음은 /밀러/가 아니라 /미러/입니다. 영어 철자 r 은 절대 한글의 아래 받침 'ㄹ' 로 발음되지 않습니다. 반대로 철자 l 은 항상 한글의 아래 받침 'ㄹ' 로 발음됩니다. 다음 단어들을 비교하시어 발음해 보세요. *alive*/얼라이브/ vs *arrive*/어라이브/, *KAL*/칼/대한항공 vs *car*/카/, *Miller*/밀러/이름의 성 vs *mirror*/미러/

• *You need to adjust the rear-view mirror before you drive.*

• *You have to check the rear-view mirror **from time to time** while (you are) driving.*

• *Some people never check the rear-view mirror while (they are) driving.*

• *당신은 필요가 있다 조절할, 후방 주시 거울을, 당신이 운전하기 전에.*

• *당신은 확인해야 한다 후방 주시 거울을 **가끔씩**, (당신이) 운전 하는 도중에.*

• *어떤 사람들은, 절대 확인하지 않는다 후방 주시 거울을, (그들이) 운전 하는 도중에.*

Conjunctions

1. One of the students kept laughing, _____ annoyed the teacher a lot.

2. Did you know the girl _____ we saw at the restaurant last night? It was Silvia.

3. Does anyone know the reason _____ Charlie always **flirts** with every girl _____ he meets?

4. Jessica! _____ I told you already, I don't have money to lend you.

Prepositions

1. Mitchell is very angry because there is no public holiday _____ November.

2. The library was _____ here but it has gone now.

3. Please leave your bicycle _____ the building.

4. Rose walked _____ the streets, looking _____ shop windows.

5. The air quality _____ country towns is usually better _____ that _____ big cities.

6. The cat jumped _____ her lap and went to sleep.

Conjunctions

1. 하나, 그 학생들의,가 계속해서 웃었다, 그것은 *which*, 짜증나게 했다 선생님을 매우.

문법적으로 comma (,) 뒤에는 that 이 오지 않습니다.

2. 알았느냐 당신은 그 여자를, 우리가 보았던 *(who)*, 그 식당에서 어젯 밤? 이것은 씰비아였다.

3. 누구든 아느냐 그 이유를 왜 *why*, 찰리가 항상 **찝쩍대**는지 모든 여자와(에게), 그가 만나는 *(who)*?

구어체에서 목적격 who 는 대부분은 생략합니다.

4. 제씨카! 내가 말했듯이 *as*, 너에게 이미, 나는 가지고 있지 않다 돈을, 빌려줄 너에게.

Prepositions

1. 미첼은 매우 화가 나있다, 없기 때문에 공휴일이 11월에 *in*/11월 전에 *before*/11월까지는 *until*.

2. 도서관은 있었다 이 근처에 *near, around*, 그러나 이것은 가 버렸다(없어졌다) 지금은.

3. 두세요 당신의 자전거를 건물 바깥에 *outside*/안쪽에 *inside*/안에 *in*/근처에 *near*/뒤에 *behind*/앞에 *in front of*.

4. 로즈는 걸었다 그 거리들에서 *on*/거리 위로 *up*/거리들 아래로 *down*/거리들을 따라서 *along*/보면서 상점 유리창들 속을 *in, into*.

look at 을 쓰면 유리창 자체를 보고 다녔다는 독특한 의미가 됩니다.

5. 공기 품질, 시골 마을들의 *of*/시골 마을들 안의 *in*,은 대체로 더 좋다 그것(공기 품질)보다 *than*, 대도시들의 *of*/대도시들 안의 *in*.

6. 그 고양이는 뛰어올랐다 그녀의 무릎 위로 *on, onto*/무릎에서 내려와 *off*/무릎을 넘어서 *over*, 그리고 가서 잤다.

이제 한글 해석을 보고 영어로 말해 볼 차례입니다.

Figurative Expressions (Sayings, Proverbs & Colloquial expressions)

it's not funny to tell someone not to laugh at or make jokes about something because it is serious

직역은 '이것은 웃기지/우습지 않다' 입니다. 우습지 않은 일, 즉 심각한 일이니 '웃을 일이 아니다' 나 '농담 하지마' 라는 표현입니다.

- Jeremy! It's not funny! He's bleeding.
- It's not funny! I'm the one who's going to get blamed for this.
- Hey girls! It's not funny! We have two flat tyres but we only have one spare.

- 제레미! 웃을 일이 아니다! 그는 피난다. (다쳐서 피를 흘리는 상황)
- 웃을 일이 아니야! 내가 그 사람이다, 그는 받게 될 것이다 비난을 이것으로.
- 아가씨들아! 웃을 일이 아니다! 우리는 가지고 있다 두 개 구멍난 타이어들을, 그러나 우리는 단지 가지고 있다 하나 여분 (타이어)을.

Konglish   빽밀러

back mirror, 뒤에 붙은 거울이 아니라, 옆에 붙은 side mirror/싸인 미러/가 바른 표현입니다.

- Make sure (that) you check your side mirror and over your shoulder before changing lanes.
- Some *idiot* smashed one of the side mirrors on my car last night.
- My new car has indicators/blinkers on the side mirrors.

- 확실히 하게 해라, 당신이 확인하는 것, 당신의 싸인 미러와 당신 어깨 너머를, 변경하기 전에 차선들을.
- 어떤 **꼴통**이 박살냈네 하나를, 싸인 미러들의, 내 차(위)의,를 지난 밤.

some 은 명사 앞에서 양을 나타내는 말(몇 몇)로도 사용되지만, 여기서처럼 '어떤(막연)' 라는 의미로도 사용됩니다.

- 나의 새로운 차는 가지고 있다 방향 지시등들을, 싸인 미러들에.

a side mirror with an indicator/blinker

Conjunctions

1. _____ happens (No matter what), I will finish the work by Friday.

2. _____ did this, he or she will **pay** for it.

3. Can I please use your tools _____ you've finished?

4. Caroline, _____ you leave, let me know your contact details, _____ we can keep in touch.

Prepositions

1. Why did you have to embarrass me _____ all those people?

2. Sun exposure is the primary source _____ vitamin D.

3. I was born _____ July 1st.

4. Peter **help**ed me _____ so many things, _____ a friend, not _____ my boss.

5. They have been playing _____ the pool _____ this morning.

6. We only got back _____ Korea **the day** _____ **yesterday** (= two days ago).

Conjunctions

1. 무슨 일이 *whatever* 일어나더라도, 나는 끝내겠다 그 일을 금요일까지.

2. 누가 했든지 *whoever*, 이것을, 그나 그녀는 **댓가를 치를** 것이다 그것을 위해(그것에 대한).

3. 내가 사용해도 되겠습니까 당신의 연장들을 당신 끝낸 후에 *after*/끝냈을 때 *when*/당신이 끝냈다면 *if*/당신이 일단 끝내게 되면 *once*?

4. 캐롤라인! 당신이 떠나기 전에 *before*/떠날 때 *when*/떠난다면 *if*, 알려주세요 나에게, 당신의 연락 사항들을, 그래서 *so*, 우리는 계속해서 연락할 수 있지요.

Prepositions

1. 왜 당신은 해야 했나 당황하게 나를 모든 그 사람들 앞에서 *in front of*?

2. 태양 노출은 주된 원천이다 바이타민 D의 *of*,

3. 나는 태어났다 7월 1일 *on*.

4. 피터는 도와주었다 나를 매우 많은 것과(에) *with*, 친구로서 *as*, 나의 상관으로서 *as*, 가 아니고.

> help someone with something 돕다, 누군가를 something (에) *Don't worry! I will help you with your homework.* 걱정마! 내가 돕겠다 당신을 당신의 숙제와.

5. 그들은 놀아오고 있다 수영장에서 *at*/수영장 안에서 *in*/주위에서 *around*/근처에서 *near*/가에서 *by*/옆에서 *beside*, *next to*/앞에서 *in front of*/뒤에서 *behind*, 이(오늘) 아침 이래로 쭉 *since*.

6. 우리는 막 돌아왔다 한국으로 *to*/한국으로부터 *from*, **그저께** *before*.

Figurative Expressions (Sayings, Proverbs & Colloquial expressions)

people (who live) in glass houses shouldn't throw stones to say that one should not criticize someone when the person has the same fault

직역은 '사람들, (그들은 살고 있다), 유리집 안에,은 던져서는 안 된다 돌들을' 입니다. 유리집에 사는 사람들은 자신의 유리벽(허물)은 잘 보지 못하고 남의 허물만 보게 됩니다. 자신의 허물을 보지 못하고 남에게 돌을 던지면 결국은 자기집의 유리벽을 깨게 됩니다. '자신의 허물을 보지 못하고 남의 허물을 비난해서는 결국 자신에게도 해가 된다' 라는 속담입니다. 우리 속담에 '똥 묻은 개가, 겨 묻은 개 나무란다' 와 비슷합니다.

• *'Look at what time it is! You are late again!' 'Hey, how often do you arrive on time? People who live in glass houses should not throw stones.'*

• *Brad's always criticizing Ricky for the way he treats his wife, but Brad isn't much better with his wife. People who live in glass houses shouldn't throw stones.*

• *'봐라 몇 시인지! 너 늦었어 또! ' '이봐, 얼마나 자주 당신은 도착하나 제 시간에? 너나 잘해라.'*

• *브랜은 항상 비난한다 리키을, 방식에, 그가 대하는 그의 아내를. 그러나, 브랜은 그리 낫지 않다 그의 아내와(아내를 대하는데 있어). 똥 묻은 개가 겨 묻은 개를 욕해서는 안 된다.*

Konglish   썬팅 (자동차 유리 등에)

sun + tint (색조) = '태양을 막는 색조' 라는 정도의 의미로, 유리창에 색조를 입힌 것을 '썬팅' 이라 합니다. 물론, 영어권에서는 사용하지 않는 단어로, 바른 표현은 tinted (색조가 들어간) + window (창) 입니다. window tinting 은 '창에 색조 넣기' 입니다.

• *Tinted windows are an option. It will cost an extra $800.*

• *For most people, the main reasons for having tinted windows are ensuring privacy and blocking UV rays.*

• *Tinting the windscreen/windshield is **illegal/against the law**.*

• *I bought A4 (size) paper with a **yellowish** tint.*

• *색조가 들어간 유리창들은 선택 사양 입니다. 이것은 비용이 들 것입니다 추가적인 $800.*

• *대부분의 사람들에게, 주된 이유들, 가지는 색조 유리창들을,은 보장하는 것이다, 사생활을, 그리고 막는 것, 자외선들을.*

• *색조 넣는 것, 자동차 앞 유리를,은 **불법**이다.*

• *나는 샀다 A4 (크기) 용지를 **누리끼리**한 색조가 있는.*

bluish 푸르스름 (청), whitish 허연, reddish 불그스레, greenish 푸르스름 (녹)

The car has got tinted windows. 필자의 차는 아닙니다. ^^;

Conjunctions

1. _____ number you dial, he will not answer.

2. I don't believe _____ he has been having an affair with his secretary.

3. We didn't enjoy the day _____ the weather was so awful.

4. _____ he ended his life by throwing himself off a cliff, he will be remembered as the best president in Korean history by many Korean people.

Prepositions

1. You will see the invoice _____ the package.

2. Make sure (that) all the lights are off _____ leaving the shop/office.

3. We'll see you _____ Christmas.

4. You don't have to shout _____ me. I'm not deaf.

5. The car **crash**ed _____ a tree and got completely destroyed, but the driver survived.

6. Jason was _____ his hands and knees, **search**ing _____ something.

Conjunctions

1. 어떤 번호를 _whichever, whatever_ 당신이 걸든지, 그는 답하지(받지) 않을 것이다.

2. 나는 믿지 않는다(믿을 수 없다), 그가 바람을 피워오고 있다고 _that_, 그의 비서와.

3. 우리는 즐기지 않았다(못했다) 그 날을, 날씨가 매우 안 좋았기 때문에 _because, since_/좋지 않았으므로 _as_.

4. 그가 끝냈지만 _although, though_ 그의 삶을, 던짐으로써 그 자신을 절벽으로부터, 그는 기억될 것이다, 최고의 대통령으로서 한국 역사에서, 많은 한국 사람들에 의해.

Prepositions

1. 당신은 볼 것이다 세금 계산서를 포장 위에 _on_/포장 안에 _in, inside_/포장과 _with_.

2. 확실히 해라, 모든 등들이 꺼지는 것을, 떠나기 전에 _before_, 상점/사무실을.

3. 우리는 볼 것이다 당신을 크리쓰마쓰에 _at_/날 전에 _before_/날 후에 _after_/날 까지는(한 번) _by_.

> Christmas Day 앞에는 요일(day)앞에 오는 on 이 옵니다. _I'll be at home on Christmas Day._ 나는 있을 것이다 집에 성탄절에.

4. 당신은 필요 없다, 소리칠 나에게 _at_, 나는 귀 먹지 않았다.

5. 그 차는 충돌했다 나무로 _into_, 그리고, 되었다 완전히 파괴, 그러나 운전자는 살아나왔다.

> crash 뒤에는 보통 '처박혔다' 라는 느낌으로 into 를 사용합니다. _The plane crashed into a mountain, killing everyone on board._ 그 비행기는 충돌(처박혔다)했다 산으로, 죽였다 모든 사람을, 승선한.

6. 제이슨은 있었다, 그의 손들과 무릎들이(바닥에 닿아) _on_, 찾고 있었다 무엇인가를 _for_.

이제 한글 해석을 보고 영어로 말해 볼 차례입니다.

Figurative Expressions (Sayings, Proverbs & Colloquial expressions)

it's freezing to say that the temperature is extremely cold

직역은 '이것이 얼리는' 입니다. freezing 은 동사 freeze 에서 나온 형용사입니다. 기온이 매우 낮을 때 사용하는 표현으로 '매우 춥다', 사투리로는 '겁나게/허벌나게 춥다' 입니다. 비슷한 표현으로는 freeze to death (얼어 죽는다)가 있습니다.

- It's freezing here. Can you turn on the heater please?
- It was freezing in Canada when I visited it in December.
- I'm freezing to death. Don't you have something warm like coffee or tea?
- We nearly froze to death on the mountain while camping, although we had sleeping bags.

- 겁나게 춥다 여기. 당신 켜 주시겠습니까 난방기를?
- 정말 추웠다 캐나다에서, 내가 방문했을 때 그것을 12월에.
- 나는 얼어 죽을 지경이다. 당신은 가지고 있지 않나 무언가를, 따뜻한, 커피나 차 같이?
- 우리는 거의 얼어 죽을 뻔 했다 산에서, 야영하는 동안, 우리가 가지고 있었지만 침낭들을.

Konglish   빵꾸

빵꾸는 puncture/펑쳐/에서 punc/펑크/만 발음되어 나온 말입니다. puncture 는 보통 공이나 타이어 따위에 생기는 '작은 구멍' 을 뜻하고, 동사로는 그런 '작은 구멍을 내다' 입니다. 자동차 타이어가 바람이 빠진 모양은 납작해졌다고 해서 flat tire 라 합니다.

- Damn! I've got a flat tire. I guess (that) a piece of glass punctured it.
- Some drivers don't even know how to replace a flat tire.
- I think (that) the front/back tires are rather flat. You need to put some air in them.
- This ball is rather flat. It may have a puncture.

- 제기랄! 나 가지고 있네 바람 빠진 타이어를(빵꾸 났다). 나는 추측한다, 유리 조각이 구멍을 냈다고 이것을.
- 몇 몇 운전자들은 심지어 모른다, 어떻게 교체하는지 바람 빠진 타이어를.
- 나는 생각한다, 앞/뒤 타이어들이 다소 바람이 빠졌다고. 당신은 필요하다, 넣을, 약간의 공기를 그들(타이어들) 안으로.
- 이 공은 다소 바람이 빠졌다. 이것은 아마 가지고 있을지도 모른다 작은 구멍을.

She doesn't seem to know how to change flat tires.

Conjunctions

1. Both Owen _____ Jessy have passed the test.

*2. I am **in charge** of the marketing division _____ the boss is away on a business trip to Europe.*

3. Mr. Han bought a drum set from a local music shop last week, _____ he doesn't have time to practice.

4. I know a lady _____ home is in LA. You may be able to stay with her _____ you are there.

Prepositions

1. There are more than 20 bridges _____ the Han River.

2. I wanted to punch him _____ the nose when I saw him _____ his ex-girlfriend.

3. Yesterday some boys threw stones _____ me _____ my way home _____ school.

4. Sarah was obviously embarrassed when her boyfriend flirted _____ other women _____ front _____ her.

5. You should have seen Brad when Sally arrived. He was _____ a kid _____ a candy store.

*6. Johnson **pulled over** when he saw the flashing light _____ a police car _____ the rear view mirror.*

Conjunctions

1. 둘 다 오웬과 and, 제씨는 통과했다 그 시험을.

*2. 내가 **책임지고** 있다 영업 부서를, 상사가 떠나있는 동안에 while/떠나있기 때문에 because, since/떠나있으므로 as, 출장으로 유럽으로.*

3. 한 선생님은 샀다 드럼셑을 동네 음악 상점으로부터 지난 주, 그러나 but, 그는 가지고 있지 않다 시간을, 연습할/가지고 있지 않을 지라도 although, though. 시간을 연습할.

4. 나는 알고 있다 한 여인을, 그녀의 whose, 집은 있다 엘레이에. 당신은 머물 수도 있을지도 모른다 그녀와, 당신이 있을 때 when/있는 동안에 while, 그곳에.

Prepositions

1. 있다 20 개가 넘는 다리들이, 한강을 가로지르는 across/한강 위로 over.

2. 나는 원했다 주먹 날리기를 그를 (의) 코에 on, in, 내가 보았을 때 그를 그의 전 여자 친구와 with.

접촉을 표현하는 동사 + 사람 + on/in + 부위 *Adam kissed Sarah on her lips/cheek/hand.* 애덤은 뽀뽀했다 쎄라를, 그녀의 입술들/볼/손에. *Sarah slapped/kicked Adam on his face/ass.* 쎄라는 찰싹 때렸다/발로 찼다 애덤을, 그의 얼굴/엉덩이에. Ex 43 에도 설명되어 있습니다.

3. 어제 몇 몇 사내 아이들이 던졌다 돌들을 나에게(맞으라고) at, 가는 길에 on, 집으로, 학교로부터 from.

throw something to 받으라고 던지다. *I threw the ball to my sister.* 나는 던졌다 공을 나의 여형제에게.

4. 쎄라는 분명히 당황했었다, 그녀의 남자 친구가 찝쩍댔을 때, 다른 여자들과 with, 그녀 앞에서 in ~ of.

flirt with someone 찝쩍대다 누군가와(에게) *Jason always flirts with waitresses.* 제이슨은 항상 찝쩍댄다 웨일리쓰들에게.

5. 당신은 보았어야 했다 브랜을, 쎌리가 도착했을 때. 그는 아이 같았다 like, 사탕 가게 안의 in. (사탕 가게의 아이처럼 어쩔 줄을 모르고 좋아했다)

*6. 존슨은 **차를 세웠다**, 그가 보았을 때 번쩍이는 등을 경찰차의 of, 후방 거울 속에 in.*

phrasal verb 인 pull over 는 옛날 마차가 다니던 시절, 마차를 세울 때, 고삐를 위로 당기는 것을 어원으로 하고 있습니다. 달리는 자동차를 세우는 경우에만 사용합니다.

이제 한글 해석을 보고 영어로 말해 볼 차례입니다.

Figurative Expressions (Sayings, Proverbs & Colloquial expressions)

play games to behave in a dishonest or unfair way in order to get something

직역은 '하다, 놀이들을' 입니다. Let's play some games! 같은 문장에서는 말 그대로는 '그냥 좀 게임을 하면서 놀아 보자' 이지만, 상황에 따라서는, '원하는 것을 얻기 위하여, 정직하지 못하고 공정하지 못한 행위를 하다' 라는 의미로 사용합니다. 간단하게 '잔머리 굴리다' 또는 '어떤 꿍꿍이를 품다' 정도의 의미로 사용해도 무방합니다.

• *Are you playing games with me now? You'd better not. Otherwise, you'll regret it.*

• *Are you sure (that) he's really interested, and not just playing silly games with you?*

• *Stop playing games! You think (that) I don't know what you have been doing?*

• *너 잔머리 굴리고 있느냐 나에게? 당신 그리 않는 것이 나을 것이다. 그렇지 않으면, 너는 후회할 것이다 그것을.*

• *당신은 확신합니까, 그가 정말로 관심이 있고, 없는지 뭔가 다른 꿍꿍이가 당신에게?*

• *그만해라 잔머리 굴리는 것을! 너는 생각하나, 내가 모른다고, 무엇을 당신이 해오고 있는지?*

Konglish　　　　　오일

영어권 사람이 우리 나라에서, 특히 주유할 때, 오해하는 단어 입니다. H 정유사의 petrol/gas station(주유소) 이름이 Oil Bank 입니다. 한국말 직역은 '기름 + 은행' 정도입니다. 그러나 여기에 결정적인 문제가 있습니다. 우리가 흔히 차에 '기름' 을 넣어야 한다면, 그것은 fuel(연료)을 넣는 것이지 oil 을 넣는 것이 아닙니다. oil 에 '연료' 라는 의미는 전혀 없으니까요. 영어권 사람이 oil 하면 가장 먼저 떠올리는 것은 자동차의 '엔진 오일'과 '원유' 입니다. 그래서 영어권 사람에게 Oil Bank 는 주유소라기보다는 '엔진 오일 교환해 주는 곳' 으로 생각되기 쉽습니다. 원유는 crude/크룬/ oil 이라고도 합니다.

• *You need to change the engine oil every 10 or 15,000 km.*

• *What sort of fuel does your four-wheel drive use? Is it diesel? Or petrol?*

• *The price of (crude) oil has increased significantly **over** the last 10 years.*

• *A friend of mine works at an oil refinery as an engineer.*

• *당신은 필요합니다, 바꿀, 엔진 오일을 매 만에서 혹은 만 오천 킬로미터쓰마다. (ten or fifteen thousand kilometres)*

• *어떤 종류의 연료를 당신의 사륜구동 자동차가 사용합니까? 이것은 디젤입니까? 아니면 휘발유?*

• *가격, 원유의,은 인상되어 왔다 상당히. 지난 10년에 **걸쳐서**.*

• *친구 하나, 나의,는 일한다 정유소(정유 공장)에서 공학자로서.*

an oil refinery

Conjunctions

1. _____ I were you, I wouldn't go back to England, not just yet!

2. I'm not sure _____ he's from. He's either Korean _____ Japanese.

3. He sings much better _____ I thought.

4. Jeff won't go home _____ he catches a snapper _____ is at least a meter long.

Prepositions

1. Don't worry! I will be _____ you all the time.

2. I turned the jeans inside out _____ order to repair a hole.

3. Everyone thinks (that) Susan is _____ her 20s, but she is actually _____ her mid-30s.

4. If you get a score _____ 6 _____ an IELTS test, it means (that) you didn't pass.

5. What? You only have 5 bottles _____ beer? _____ the party? Oh, dear! It's a drop _____ the bucket, man!

6. You can pay _____ your purchase _____ your credit card or _____ cash, but we do not accept personal checks/cheques.

Conjunctions

1. 내가 당신이라면 if, 나는 돌아 가지 않는다 영국으로. 아니다 단지 아직은!

> If I were you 에서 were 는 과거로 해석하면 안됩니다. 가정을 나타내는 would 에 시제를 일체시켜준 형태로 불가능한 사실을 가정하는 현재 시제로 해석해야 합니다. 지면 관계상 더 자세히 설명할 수 없는 것이 많이 안타깝습니다.

2. 나는 확신하지 않는다, 어디(어느) where, 그가 출신인지. 그는 한국인이거나 or, 일본인이다.

3. 그는 노래한다 훨씬 더 잘, 내가 생각했던 것보다 than.

4. 젶은 가지 않을 것이다 집으로, 그가 잡지 않는 다면 unless/잡을 때까지는 until/잡기 전에는 before, 도미를, 이것은 which, that, 적어도 일 미터 길다.

Prepositions

1. 걱정 마라! 나는 있을 것이다 당신과 with/당신 뒤에 behind/당신 근처에 near/당신 곁에 beside, by, next to 항상.

> with, behind 는 '정신적 지지' 를 겸합니다.

2. 나는 돌렸다 그 청바지를 안쪽이 바깥으로 (뒤집었다), 고치기 위하여 in, 한 구멍을.

3. 모든 사람들은 생각한다, 수잔이 있다고 그녀의 20대에 in, 그러나 그녀는 있다 실제로, 그녀의 중반 30대에 in.

4. 당신이 얻는다면 점수를 6점 이하로 under, below/6 점의 of, IELTS 시험에서 on, in, 이것은 의미한다, 당신이 통과하지 못했다는 것을.

5. 뭐라고? 당신이 단지 가지고 있다고 5병들의 of, 맥주를? 파티를 위하여 for? 오, 세상에! 이것은 한 방울이다, 양동이 안에 (택도 없는 양이다) in, 여보게! Ex 50

6. 당신은 지불할 수 있습니다, 당신의 구입을 위하여 for, 당신의 신용 카드로 with, 아니면 현금으로 in. 그러나, 우리는 받지 않습 니다 개인 수표들을.

> 관사 없이 by credit card 도 가능합니다.

이제 한글 해석을 보고 영어로 말해 볼 차례입니다.

Figurative Expressions (Sayings, Proverbs & Colloquial expressions)

let one's hair down to relax and enjoy oneself, especially after working very hard

직역은 '허락해라 누군가의 머리를 아래로' 입니다. 일을 할 때는 대개 어느 정도의 긴장이 요구됩니다. 직업에 따라 차이가 있기는 하겠지만, 어떤 직업은 머리칼이 쭈뼛 쭈뼛할 정도로 긴장이 됩니다. 격한 업무로 인해 긴장되고 지친 사람에게 '편히 쉬고 즐겨라' 라는 표현입니다.

- *The party will give you a chance to let your hair down. So come, okay?*
- *It's nice to let your hair down **once in a while** and **go** a bit **wild**.*

- *그 파티는 줄 것이다 당신에게 기회를, 편히 쉬고 즐길. 그러니 와라, 알았지?*
- *이것(to 이하)은 좋다, 편하게 즐기는 것은, **가끔씩**, 그리고 좀 **신나게 노는 것**(망가지는 것)은.*

go 는 become 의 의미로 '형용사한 상태가 되다' 라는 의미입니다. *Don't go mad. 화내지마.*

She is letting her hair down on a beach.

She is letting her hair down by drinking beer.

Konglish   오라이

차량 후진을 도와 주면서 흔하게 쓰는 말이 '오라이' 입니다. It's all right/올라잍/(이것은 괜찮다)의 일본식 발음이 '오라이' 입니다. 그럼 예문을 통해서 실제로 차량 후진을 도와 줄 때에는 어떻게 말하는지 보겠습니다.

- *(While helping a driver to reverse) Okay, okay, keep coming·········OK, Stop!*
- *(When someone has fallen) 'Are you all right/OK?' 'Yeah, I'm okay.'*

- *(도와주는 동안에 운전자가 후진하는 것을) 괜찮아, 괜찮아, 계속 와·········됐어, 멈춰!*
- *(누군가가 넘어졌을 때) '당신 괜찮습니까?' '예, 저 괜찮습니다.'*

Conjunctions

1. Stop talking _____ you know everything about him. He is not that kind of person.

2. _____ you're not interested, I won't tell you about it.

3. Do you know _____ the test is on 13th January?

4. _____ I drank too much last night, I slept until 3 pm this afternoon.

Prepositions

1. Can I please pay _____ credit card?

2. I will be _____ Japan **this time next year**.

3. She was very pretty, _____ a movie star, but not anymore.

4. How long does it take _____ New York _____ Washington D.C _____ car?

5. Everybody _____ Jay is going skiing _____ the holiday.

6. _____ an early death _____ cancer, smoking can cause chronic bronchitis.

Conjunctions

1. 멈춰라 말하기를, 당신이 아는 것처럼 *like*, 모든 것을, 그에 관한. 그는 아니다, 그런 종류의 사람이.

2. 당신이 관심이 없으므로 *as/*때문에 *because, since/*없다면 *if*, 나는 말하지 않을 것이다 당신에게 그것에 관하여.

3. 알고 있나, 테스트가 있다고 *that/*왜 있는지 *why/*어떻게(경위) *how/*있는지 어떤지 *whether,if*, 13일에, 1월?

4. 나는 (술을) 마셨기 때문에 *because, since/*마셨으므로 *as*, 너무 많이, 지난 밤, 나는 잤다, 오후 3시까지 이번 오후.

Prepositions

1. 제가 지불해도 되겠습니까 신용카드로 *by*?

> with 가 답이 되려면 my 가 추가되어야 합니다. *with **my** credit card*

2. 나는 있을 것이다 일본에 *in*, **이맘때 내년** (내년 이맘때).

3. 그녀는 매우 예뻤다 영화 주인공처럼 *like*, 그러나 아니다 더 이상.

4. 얼마나 길게(오래) 걸리나 뉴욕으로부터 *from/*까지 *to*, 워싱턴 D.C까지 *to/*로부터 *from*, 차로 *by*?

5. 모든 이가, 제이를 제외하고 *except, but*, 간다 스키타러 휴가 동안 *during*.

6. 조기 사망 말고도 *besides*, 암으로부터의 *from/*암으로 *with*, 흡연은 일으킬 수 있다 만성적인 기관지염을.

이제 한글 해석을 보고 영어로 말해 볼 차례입니다.

Figurative Expressions (Sayings, Proverbs & Colloquial expressions)

swear to God to emphasize that something is true

직역은 '나는 맹세한다 신(조물주)에게' 입니다. 동사 swear/스웨어/(맹세 하다)에 to God 이 첨부된 형태입니다.

swear (to God) + that + 주어 + 동사 의 구조로 우리말에 '하늘에 대고 맹세한다' 와 거의 같은 의미입니다. '신 앞에 맹세 한다' 라는 표현으로 to 대신에 before 를 사용하기도 합니다.

• *I swear to/before God, I will get there by tomorrow morning.*

• *I've never hit her, I swear to/before God.*

• *Jason swore to/before God (that) he would never ever **flirt** with other girls again.*

• *The fish (that) I caught was over 1 meter, I swear to/before God!*

• *나는 맹세한다 신께, 나는 도착한다고 그곳에 내일 아침까지.*

• *나는 결코 때린 적이 없다 그녀를, 나는 맹세한다 신에게.*

• *제이슨은 약속했다 신에게, 그가 절대로 **찝적대**지 않을 것이라고 다른 여자들과(에게) 다시는.*

• *그 물고기, 내가 잡은,은 넘었다 1미터가, 나는 맹세한다!*

Konglish   옵션

option/옵션/은 크게 '선택(권)' 과 자동차 따위를 구매할 때 '추가 사양' 이라는 두 가지 의미를 가지고 있습니다. '선택(권)이 있다' 는 have an option 으로 표현합니다.

• *You **have** two **options**. You marry him and don't worry about money ever again or you dump him and stay poor.*

• *'Have you made up your mind yet?' 'Not yet. I'm keeping all my options open **for the moment**.'*

• *Your options are limited. I think (that) you'd better work for them and earn some money **for the time being**.*

• *Tinted windows and metallic paint are options.*

• *너는 가지고 있다 두 가지 선택들을. 너는 결혼 한다 그를, 그리고 걱정 않는다 돈에 관하여 다시는, 아니면 너는 차버리고 그를, 남는다 가난하게.*

• *당신은 만들었(결정)는가 당신의 마음을 아직? '아니 아직은. 나는 유지하고 있다 모든 나의 선택들을 열린 상태로 **현재**는. (여러가지 방안들이 있으니 지켜보고 있다)*

• *당신의 선택들은 제한되어 있다. 나는 생각한다, 당신은 낫겠다 일을 하는 것이 그들을 위하여, 그리고 버는 것이 약간의 돈을 **당분간**.*

• *색상이 들어간 유리창들과 금속성 페인트는 선택 사양들입니다.*

Conjunctions

1. Johnny was neither tired _____ hungry. He was just bored.

2. He did not turn up on time, _____ we left without him.

3. Katie bought a printer _____ prints in color/colour.

4. No one knows exactly _____ happened to Natalie.

Prepositions

1. Sophie always sits _____ Danny _____ the classroom because he is smart and good looking.

2. _____ *the time* we got home, we were very tired and hungry.

3. The doctor knows (that) she is too sick and there is nothing (that) he can do _____ her.

4. An ANZ *branch* is _____ a McDonalds.

5. There are regular flights _____ Seoul and L.A.

6. Drinking alcohol _____ pregnancy affects unborn babies _____ *many ways*.

Conjunctions

1. 조니는 피곤하지도 않았고, 배가 고프지도 않았다, *nor*. 그는 단지 지루해 했었다.

neither 와 nor 가 이번에는 주어를 꾸미는 형용사 앞에 둘 다 위치했습니다.

2. 그는 나타나지 않았다 제 시간에, 그래서 *so*, 우리는 떠났다, 그 없이.

3. 케이티는 샀다, 인쇄기를, 그것은 *which*, *that* 인쇄한다 컬러로.

'흑백으로'는 in black and white 입니다.

4. 아무도 모른다 정확하게, 무엇이 *what*, (무슨 일이) 일어났는지 나탈리에게.

Prepositions

1. 쏘피는 항상 앉는다 대니와 *with*/곁에 *beside*, *next to*, *by*/근처에 *near*/뒤에 *behind*(수줍은 가 봅니다), 교실에서 *in*, 그가 똑똑하고 잘 생겼기 때문에.

2. 때에 *by*, 우리가 도착했을, 집에, 우리는 매우 지쳤고 배가 고팠다.

3. 그 의사는 알고 있다, 그녀가 너무 아프고, 없다고 아무것도, 그가 할 수 있는. 그녀를 위하여 *for*.

4. ANZ(은행 이름) **지점**은 있다, 맥도널즈 근처에 *near*/앞에 *in front of*/옆에 *next to*, *beside*/곁에 *by*/맞은편에 *opposite*/뒤에 *behind*.

5. 있다, 정기적인 비행편들이 서울과 엘에이 사이에 *between*/서울과 엘에이를 향한 *for*/서울과 엘에이로 가는 *to*.

6. 마시는 것, 술을, 임신 중에 *during*,은 영향을 미친다, 태어나지 않은 아기들을, **여러 방면들로** *in*.

이제 한글 해석을 보고 영어로 말해 볼 차례입니다.

Figurative Expressions (Sayings, Proverbs & Colloquial expressions)

a golden opportunity a very good chance to get something or to be successful

동,서양을 막론하고 금은 인류에게 가장 귀한 보석으로 여겨져 오고 있습니다. '금 같은 기회' 는 우리말 표현으로는 절대 놓쳐서는 안 될 소중한 기회 즉, '절호의 기회' 입니다.

- *Don't turn the job down. It's a golden opportunity.*
- *Some people say that everybody is going to have three golden opportunities in their lives.*
- *He wasted a golden opportunity when he missed the penalty kick.*

- *거절하지 마라 그 직업을. 이것은 절호의 기회이다.*
- *어떤 사람들은 말한다, 모든 이가 가지게 된다고 세 번의 정말 좋은 기회들을 그들의 인생들에서.*
- *그는 낭비했다 절호의 기회를, 그가 놓쳤을 때 페널티 킥을.*

Konglish   오픈카

open car 라는 영어 단어는 없습니다. 동사 convert/컨벝/(변환하다)에 able 이 합쳐져 convertible/컨버터블/(변환할 수 있는)라는 형용사와 명사(지붕 없는 차)가 되었습니다. /v/ 발음에 유의하세요.

- *'Wow! You got a new car!' 'Yes mate! It's a convertible.'*
- *Convertibles look cool but they are expensive and not so practical.*
- *Most modern convertibles convert with only a touch of a button, not like old ones for which drivers had to remove the roof manually.*

- *'와! 너 가졌네 (뽑았네) 새로운 차를!' '그렇지 친구야! 이것 convertible 이야.'*
- *convertibles 은 보인다, 멋지게, 그러나 그들은 비싸고 그리 실용적이지 못하다.*
- *대부분의 현대적인 컨버터블들은 변환한다, 접촉만으로, 하나 버튼의, 옛날 것들 같지 않게, 그것(옛날 것들)을 위하여, 운전자들은 제거해야 했다 지붕을 수동으로.*

Girls are sitting on a convertible, eating ice cream.

She is driving a classic convertible.

Conjunctions

1. _____ the part arrives from Germany, they can start to fix Bruce's car.

2. They have been friends ever _____ they were in high school.

3. _____ he is in his 70s, he always tries to learn something new.

4. _____ you do, slow down _____ take your time.

Prepositions

1. This shop sells expensive luxuries that are _____ the reach _____ ordinary people.

2. The bathroom is _____ the stairs.

3. You paid $300 _____ this old sofa? You were totally **ripped off**.

4. I will review what I learn _____ my teacher every day _____ now on.

5. Mr. Kim is really _____ drumming these days. (He plays often.)

6. A monkey was hanging upside down _____ a tree branch.

Conjunctions

1. 일단 그 부속이 도착하면 *once*/만약 도착한다면 *if*/도착 할 때 *when*, 독일로부터, 그들은 시작할 수 있다, 고치기를, 부르쓰의 차를.

2. 그들은 친구여 왔다 쭉, 그들이 있은 이래로 *since*, 고등 학교에.

3. 그가 있지만 그의 칠십 대에 *although, though*/**칠십 대이기 때문에** *because, since*/이므로 *as*, 그는 항상 노력한다 배우기를 어떤 것을, 새로운.

> because, since, as 가 답이 되는 경우가 흔하지는 않지만 '이미 70대 이므로, 늦었기 때문에 최선을 다한다' 라는 시간에 쫓기는 상황입니다. 70대 초반은 in his early-70s, 중반은 in his mid-70s, 후반은 in his late-70s 입니다.

4. 무엇을 당신이 하더라도 *whatever*, 속도를 줄이고 (천천히 하고) *and*, 가져라 당신의 시간을 (여유를 가져라).

Prepositions

1. 이 상점은 판매한다, 비싼 사치품들을, 그것들은 초과한다 *beyond*, 손길을, 보통 사람들의 *of*.

2. 화장실/욕실은 있다, 저 계단들 아래에 *under, below*/근처에 *near*/옆에 *beside, next to, by*/위에 *above*/뒤에 *behind*/앞에 *in front of*/올라가서 *up*/내려가서 *down*.

3. 당신은 지불했나, $300를 이 낡은 소파를 위해 *for*? 당신은 완전히 **바가지 썼다**.

4. 나는 복습할 것이다, 내가 배우는 것을, 나의 선생님으부터 *from*, 매일 지금부터 *from*, 쭉.

> 대부분의 학생들이 이런 결심을 종종 합니다. 그 결심이 잘 지켜지지 않는 것도 종종 봅니다. ^^;

5. 미스터 킴은 진짜 빠져있다, 드럼 치는 것에 *into*, 요즘에.

> somebody is into something 빠져있다. *Katie is really into cooking these days.* 케이티는 정말 푹 빠져있다 요리에 요즈음.

6. 한 원숭이가 매달려 있었다 거꾸로 나뭇 가지에 *on*/나뭇 가지로부터 *from*.

이제 한글 해석을 보고 영어로 말해 볼 차례입니다.

Figurative Expressions (Sayings, Proverbs & Colloquial expressions)

too good to be true not likely to be real

직역은 '너무 좋다, 사실 이기에' 입니다. 어떤 조건이나 상황 따위가 너무 좋으면 기쁜 마음이 앞서기도 하지만 사실 한편으로는 의심이 됩니다. 조건이 너무 좋아 사실이 아닐 것 같은 느낌이 들 때, '그럴 리가 있나 + 뭔가 수상쩍다' 라는 표현입니다.

- *She has found out (that) he is married. I knew (that) he was too good to be true for her!*
- *Are you saying (that) the air ticket to Los Angeles is only $1000? That's too cheap – it's too good to be true.*
- *They told me (that) I'd be promoted in a year, but it sounded too good to be true.*
- *He says (that) I will make more than $10,000 a month if I invest in his company, but it sounds too good to be true.*

- *그녀는 알아냈다, 그가 결혼 상태라고. 나는 알았다, 그가 너무 좋은 조건이었다고 그녀를 위해(에게).*
- *당신은 말하고 있습니까, 비행기표, 로쎈젤리쓰로,가 단지 천 달러쓰라고? 이것은 너무 싸서 뭔가 수상쩍은데요.*
- *그들은 말했다 나에게, 내가 승진될 수도 있다고, 1년 만에, 그러나 이것은 들렸다, 사실이기에는 너무 좋게.*
- *그는 말한다, 내가 만들 것이라고 ten thousand dollars 이상을 한 달에, 내가 투자하면 그의 회사에, 그러나, 이것은 들린다 사실 같지 않게.*

Konglish   렌트카

rent 는 동사로 '빌리다', 명사로는 '임대료/방세' 입니다. 그래서, rent 가 아닌 형용사형인 rental 을 쓴 rental car 가 바른 표현입니다.

- *'How are you going to get around New Zealand?' 'No worries! I'm going to rent a car.'*
- *'Is this truck yours?' 'No, it's a rental (truck).'*
- *It is not that hard to see people who rent a truck and move themselves in Australia.*
- *I will pay the rent by the end of this month. Please wait!*

- *'어떻게 당신은 돌아 다닐 것이냐 뉴질랜드를?' '걱정 마라! 나는 빌릴 것이다 차를.'*

> **get around** phrasal verb 다니다, 둘러보다 *It's quite easy to get around Seoul by subway.* 이것(to 이하)은 꽤 쉽다, 다니는 것은, 서울을, 지하철로.

- *'이 트럭은 당신의 것입니까?' '아닙니다, 이것은 빌린 것 입니다.'*
- *이것(to 이하)은 그리 어렵지 않다, 보는 것, 사람들을, 그들은 빌린다 트럭을 그리고 이사한다 직접, 호주에서.*
- *나는 내겠다, 임대료/방세를, 말까지 이번 달의. 기다려 주세요!*

These are the logos of well known rental car companies in the States.

Conjunctions

1. Have you seen the parcel _____ came yesterday?

2. Be quiet _____ listen _____ I talk to you.

3. You clean the windscreen _____ I *fill up* the car.

4. The new school has very good sporting facilities, _____ the old one hasn't got any.

Prepositions

1. Please leave your bag _____ the shelf.

2. My home is _____ the shopping centre. It's very convenient.

3. LG and Samsung have offices _____ the world.

4. I need one kilo (kg) _____ sugar and three kilos _____ flour _____ the bread.

5. 'Excuse me! Where is the post office?' 'Just walk _____ this street. It's _____ your right _____ the bank.'

6. The University _____ New England is _____ Armidale city located halfway _____ Brisbane and Sydney.

Conjunctions

1. 당신은 보았느냐, 그 소포를, 그것 *which, that,* 은 왔다 어제?

2. 조용히 하고 *and,* 들어라, 내가 말할 때 *when*/말할 때 마다 *whenever*/말하는 동안 *while,* 당신에게.

3. 너는 깨끗이 해라, 차 앞 유리를, 내가 **(기름을) 채우**는 동안에 *while*/채울 때 *when*/채울 때 마다 *whenever* 차를.

4. 그 새로운 학교는 가지고 있다, 매우 좋은 체육 시설들을, 반면에 *while, whereas*/그러나 *but,* 오래된 것(학교)은 가지고 있지 않다, 아무것도.

> although 나 though 도 답으로 가능합니다.

Prepositions

1. 두세요 당신의 가방을 선반 위에(접촉) *on*/선반 아래에 *under*/근처에 *near*/옆에 *next to, beside*/가에 *by*/앞에 *in front of*/뒤에 *behind.*

2. 나의 집은 있다 쇼핑 센터 근처에 *near*/마주보고 *opposite*/앞에 *in front of*/뒤에 *behind*/옆에 *next to, beside, by,* 이것은 매우 편리하다.

3. 엘지와 삼성은 가지고 있다, 사무실들을, 전 세계에 쫙 *throughout*/전 세계 여기 저기에 *across, around.*

4. 나는 필요하다 1킬로, 설탕의 *of,* 와 3킬로쓰, 밀가루의 *of,*를 그 빵을 위하여 *for.*

5. '실례합니다! 어디에 있습니까 우체국이?' '그냥 걸어가세요 이 길 위쪽으로 *up*/아래 쪽으로 *down*/따라서 *along.* 이것은 있습니다, 당신의 오른쪽에 *on,* 은행 옆에 *next to, beside, by*/근처에 *near*/맞은 편에 *opposite.*

6. 대학교, 뉴잉글랜드 *of,*는 있다, 아미데일 시에 *in,* 위치하여 있다, 중간에 브리즈번과 씬니 사이의 *between.*

이제 한글 해석을 보고 영어로 말해 볼 차례입니다.

Figurative Expressions (Sayings, Proverbs & Colloquial expressions)

a piece of cake to be very easy

비교적 잘 알려진 표현입니다. 직역은 '한 조각, 케익의' 입니다. 달콤한 케익의 한 조각을 먹어 치우는 것처럼 '아주 쉽다' 라는 표현입니다. 우리말 표현에 '누워서 떡 먹기', '식은 죽 먹기' 와 같은 맥락입니다.

- *'How do you do that?' 'It's a piece of cake! Watch!'*
- *Reverse parking a small car like this is a piece of cake for experienced drivers.*
- *Skiing down such a gentle slope is a piece of cake for professional skiers.*

- *'어떻게 당신은 합니까 그것을?' '이것은 아주 쉽습니다! 보세요!'*
- *후진 주차 시키는 것, 작은 차를, 이것과 같은,은 매우 쉽다, 경험있는 운전자들에게는.*
- *스키 타고 내려오는 것, 그런 완만한 경사를,은 식은 죽 먹기이다 직업적인 스키어들에게는.*

Konglish   오토바이

auto + bike 에서 '오토바이' 가 나왔습니다. 역시 일본식 영어입니다. 정확하게는 motorbike/모터바잌/, motorcycle /모터싸이클/ 또는 줄여서 그냥 bike 라고도 합니다.

- *The word 'autobai' came from Japan. The correct word is 'motorbike'.*
- *'Jacob, have you ever ridden a motorbike?' 'Yes, when I was in Australia. Riding a motorbike on the open road was real fun.'*

- *단어 '오토바이'는 왔다 일본으로부터. 바른 단어는 motorbike 이다.*
- *'제이콥, 당신은 지금까지 타 본적이 있나, 모터바잌을?' '그렇다, 내가 있었을 때 호주에. 타는 것, 모터바잌을, 그 시원하게 뚫린 도로에서,는 진정한 재미였다.'*

광활한 국토에 화창한 날이 많은 호주는 어쩌면 모터바잌을 즐기기에는 최적인 듯싶습니다. 물론 달려도 달려도 끝이 없는 길이 원망스러울 때도 있겠지만. ^^;

A group of bikers are riding their motorbikes near the biggest rock in the world, called Uluru or Ayers Rock in central Australia.

Conjunctions

1. I wonder _____ you can help me with this _____ you've finished your work.

2. I really want to know _____ did that to you.

3. Sorry! I don't know _____ (one) is which. I'm totally confused.

4. 'Do you know _____ I can find soy sauce?' 'It's in aisle 7, next to mayonnaise.'

Prepositions

*1. This is the most effective **vaccine** _____ the flu.*

*2. It was amazing how much we managed to do _____ **a day**.*

*3. I want you all to stand _____ **a circle**.*

4. 'How much do you get paid?' 'I get $220 _____ shift.'

5. 'How can I help you?' she said _____ a smile _____ her lovely face.

6. Lisa was reading _____ the television on.

Conjunctions

1. 나는 궁금하다, 당신이 도와 줄 수 있는지 if, whether, 나를 이 일로, 당신이 마친 후에 after/일단 마치면 once/
끝냈을 때 when/당신이 끝냈다면 if/당신이 끝냈으므로 as/당신이 끝냈기 때문에 because, since, 당신의 일을.

2. 나는 정말 원하다 알기를 누가 who, 했는지 그것을 당신에게.

3. 미안합니다! 나는 모르겠습니다, 어떤 것이 which, 어떤 것인지. 나는 완전히 헷갈립니다.

4. '당신은 압니까 어디에서 where, 내가 발견할 수 있는지 간장을?' '이것은 있습니다, 열 7 에, 메요네이즈 옆에.

Prepositions

1. 이것은 가장 효과적인 백신입니다, 그 독감을 위한 for/독감에 대항하는 against.

*2. 이것(how much 이하)은 놀라웠다, 얼마나 많이 우리가 해냈는지 **하루만에** in.*

*3. 나는 원한다, 당신들 모두가 서기를, **원 모양으로** in.*

4. '얼마나 많이 당신에게 지불됩니까?' (얼마나 받아요?) '나는 받습니다 $220을 당번마다 per.'

'How much do you get paid?' 는 영어권에서 '돈 얼마나 받아요' 라는 가장 일반적인 표현입니다.

5. '어떻게 제가 도와 줄까요 당신을?' 그녀는 말했다, 미소와 함께 with, 그녀의 사랑스런 얼굴에 on.

6. 리싸는 독서를 하고 있었다, 텔레비전이 켜진 채로 with/켜놓지 않고서 without (매번 켜놓다가 안 켜놓았을
경우).

이제 한글 해석을 보고 영어로 말해 볼 차례입니다.

Figurative Expressions (Sayings, Proverbs & Colloquial expressions)

have one foot in the grave to be very old or very ill

'가지고 있다, 발 하나를 무덤 안에' 라는 직역의 재미있는 표현입니다. 신체 중에 발 하나가 이미 무덤에 들어가 있는 그런 상황입니다. '너무 늙거나 아파서 살아갈 날이 그리 많이 남아 있지 않다' 라는 표현입니다.

• *My grandpa has one foot in the grave.*

• *He was very pale and trembling, and looked like he had one foot in the grave.*

• *나의 할아버지는 머지 않았다 돌아가실 날이.*

• *그는 매우 창백했고, 떨고(부들부들) 있었다, 그리고 보였다, 그가 얼마남지 않은 것처럼 살날이.*

'One Foot in the Grave' is also a name of a BBC television situation comedy series which was shown over a ten year period, from 1990 to 2000.

Konglish   콜라, 사이다 (탄산음료)

물론 cola 와 cider 라는 단어가 있기는 있습니다. cola/콜라/는 우리가 흔히 알고 있는 콜라이고 cider/싸이더/는 우리가 흔히 알고 있는 사이다의 맛이 아니라, 보통 사과나 기타 과일 음료를 지칭합니다. 여하간, 이런 탄산 음료를 총칭하는 가장 보편적인 단어는 soft drink 입니다. 콜라나 사이다를 말할 때는, 본문에서처럼, 보통 그 상품명 (Coke; Pepsi, Sprite, 7Up 등)을 바로 사용합니다. 참고로 soft drink 는 보통 셀 수 있는 명사로 취급하여 관사 a/an 나 복수형(~s)으로 사용됩니다.

• *Would you like to have juice or a soft drink?*

• *We need to buy some soft drinks for the party.*

• *Can I have a Big-Mac with a regular Coke/Sprite please?*

• *Most soft drinks are not healthy. They are full of additives, such as artificial colours and sweeteners, caffeine, and preservatives.*

• *A soft drink is a beverage that does not contain alcohol. Carbonated soft drinks are commonly known as soda, soda pop, pop, coke or tonic in various parts of the United States, pop in Canada, fizzy drinks in the United Kingdom and Australia.*

• *당신은 원합니까, 마시는 것, 주쓰나 탄산 음료를?*

• *우리는 필요하다, 사야 할, 약간의 탄산 음료들을, 파티를 위하여.*

• *주실래요, 하나 빅맥을, 보통 크기 콕(코카 콜라)/스프라잍과?*

• *대부분의 탄산 음료들은 몸에 좋지 않다. 그들은 꽉 차있다 첨가물들로, 예를 들어 인공 색소들과 감미료들, 카페인, 그리고 방부제들.*

• *'부드러운 음료' 는 마실 것인데, 이것은 함유하지 않는다 알코올을. 탄산이 들어간 soft drink 들은 보통 알려져있다, 쏘다, 쏘다 팝, 팝, 콕 또는 토닉으로서, 다양한 지역들에서, 미국의, 그리고 팝으로서, 캐나다에서, **기포가 올라오는** (탄산 음료의 '치 ~이' 를 나타낸 의성어) 음료들로서, 영국과 호주에서.*

Conjunctions

1. It's very strange; _____ I call him, he is not home.

2. I haven't decided _____ I will take the test in May or not.

3. Have you talked to the new student _____ came yesterday yet?

4. _____ school you go to, don't forget _____ you are the person _____ must study, not the teacher.

Prepositions

1. The library is _____ the left (side) _____ the **Student Union**.

2. This is the road _____ the city centre.

3. This bus goes _____ the city centre _____ South Bank.

4. You will receive the package _____ Korea _____ next week.

5. I don't know any **details** _____ the plan because everything has been decided _____ closed doors.

6. You'd better think what you have done so far _____ making a complaint.

Conjunctions

1. 이것은 매우 이상하다; 내가 전화 할 때 마다 *whenever*, 그에게, 그는 없다 집에.

2. 나는 결정하지 못했다, 내가 치를 것인지 *if, whether*, 그 시험을 5월에, 아닌지.

3. 너는 말해 보았나, 그 새로운 학생에게, 그는 *who* 왔다, 어제, 아직?

4. 어떤 학교로 당신이 가든지 간에 *whatever, whichever*, 잊지 마라, 당신이 그 사람 이라는 것을*(that)*, 반드시 공부해야하는 *who*, 교사가 (공부하는 것이) 아니고.

Prepositions

1. 도서관은 있다, 왼쪽에 *on*, **학생회**의 *of*.

2. 이것이 그 길(도로)이다, 시내로 *to*/시내를 관통하는 *through*/시내로부터 시작되는 *from*.

3. 이 버스는 간다, 시내로 *to*, 싸우쓰 뱅크(지역 이름)를 거쳐서 *via*/시내를 거쳐서 *via*, 싸우쓰 뱅크로 *to*/시내로 *to*, 싸우스 뱅크로부터 *from*/ 시내로부터 *from*, 싸우스 뱅크로 *to*.

> South Bank 는 호주 브리즈번 시내의 강 남쪽 둑(bank)에 조성된 공원과 그 주변의 지명입니다.

4. 당신은 받을 것입니다, 그 꾸러미를, 한국으로부터 *from*/한국에서 *in*, 다음 주까지 *by*/다음 주 이후에 *after*.

> 문법적으로 before 가 답이 될 수도 있으나 '다음주 전'은 이번 주이므로 그냥 this week 를 사용합니다. within 이 답이 되기위해서는 관사와 보통 함께 within the next week 라고 합니다. 그냥 '다음 주' 라고 할 때는, 전치사를 아예 넣지 않고 next week 라고 합니다.

5. 나는 모른다 어떤 세부사항들을, 그 계획에 관한 *about*/계획의 *of*, 모든 것이 결정되어왔기 때문에, 닫힌 문들 뒤에서 (비공개로) *behind*. Ex 51

> detail 과는 about 이나 of 가, information 과는 about 과 on 을 사용합니다.

6. 당신은 낫겠다 생각하는 것이, 무엇을 당신이 해왔는지 지금까지, 만들기(하기) 전에 *before*, 불평을.

Figurative Expressions (Sayings, Proverbs & Colloquial expressions)

in one's hands controlled by someone

'누군가의 손 안에' 라는 직역입니다. 어떤 상황이 누군가의 손 안에 있는, 손오공이 아무리 멀리 가봐야 부처님 손바닥 안에 있었듯이, 어떤 상황이 '그 사람에게 달려 있다' 또는 '그 사람의 통제/영향력 하에 있다' 라는 표현입니다.

* *Sorry! I can't decide this on my own. As you know, the decision lies in the boss's hands.*
* *Don't ask me. Everything at home is in my wife's hands.*
* *The area is already in the terrorists' hands.*

* 미안합니다! 나는 결정할 수 없습니다 이것을, 혼자서. 당신이 알듯이, 그 결정은 놓여있다 사장님의 손들 안에(좌지우지 된다).
* 요구하지 마라 나에게. 모든 것, 집에서,은 있다 내 아내의 손들 안에 (아내가 총괄한다).
* 그 지역은 있다 이미 그 테러리슽들의 손 아귀에.

Konglish   커피

필자가 어렸을 때 '커피'의 철자가 왜 coffee 일까 한참을 궁금해 했던 적이 있었습니다. /f/와 /p/의 발음상의 문제입니다. 한국식으로 /p/를 넣어 발음하면 대부분의 원어민들은 copy 라는 말로 알아듣게 됩니다. 문맥에 따라서 coffee 로 들어주는 친절한 원어민들도 있겠지만. 영어를 모국어로 사용하는 사람들에게 /f/ 와 /p/의 발음 차이는 확연합니다. 우리가 /ㅈ/과 /ㅉ/를 확실히 틀리게 인지하듯이 말이죠. 그래서 위쪽 앞 이로 아래 입술을 지긋이 깨물어 주면서 발음을 해야 합니다. 윗 입술과 아래 입술이 붙으면 혀를 아무리 꼬아도 무조건 /p/로 발음됩니다.

* *'Would you like a cup of coffee?' 'That sounds good. I will have mine without sugar please.'*
* *Two cappuccinos and two Cokes please!*
* *Drinking coffee in the evening is not a good idea for a good night's sleep. It is said that caffeine takes more than 8 hours to disappear from the body.*

* '당신은 원합니까? 한 잔의 커피를?' '그것 들리네요 좋게. 나는 먹을 겁니다, 내 것(커피)을 설탕 없이.' (설탕 넣지 마세요)
* 둘, 카푸치노들과 둘, 코카 콜라들 주세요!

앞서 설명했듯이, 영어권에서는 '콜라' 라는 말보다 보통 상품명(펩시, 콕)을 사용합니다, 특히 '맥도날즈' 나 'KFC' 같은 곳에서는. 그리고 coffee 나 콜라는 일반적으로는 uncountable(셀 수 없는) noun 입니다. 그래서 보통 이 단어 앞에 바로 수사(two)도 붙이지 않고 복수형(coffees, cokes)으로도 쓰지 않으나, 용기에 담겨서 팔리는 경우에는 수사를 붙이고 복수형을 쓰는 경우가 대부분입니다.

* 마시는 것, 커피를, 저녁에,는 좋은 생각이 아니다 좋은 밤의 잠을 위해서. 이것(that 이하)은 말해 진다, 캐핀은 걸린다 8 시간들 이상이, (그래서) 사라진다, 몸으로부터.

A heart shape has been created on the top of the coffee.

Conjunctions

1. Honey, can you peel the garlic _____ (you're) watching TV?

2. Don't move! Stay _____ you are.

3. Have you been to the new shopping centre _____ opened last month?

4. Mike decided to watch the news on TV every day _____ the anchors'/newsreaders' pronunciation is very clear and accurate.

Prepositions

1. Get your feet _____ the table.

2. Many public schools are better _____ private schools.

3. He has been _____ enormous pressure/stress these days _____ the exam.

4. Have you seen a lady _____ a black suitcase around here?

5. Hang the calendar _____ the wall over there.

6. Reverse parking a small car _____ this is a piece _____ cake _____ experienced drivers.

Conjunctions

1. 자기야, 까줄 수 있어 마늘을, (당신이) TV 보면서 *while*/비록 TV를 보고 있기는 하지만 *although/though*?

2. 움직이지마! 있어라, 곳에 *where*, 당신이 있는.

> 액션 영화에서 경찰이 용의자에게 총을 겨누며 하는 대사, 또는 '움직이면 위험하니 움직이지 말고 가만히 있어' 라고 할 때 사용합니다.

3. 당신은 다녀와 본 적이 있습니까, 그 새로운 쇼핑 쎈터에, 그것은 *which, that* 열었다, 지난 달?

4. 마익은 결정했다, 보기로, 뉴쓰를, TV에서, 매일, 뉴쓰 진행자들의 발음이 매우 분명하고 정확하기 때문에 *because, since*/정확하므로 *as*.

Prepositions

1. 둬라, 당신의 발을, 탁자에서 분리하여 *off* (발 내려라 탁자에서).

2. 많은 공립 학교들이 더 낫다, 사립 학교들 보다 *than*.

3. 그는 있어 왔다, 엄청난 압박/스트레쓰하에 *under*, 요즘에, 그 시험 때문에 *because of, due to*.

4. 당신은 본 적이 있나, 한 여성을, 검정 여행 가방과(을 가지고 있는) *with* (정보 추가), 이 근처에서?

5. 걸어라, 그 달력을, 벽에 *on*, 저 쪽에.

6. 후진 주차 시키는 것, 작은 차를, 이것과 같은 *like*,은 매우 쉽다 *of*, 경험 있는 운전자들에게는 *for*. Ex 80

이제 한글 해석을 보고 영어로 말해 볼 차례입니다.

Figurative Expressions (Sayings, Proverbs & Colloquial expressions)

get out of hand to become impossible to control

직역은 '벗어 나다, 손 밖으로' 입니다. 앞선 표현, in someone's hands 와 반대되는 표현입니다. 손 밖에 있다는 말은 통제 밖에 있다는 이야기입니다. 어떤 상황이 '통제가 안 된다' 라는 표현으로 hand 를 control 로 바꿔도 무방합니다. hand 는 셀 수 있는 명사인데도, 이 경우에는 관사가 붙지 않았음에 주의하세요.

- *Deal with the problem before it gets completely out of hand.*
- *Things got out of hand at the party and a couple of windows were broken.*
- *In my first year at university, my drinking got a bit out of hand.*

- *처리해라 그 문제를, 이것이 되기 전에 완전히 통제 불능 상태가.*

deal with 는 매우 자주 사용되는 phrasal verb 의 하나입니다. Nicholas Cage 와 Sean Connery 주연의 영화 The Rock (1996)에서 특수부대 지휘관이 샤워실 하수구의 동작 감지기를 처리하라 할 때 나오는 대사가 *'Deal with it!'* 입니다. 70분 경에 나옵니다.

- *일들이 되었다 걷잡을 수 없이, 그 파티에서 그리고 몇 장의 유리창들이 깨졌다.*
- *나의 첫 해에, 대학에서, 나의 음주는 되었다 좀 통제하기 어렵게.*

Konglish   프림

흔히 '프림' 이라고 합니다. 하지만 '프림' 이라는 단어는 영어에 없습니다. 유명한 상표 '프리마' 와 cream 이 합쳐져 '프림' 이라는 신조어가 생겨났습니다. 영어권에서는 요즘은 coffee 에 (coffee)cream 대신에 우유를 넣는 경우가 대부분입니다. 여하간, 우유가 없을 때 coffee 에 넣는 가루 형 분말이, 영어권에도 있는데, coffee whitener/와잍너/(커피를 하얗게 해주는 것)라 합니다. 한국에서처럼 널리 쓰이지는 않고, 주로 캠핑을 갔을 때나, 우유가 떨어졌을 시에 비상용으로 사용하는 경우가 대부분입니다.

- *May I have my coffee without milk please?*
- *You need some whipped cream in order to make a topping for coffee drinks.*
- *If you don't have **fresh** milk, coffee whitener will do.*

- *마실 수 있습니까, 나의 coffee 를, 우유 없이요?*
- *당신은 필요합니다, 약간의 whipped 크림이, 만들기 위해서, 톺핑을, coffee 음료들을 위한.*
- *당신이 가지고 있지 않으면, 생 우유를, coffee whitener 도 충분합니다.*

형용사 fresh 는 '신선한' 이라는 의미도 있지만, '생' 이라는 의미도 있습니다. 즉, dried (말린), cooked(조리된), frozen(얼린), pickled (절인), steamed (찐), canned (깡통에 들은) 등등의 형용사의 반대어 입니다.

She/He is pouring some milk into the coffee.

Conjunctions

1. I have a friend _____ business is in Gangnam, Seoul.

2. He ran away? Damn! But I'm not giving up. I will get him _____ he is.

3. _____ you've finished it, can I borrow your book please?

4. I would spend more time reviewing _____ I learn from Mr. Han instead of starting a new book,

_____ I were you.

Prepositions

1. You need to get back _____ the highway if you want to go _____ the Gold Coast.

2. Swimming _____ the current can be very difficult even _____ *skilled* swimmers.

3. Carol! I know (that) he's left you and you're very upset, but it's not the end _____ the world. So, *cheer up!*

4. We have been waiting _____ Peter _____ 2 hours. It is very _____ him.

5. Cut the grass _____ the trimmer (which, that) I bought yesterday.

6. How can you do this _____ me!

Conjunctions

1. 나는 가지고 있다, 한 친구를, 그의 *whose*, 사업체는 있다, 강남에, 서울.

2. 그가 도망갔어? 제기랄! 그러나 나는 포기 않는다. 나는 잡을 것이다 그를, 어디에 *wherever*, 그가 있든지/그가 누구든지*whoever*

3. 당신이 끝냈을 때 *when*/끝낸 후에 *after*/일단 끝내면 *once*/끝냈다면 *if*/끝냈기 때문에 *because, since*/끝냈으므로 *as*, 그것을, 내가 빌릴 수 있습니까 당신의 책을?

4. 나는 더 보내서, 시간을, 복습을 하겠다, 내가 배우는 것을 *what*, 한 선생으로부터, 시작하는 대신에, 새로운 책을, 내가 당신이라면 *if*.

spend + time + 동사 ing 보낸다 시간을, (그래서) 동사 ing 한다. *I have spent 3 days getting ready for the camping trip.* 나는 보냈다 삼일을, 준비했다 캠핑 여행을. *I used to spend a couple of hours per week playing tennis, but not anymore.* 나는 보내곤 했다, 몇 시간들을 매 주, 쳤다 테니스를, 그러나, 아니다 더 이상은.

Prepositions

1. 당신은 필요하다, 돌아가는 것이, 고속도로 위로 *on/onto*, 당신이 원한다면, 가기를, 골드코스트으로 *to*.

고속도로 표면 위로 올라가야 한다는 의미에서 on 과 onto 가 쓰였습니다.

2. 수영하는 것, 물살을 거슬러 *against*/가로질러 *across*,은 매우 어려울 수도 있다, 심지어 **숙달된** 수영인들에게도 *for*.

3. 캐롤! 나 알아 그가 떠났고 너를, 네가 매우 화가 나 있다고. 그러나, 이게 끝은 아니잖아 세상의 *of*. 그러니 **힘내!** Ex 60

4. 우리는 기다려오고 있다 피터를 *for*, 두 시간 동안 *for*. 이것은 매우 그 답지 않다 *unlike*/그 답다 *like*.

5. 잘라라 풀을, 트리머(잔디밭의 가장자리를 다듬는 기계)로 *with*, 그것은 내가 샀다 어제.

6.1 어떻게 당신이 할 수 있나 이것을 나에게 *to*! (당신 어떻게 나에게 이럴 수 있나!)

6.2 어떻게 당신이 할 것 인가 이것을 나 없이 *without*! (당신은 어떻게 할 수 없다 그것을 나 없이는!)

이제 한글 해석을 보고 영어로 말해 볼 차례입니다.

Figurative Expressions (Sayings, Proverbs & Colloquial expressions)

first hand by direct personal experience

first 는 '직접' 을, '손' 은 경험을 의미하여, '직접 경험하는/직접 경험에서 오는', 또는 experience/익쓰피어리언쓰/
앞에 형용사적으로 사용되어, first hand experience, 즉, '직접 경험' 이라는 의미로 사용되는 표현입니다.

- We'll stay here for a few weeks to experience the whole process first hand.
- She is the only person who has first-hand experience in this field.
- Many soldiers in the Korean Army do not have first-hand experience of war.

- 우리는 머물 것이다 이곳에, 몇 주들 동안, 경험할 것이다, 그 전체 과정을 몸소.
- 그녀는 유일한 사람이다, 그녀는 가지고 있다, 직접 경험을, 이 분야에서.
- 많은 군인들, 대한민국 육군에,은 가지고 있지 않다, 직접 경험을, 전쟁의.

Konglish   아이스 커피

우선 coffee 발음에 주의하시고, 얼음이 들어간 커피(냉 커피)를 ice coffee 라고 하시는 분들이 있습니다. 뭐 의사
소통이야 되겠지만 엄밀하게 말하면 ice coffee 는 냉 커피가 아니라 '얼음 커피', 즉, '얼음으로 만든 신기한 커피'
입니다. iced (얼음이 들어간) coffee 가 정확한 표현입니다.

- (At a shop or café) Do you have iced-coffee?
- What would you like – iced coffee or hot coffee?
- Iced-coffee is my favorite drink on a hot summer's day.

- (상점이나 찻 집에서) 당신은 가지고 있습니까 냉 커피를? (냉 커피 있습니까?)

café 는 /까페/가 아니라 /f/ 발음을 살린 /카페이/ 정확한 발음입니다.

- 무엇을 원합니까 – 냉 커피 또는 뜨거운 커피?
- 냉 커피는 내가 가장 좋아하는 음료이다, 뜨거운 여름의 날에.

Iced coffee is often made with fresh milk.

Conjunctions

1. _____ you're done with the book, just give it to _____ wants to read it.

2. Joe wants to watch his favorite TV program every evening _____ he doesn't have time for it _____ he is studying English at a language school.

3. Many Korean parents tend to send their children to a private school _____ the tuition fees are very high.

4. Try to guess the meaning of a new word _____ you look it up in a dictionary.

Prepositions

1. He always complains _____ his job.

2. There were many beautiful flowers _____ the street.

3. Let's wait _____ the end _____ the game.

4. _____ a non-native speaker, it is almost impossible to speak English _____ an accent.

5. The coffee shop _____ the shopping centre is now _____ new management.

6. Making such decisions is _____ his ability.

Conjunctions

1. 당신이 마쳤을 때 when/일단 마치면 once/마쳤다면 if/마쳤기 때문에 because, since/마쳤으므로 as, 그 책과(그 책을), 그냥 쳐라 그것을, 누구에게든지 whoever, 원한다, 읽기를, 그것을.

2. 조는 원한다, 보기를, 그의 가장 좋아하는 TV 프로그램을 매일 저녁, 그러나 but, 그는 가지고 있지 않다 시간을, 그것을 위한, 그는 공부하고 있기 때문에 because, since/공부하므로 as, 영어를, 한 어학원에서.

3. 많은 한국 부모들은 경향이 있다, 보내는 그들의 자식들을, 사립 학교로, 그 학비들이 매우 높음에도 although, though.

4. 해 봐라, 추측을, 의미를, 한 새로운 단어의, 당신이 찾아보기 전에 before, 그것을 사전에서.

Prepositions

1. 그는 항상 불평한다, 그의 직업에 관하여 about.

2. 있었다, 많은 아름다운 꽃들이, 거리를 따라서 along/거리 바닥에 on/근처에 near/길가에 by/길 옆에 beside, next to.

3. 기다리자, 끝까지 until, 그 경기의 of.

4. 비 원어민으로서 as/비 원어민이 for, 이것(to 이하)은 거의 불가능하다, 말하는 것, 영어를, 억양 없이 without.

5. 그 coffee shop, 그 쇼핑 쎈터에 at/안의 in, inside/근처의 near/맞은편의 opposite/옆에 next to, beside, by/바깥의 outside/뒤의 behind, 앞쪽의 in front of/아래 층의 below, under/위층의 above,은 있다 지금, 새로운 경영자 하에 under.

> under new managment 는 어떤 사업체의 주인이나 경영자가 바뀌었음을 의미합니다. '주인이 바뀌었으니 한 번 와주세요' 정도의 느낌 으로 shop 앞에 banner 로 걸어 놓기도 합니다.

The Subway shop is under new management.

6. 만드는 것(내리는 것), 그런 결정들을,은 그의 능력을 초월한다 beyond. (그의 능력 밖이다)

이제 한글 해석을 보고 영어로 말해 볼 차례입니다.

Exercise 85

Figurative Expressions (Sayings, Proverbs & Colloquial expressions)

on the other hand used when comparing different or opposite facts or ideas

직역은 '다른 손 위에' 입니다. 한 손에 무언가가 있고, 다른 손에는 전혀 다른 무엇인가가 있는 상황으로, '반면에' 라는 의미입니다. 말할 때에도 자주 사용되는 구어체 표현이기도 하지만, 공식적인 문서 작성시에, 반대의 의견이 제시되는 단락의 첫 구문으로도 매우 자주 사용됩니다.

- *Living in a big city usually costs more. On the other hand, it offers a more convenient life style.*
- *I'd like more money, but on the other hand, I'm not prepared to work the extra hours for it.*

- *사는 것, 대도시에서,은 보통 비용이 든다 더. 반면에, 이것은 제공한다, 좀 더 편리한 생활 방식을.*
- *나는 좋아한다 더 많은 돈을, 그러나 반면에, 나는 준비되어 있지 않다, 일하기로, 추가적인 시간들을 그것(더 많은 돈) 을 위해.*

Konglish   캔 맥주

캔 맥주(can beer)는 엄밀히 따지면 '깡통으로 만든 맥주' 입니다. 바른 표현은 canned beer 입니다. 병맥주는 bottled beer 이고. can 은 또한 동사로 '통조림 하다' 라는 의미로도 사용되어 '통조림 음식' 은 canned food 라고 합니다.

- *I bought a box of canned beer from a liquor shop/store.*
- *Canned beer is usually cheaper than bottled beer partly because of its lighter weight.*
- *Which one do you prefer – canned beer or bottled beer?*
- *Canned food is a great choice for camping.*
- *Most foods can be canned these days.*

- *나는 샀다, 한 상자의 캔 맥주를, 술 상점으로부터.*

(많은 영어권 국가들에서는 주류는 일반 수퍼마켙에서 판매되지 않습니다. 그래서 liquor store/shop(술 전문 판매점)이 따로 있습니다.

- *캔 맥주는 보통 더 싸다 병 맥주보다, 부분적으로 이것의 가벼운 무게 때문에. 운반비용이 적게 들죠.*
- *어떤 것을 당신은 선호하는가 – 캔 맥주 아니면 병 맥주?*
- *깡통에 들은 음식은 훌륭한 선택이다 야영을 위하여.*
- *대부분의 음식들은 통조림 되어질 수 있다 요즘에.*

These are some of the popular Australian beer.

Canned fruit usually taste better when (they are) served chilled.

Conjunctions

1. Do you know anyone _____ child studies in Australia?

2. Have you been to the newly opened Japanese restaurant _____ is called 'Little Tokyo'?

3. In order to improve your listening skills, you should listen to the radio _____ watch the news on TV every day.

4. You should not watch movies with subtitles on _____ you will focus on the subtitles instead of listening to the dialogue.

Prepositions

1. I will give you a call _____ your mobile _____ 3.

2. Sam is the tallest person _____ his class.

3. It takes around an hour to get _____ work _____ car.

4. You should turn up _____ 6:30. Otherwise we will be late.

5. 'Do you know where Amy is?' 'She is right here _____ me. Don't worry _____ her. I'm taking good care _____ her.'

6. You should have finished your homework _____ the lesson.

Conjunctions

1. 당신은 아느냐, 누군가를, 그의 *whose*, 아이는 공부한다 호주에서?

2. 당신은 가 본 적 있는가, 그 신장 개업한 일본 식당에, 그것은 *which, that,* 불리 운다, '리틀 토쿄' 라고?

3. 향상시키기 위하여, 당신의 듣기 기술들을, 당신은 들어야 한다 라디오를 그리고 *and*/라디오를 듣거나 *or*, 봐야 한다 뉴스를 TV에서 매일.

4. 당신은 안 된다 보아서는 영화들을, 자막들을 켜고, 당신은 집중할 것이기 때문에 *because, since*/이므로 *as*, 자막들에 ,듣는 것 대신에, 대화를.

Prepositions

1. 내가 주겠다 당신에게 전화를(전화 하겠다), 당신의 휴대 전화기에 *on*, 3시에 *at*/까지 *by*/전에 *before*/후에 *after*.

about 과 around 는 전치사 at 뒤에 사용할 수 있는 '대략' 이라는 부사로 답이 될 수 없습니다.

2. 쌤은 가장 키가 큰 사람이다, 그의 학급에서 *in*.

3. 이것은 걸린다 약 한 시간이, 가는데, 직장으로 *to*, 차로 *by*.

4. 당신은 나타나야 한다, 여섯 시 삼십 분에 *at*/까지 *by*/전에 *before*. 그렇지 않으면 우리는 늦을 것이다.

5. '당신은 아느냐, 어디에 에이미가 있는지?' '그녀는 있다, 바로 이곳에 나와 *with*/내 곁에 *by*/옆에 *beside, next to*, 걱정 마라 그녀에 관하여 *about*. 내가 잘 보살피고 있다, 그녀를 *of*.'

6. 당신은 끝냈어야 했다 당신의 숙제를, 그 수업 전에 *before*.

자세히 설명하기에는 이 책의 성격에 맞지 않는 것 같아서 아주 간단하게 설명하겠습니다. 조동사 may, might, should, would, could, must 뒤에 have p.p 가 오면 시제는 **현재 완료가 아니라 무조건 과거** 입니다. 해석은 다음과 같습니다.

He should have called his parents yesterday. 그는 전화 했어야 했다 그의 부모님들을 어제.

He would have called his parents yesterday. 그는 전화 할 수도 있었다 (의지), 그의 부모님들을 어제.

He could have called his parents yesterday. 그는 전화 할 수도 있었다 (가능성) 그의 부모님들을 어제.

He may/might have called his parents yesterday. 그는 전화 했을지도 모른다 그의 부모님들을 어제.

He must have called his parents yesterday. 그는 확실히 전화 했다 그의 부모님들을 어제.

I am sure that he must have been a teacher. 나는 확신한다, 그가 선생님이였었다는 것을.

이제 한글 해석을 보고 영어로 말해 볼 차례입니다.

Figurative Expressions (Sayings, Proverbs & Colloquial expressions)

whatever happens despite anything that may occur later

이미 연습 문제로 풀어보신 표현입니다. 사실 그다지 비유적 의미가 없는 표현이기는 하지만, 워낙 자주 사용하는 표현이라서 소개해 봅니다. 직역은 '무엇이 일어나더라도' 입니다. '어떠한 일이 있어도, 무슨 일이 있어도, 주어 + 동사 하다' 라는 표현으로 약속이나 맹세 따위를 할 때 일상적으로 많이 사용할 수 있는 표현입니다. whatever 가 주어를 겸한 접속사로서 사용되어, Whatever happens, 주어 + 동사 나 주어 + 동사, whatever happens 가 기본 구조입니다.

• *I'll look after you whatever happens.*

• *You must review what you learn at school every day whatever happens.*

• *나는 돌볼 것이다 당신을, 무슨 일이 생기더라도.*

• *당신은 반드시 복습해야 한다, 당신이 배운 것을 학교에서 매일, 어떤 일이 있더라도.*

Konglish 원샷

one + shot 이 '술 잔을 한 번에 비우다' 라는 의미의 콩글리시로 사용되고 있으나, 영어권 사람이 보기에 one shot 은 '술 한 잔' 정도의 의미입니다. shot glass 는 보통 '소주 잔 보다 약간 작은 크기의, 독한 술을 따라 마시는 작은 잔' 을 말합니다. 한 잔만 마시고 말 것이 아니라면 의미가 잘못 전달될 확률이 매우 높습니다. '한 번에 잔을 비우다' 라고 말할 때는 Bottoms up!(바닥 부분이 위로, 즉 술잔의 바닥이 위로 향하게) 이라고 말 하면 되나, 현대 영어에서는 Cheers!(위하여!)를 일반적으로 사용합니다. shot 은 또한 명사로, '총 한 발', '주사의 한 방', 동사로는 shoot(총을 쏘다)' 의 과거 형태입니다.

• *Happy birthday, John! Bottoms up/Cheers!*

• *Everybody! Happy New Year! Bottoms up/Cheers!*

• *He pulled out his gun and fired three shots.*

• *The shot hit the kidnapper in the upper chest and killed him instantly.*

• *George killed his wife, and then shot himself.*

• *A woman **was shot dead** in an attempted robbery.*

• *He was shot in the back and died a short time later.*

• *Have you had the flu shot this year?*

• *행복한 생일(생일 축하합니다), 존! 잔을 비웁시다/위하여!*

• *여러분! 행복한 새해를 (위하여)! 잔을 비웁시다/위하여!*

• *그는 꺼냈다 그의 총을, 그리고 쐈다 세 발들을.*

• *그 총탄은 맞췄다 유괴범을 그의 상부 가슴에, 그리고 죽였다 그를 바로.*

• *조지는 죽였다 그의 아내를, 그리고 쐈다 그 자신을.*

• *한 여성이 **총을 맞아 사망했다** 강도 미수 (사건)에서.*

• *그는 (총)맞았다 등 안에, 그리고 죽었다 짧은 시간(잠시) 후에.*

• *당신은 맞았습니까 독감 주사를 올 해?*

A shot glass is a small glass for strong alcoholic drinks.

Conjunctions

1. You shouldn't speak _____ you know everything about her.

2. It has been 7 months _____ I started to study English with Mr. Han.

3. 'Are you sure _____ Julia is not a model?' 'No, she is not, she is a hairdresser.'

4. _____ happens, don't forget to buy a present for her.

Prepositions

1. The lawyer's office is just _____ the famous Korean restaurant, Minsokchon.

2. I'll see you again tomorrow or the day _____ (tomorrow).

3. I always **take** my son _____ school _____ going _____ work.

4. The new school uniform will cost _____ eight hundred and a thousand dollars.

5. We'll **be back** _____ **business** once we get the new computer system.

6. Young is trying not to spend too much money _____ purchasing his own home.

Conjunctions

1. 당신은 말해서는 안 된다, 당신이 아는 것 처럼 like, 모든 것을 그녀에 관하여.

that (당신이 안다고)가 답이 되려면 speak 대신에 say 가 와야 합니다. Ex160 에서 '말하다' 동사 정리를 참고하세요.

2. 7개월들이 되어왔다, 내가 시작한지 since, 공부하기를, 영어를 한선생님과.

3. '당신은 확신하느냐, 줄리아가 아니라고 모델이 (that)?' '아니다, 그녀는 아니다. 그녀는 헤어드레써이다.'

4. 무슨 일이 whatever, 생기더라도, 잊지 마라 사는 것을, 선물을 그녀를 위하여.

Prepositions

1. 그 변호사의 사무실은 있다, 바로 그 유명한 한 식당, 민속촌 옆에 next to, beside, by/위층에 above/아래층에 below, under/근처에 near/맞은편에 opposite/뒤에 behind.

2. 나는 보겠다 당신을 다시, 내일이나 내일 모레에 after.

3. 나는 항상 데려다 준다 나의 아들을 학교로 to, 가기 전에 before, 직장으로 to.

4. 새로운 학교 유니폼은 비용이 들 것이다, 팔백과 천 달러쓰 사이에 between.

5. 우리는 **돌아갈 것이다 사업 안으로** in (다시 일 할 수 있다), 일단 우리가 가지면 새로운 컴퓨터 씨스템을. Ex 186

6. 영은 노력하고 있다 쓰지 않도록 너무 많은 돈을, 구입하는데 on/구입하기 전에는 before/구입한 이후에 after (은행 융자 갚으려고 돈을 아껴 쓰는가 봅니다), 그 자신의 집을.

spend + $ + on something 쓰다 돈을 something 에 *My wife spends too much on clothes.* 나의 아내는 쓴다 너무 많이 옷들에. *I think (that) you're spending too much money on alcohol and cigarettes.* 나는 생각한다, 너는 쓰고 있다고 너무 많은 돈을 술과 담배들에.

이제 한글 해석을 보고 영어로 말해 볼 차례입니다.

Figurative Expressions (Sayings, Proverbs & Colloquial expressions)

speak the same language to have similar beliefs and opinions, and express themselves in similar ways

직역은 '말한다 같은 언어를' 입니다. 물론, 직역하면 '같은 언어(한국어, 영어 등)를 사용한다' 이지만, 비유적 표현은, '각각의 두 사람이 비슷한 믿음, 생각, 표현 방식 등을 가지고 있다' 입니다.

- Jamie and Jack **get along** very well. They really speak the same language in many ways.
- My father and my mother don't speak the same language **when it comes to** politics.

- 제이미와 잭은 **어울려 지낸다**, 매우 잘. 그들은 정말 비슷한 점들이 많다, 많은 방면들에서.
- 나의 아버지와 나의 어머니는 의견을 완전히 달리한다, 정치**에 관하여 말하자면**.

when it comes to st ~에 관해 말하자면 *Ben is a bit of expert when it comes to cars.* 벤은 거의 전문가이다 자동차들에 관해 말하자면.

Konglish　　　　스낵

snack/스낵/은 '간식' 입니다. '새우깡' 같은 과자만을 의미하는 것은 아닙니다. 그 간식이 초콜렛이 될 수도, 우유나 과일이 될 수도 있습니다. 결국 healthy snack 과 unhealthy snack 으로 나눠지네요.

- For a snack at school, we are only allowed to bring fruit.
- Fruit and juice are healthier snacks for children than sweets and chips.
- I'm starving. Please stop the car at the next petrol station and I'll **grab** a quick snack.
- Midnight snacks hinder your sleep.

- 간식으로 학교에서, 우리는 단지 허락되어 진다, 가지고 오도록, 과일을.
- 과일과 주쓰는 더 건강한 간식들이다 어린이들을 위하여, 단것들(사탕, 젤리, 초콜렛)과 감자 튀김들 보다.
- 나는 기아에 허덕이고 있는 중이다 (배 고파 죽겠다). 멈춰주세요 차를 다음 주유소에서, 그리고 나는 **후다닥 집어오겠다** 빠른 간식을.
- 한밤의 간식들은 방해한다 당신의 수면을.

Fruit is one of the healthiest snack choices.

It's a snack vending machine.

Conjunctions

1. Neither Tom _____ his girlfriend Elizabeth is going back to Canada yet.

2. _____ you study English every day, it will be very hard to pass the test.

3. What did you do _____ you were in the UK?

4. I listen to English news on the radio daily **on my way** home from work _____ I can improve my listening skills.

Prepositions

1. I will see you _____ 3 tomorrow.

2. 'Can I talk _____ your husband please?' 'I'm sorry, he's not home. He's _____ work.'

3. This work should have been finished yesterday. I'm getting terribly _____ schedule.

4. I couldn't do anything _____ that situation _____ wait _____ help.

5. Your work will be inspected _____ the supervisor before you leave.

6. It never goes _____ zero _____ Brisbane even _____ winter.

Conjunctions

1. 톰도, 그의 여자친구 엘리자벨도 *nor*, 돌아가지 않는다 캐나다로 아직.

Neither 와 nor 가 둘 다 주어 앞에서 부정을 했습니다.

2. 당신이 공부하지 않으면 *unless*/공부하더라도 *although, though*, 영어를 매일, 이것(to 이하)은 매우 힘들 것이다, 통과하는 것, 그 시험을.

3. 무엇을 당신은 했습니까, 당신이 있을 때 *when*/있는 동안 *while*, 영국에?

4. 나는 듣는다 영어 뉴쓰를 라디오에서 매일, **가는 길에** 집으로, 직장으로부터, 그래서 *so*, 난 향상시킬 수 있다/ 향상시킬수 있기 때문에 *because, since*/있으므로 *as*, 나의 듣기 기술들을.

be 동사 + on someone's way (to somewhere) (어디로) 가는 길에/길이다. *Please buy some bread and milk on your way home.* 사 주세요 약간의 빵과 우유를 집에 오는 길에. *I stopped by the bookshop on my way to school.* 나는 들렀다 그 서점에, 학교 가는 길에. *'Are you coming or what?' 'Yeah, I'm on my way.'* '당신 오고 있는 거야, 뭐야?' '어, 나는 지금 가는 중.'

Prepositions

1. 나는 보겠다 당신을, 세 시에 *at*/세 시 전에 *before*/후에 *after*, 내일

2. '제가 이야기할 수 있습니까, 당신의 남편에게 *to*/남편과 *with*?' '나는 미안합니다, 그는 없습니다 집에, 그는 있습니다 직장에 *at*.'

3. 이 일은 끝내졌어야 했다 어제. 나는 되어간다, 심하게 일정 뒤로 *behind*. (일정보다 늦어지고 있다).

ahead of schedule 일정보다 앞서있다, on schedule 일정대로 진행되고 있다. *We can have a break. We're ahead of schedule.* 우리는 가질 수 있다 휴식을. 우리는 일정보다 앞서있다. *Is everything on schedule?* 모든 것이 일정대로 진행되고 있나?

4. 나는 할 수 없었다, 어떤 것도, 그 상황에서 *in*/상황하에서 *under*, 기다리는 것 외에는 *but, except*, 도움을 *for*.

in 자리에 for 가 답이 되기 위해서는 for improving that situation 으로 바뀌어야 합니다.

5. 당신의 일이 검사될 것이다, 감독관에 의하여 *by*, 당신이 떠나기 전.

6. 이것은 결코 내려가지 않는다, 0 도 아래로 *below, under*, 브리즈번에(는) *in*, 심지어 겨울에도 *in*.

이제 한글 해석을 보고 영어로 말해 볼 차례입니다.

Figurative Expressions (Sayings, Proverbs & Colloquial expressions)

be hard on somebody to treat someone in a way that is unfair, unkind, or too strict

형용사 hard 는 '딱딱한', '어려운' 등의 뜻을 기본으로 하고 있으나, on 과 함께 사람에 쓰일 때는 '까다롭게', '딱딱하게' 또는 '엄격하게 대하다' 입니다.

- *Don't be so hard on him. It's only his first week here.*
- *You shouldn't be so hard on Mike – he's been under a lot of pressure lately.*
- *Clare's boss has been so hard on her recently. That's why she has decided to quit and work somewhere else.*

- *너무 까다롭게 굴지 마라 그에게. 이것은 단지 그의 첫 주이다 이곳에서.*
- *당신은 너무 빡세게 굴어서는 안 된다 마익에게 – 그는 있어왔다 매우 많은 압박 하에 최근.*
- *클래아의 상관은 매우 깐깐하게 굴어왔다 그녀에게 최근. 그것이 이유이다, 그녀가 결정한, 관두고 일하기로 다른 곳에서.*

Konglish   패스트 푸드

형용사 fast (빠른) + food (음식)이 합해져서 빨리 나오는 음식, 즉 미리 만들어 놓은 것을 담아내는 그런 음식, 예를 들어, McDonalds 나 KFC 등에서 살 수 있는 음식 따위를 말합니다. fast 의 /f/를 /p/로 발음하게 되면 fast 가 아니라, pest 로 들리게 됩니다. pest 는 명사로 '해충'(거미, 개미, 바퀴벌레, 모기, 파리를 비롯, 농작물 해충 포함) 또는 '해충 같이 짜증나는 사람' 을 가리키는 말입니다. 발음에 많이 주의 하셔야 하는 이유가 여기에 있습니다.

- *Excuse me! Is there a fast food restaurant near here?*
- *Let's just **grab** some fast food, like hamburgers or something.*
- *I'm warning you – the more fast food you eat, the fatter you will be.*
- *Pest control is one of the most important issues for many farmers.*
- *Pesticide is a chemical substance used to kill insects and small animals that destroy crops.*
- *Stop being such a pest, Tim!*

- *실례합니다! 있습니까 음식이 빨리 나오는 식당이 이 근처에?*

near here는 매우 유용한 표현입니다. 익혀 두세요. '이 근처에' 라는 말로. *Is there a bank near here? Is there a subway station near here?* 식으로 사용됩니다.

- *그냥 **쥐자(챙기자)** 약간의 빨리 나오는 음식을, 햄버거들 같은, 아니면 뭐 그런 것.*
- *나는 경고한다 너에게 – 더 많은 fast food 를 당신이 먹을수록, 더 뚱뚱해질 것이다 당신은.*
- *해충 관리는 하나이다, 가장 중요한 문제들 중의, 많은 농부들에게.*
- *'페스티싸인' 은 화학 물질이다, (그것은) 사용되어 죽인다, 곤충들과 작은 동물들을, 그것들은 파괴한다 작물들을.*
- *그만해라 되는 것을, 버러지가 (그만 짜증나게 해라), 팀!*

Burgers, chips and soft drinks are the most popular fast foods.

Conjunctions

1. The food and the service at the restaurant were much better _____ I expected.

2. Would you please wait outside _____ I finish my work?

*3. _____ the mower **starts**, it will run well, _____ starting it is very hard.*

4. This is the place _____ I met her/him for the first time.

Prepositions

1. I was waiting _____ the bus _____ a bus stop when I saw Angie _____ her husband.

2. The English lesson/class starts _____ 6:30.

3. An extremely handsome young man was sitting _____ me _____ the train. It was the best day _____ my life.

*4. Rachel! Would you **help** me _____ this, please?*

5. My classmate, Harmony, lives just _____ the road.

6. Patrick always says things _____ people's backs, and of course, he is not very good _____ making friends.

Conjunctions

1. 음식과, 써비쓰, 그 식당에서,는 훨씬 더 좋았다, 내가 기대했던 것보다 than.

2. 기다려 주시겠습니까 밖에서, 내가 마칠 때까지 until, 나의 일을?

*3. 일단 잔디 깎는 기계가 **시동이 걸리**면 once/만약 시동이 걸린다면 If, 이것은 돌아갈 것이다 잘, 그러나 but, 시동 거는 것, 이것을,은 매우 힘들다.*

4. 이것이 그 장소이다, 이곳에서 where, 나는 만났다 그녀/그를 처음으로.

Prepositions

1. 나는 기다리고 있었다 버쓰를 for, 버쓰 정류장에서 at, 내가 보았을 때 엔지를 그녀의 남편과 with.

2. 영어 수업은 시작한다, 여섯 시 삼십 분에 at/전에 before/이후에 after.

3. 한 매우 잘 생긴 젊은 남자가 앉아 있었다 내 곁에 by, next to, beside/맞은편에(얼굴 마주보고) opposite/근처에 near, 열차에서 on, 이것은 가장 좋은 날이었다, 나의 인생의 of.

> 영화에서나 나올법한 이야기 입니다 ^^;

4. 레이첼! 당신 도와주시겠어요 나를, 이 일로 with?

5. 나의 반 친구, 하모니는 산다, 바로 도로 건너에 across, over/도로 위쪽에 up/도로 아래쪽에 down.

> 그 밖의 답이 될 수도 있는 on, next to, by, beside, near 는 전부 노숙인 분위기가 팍팍 납니다. ^^;

6. 팰릭은 항상 말한다 것들을(이러 저러한 것들을), 사람들 등들 뒤에서 behind, 그리고, 물론, 그는 그리 잘하지 못한다, 만드는 것에 at, 친구들을.

> Ex 5. behind 대신에 about 을 쓰면 사람들의 '등' 자체 (누구 등은 멋지고, 누구의 등은 또 어떻고 이런 식)에 관하여 이야기한다는 많이 우스운 경우가 됩니다. ^^;

이제 한글 해석을 보고 영어로 말해 볼 차례입니다.

Figurative Expressions (Sayings, Proverbs & Colloquial expressions)

looking for a needle in a haystack to say that something is almost impossible to find

'찾기, 바늘 하나를, 짚단을 쌓아 놓은 것에서' 라는 직역으로 우리말 속담 '모래밭에서 바늘 찾기' 와 거의 비슷한 의미를 가진 속담입니다. '어떤 것을 찾기가 매우 어렵거나 불가능하다' 라는 표현입니다.

• *Looking for my old friend in Seoul without her address or phone number was like looking for a needle in a haystack.*

• *Looking for my stolen car in Sydney was like looking for a needle in a haystack.*

• *It's hopeless! I will never find the document in this pile. It's like looking for a needle in a haystack.*

• *찾는 것, 나의 오랜 친구를, 서울에서, 그녀의 주소나 전화 번호 없이,은 바늘 찾는 것 같았다 모래 밭에서.*

• *찾는 것, 나의 도난 당한 차를, 씻니에서,은 바늘 찾는 것 같았다 모래 밭에서.*

필자의 첫 딸이 태어난 다음날, Sydney 에 있는 병원으로 차를 몰고 갔다가 있었던 실화입니다. 15년이 넘었고 24만 킬로미터스를 넘게 달린 유학생의 차도 훔쳐가더군요.^^; 한국의 고등학생들이 motorbike 를 훔치듯이, 호주의 젊은이들은 보안 장치가 잘 안 되어 있는 오래된 차를 훔칩니다.

• *이것은 희망없다! 나는 찾을 수 없을 것이다 그 서류를 이 **쌓아놓은 것**에서. 이것은 찾는 겪이다 모래밭에서 바늘을.*

Konglish   핫도그

60, 70년 세대들의 나무 젓가락에 쏘씨지를 끼워, 밀가루 반죽을 입혀 튀겨, 케첩을 발라서 하교 길에 먹던 그 추억의 핫도그가 요즘의 학생에게는 얼마나 인기가 있는지 궁금합니다. 영어권에서는 이런 종류의 hot dog/핫독/은 보기가 힘들고, 영어권의 hot dog 은 아래 사진으로 보시는 것처럼, 길쭉한 빵 가운데에 쏘씨지 넣고, 양파나 상추, 절인 오이 등을 넣어, 토마토 쏘쓰나 겨자 쏘쓰를 뿌려먹는 그런 빵입니다.

• *Can I have a hot dog with mustard please?*

• *We need to buy some sausages, hot dog buns and lettuce for the picnic.*

• *제가 가질 수 있습니까 핫독를, 겨자(소스)와? (겨자 소스 뿌린 핫도그 하나 주세요!)*

• *우리는 필요가 있다, 사야 할, 약간의 쏘씨지들, 핫독 빵들과 상추를, 소풍을 위해.*

These are Korean style hot dogs.

a hot dog with mustard and tomato sauce

Conjunctions

1. Practise pronunciation every day _____ your pronunciation will never improve.

2. _____ you are, don't forget _____ you are Korean.

3. You're not rich _____ that doesn't mean _____ you can't be happy.

4. I know _____ you've been studying English with Mr. Han since last year. Tell me _____ you think about the course.

Prepositions

1. The picnic has been cancelled _____ windy weather.

2. You should book the test _____ the end _____ this month.

3. It costs too much to go somewhere _____ taxi _____ Australia/Japan.

4. Where were you _____ midnight and 6 this morning?

5. What the hell are you talking _____? He was not there. He was _____ me _____ that time.

6. I'm sorry _____ what happened, but you've made your bed and you must lie _____ it.

Conjunctions

1. 연습하라 발음을 매일, 그리 하지 않으면 or, 당신의 발음은 결코 향상되지 않을 것이다.

2. 어디에 당신이 있든지 wherever, 잊지 마라, 당신이 한국인이라는 것을 that.

3. 당신은 부자가 아니다, 그러나 but, 그것이 의미하는 것은 아니다, 당신이 행복할 수 없다고 (that).

4. 나는 안다, 당신이 공부를 해오고 있다고 (that) 영어를 한선생님과 작년 이래로. 얘기해달라 나에게, 무엇을 당신이 생각하는지 what, 그 교육 과정에 관하여. (그 교육 과정에 관하여 어떻게 생각하는지)

Prepositions

1. 그 소풍은 취소되었다, 바람이 심한 날씨 때문에 because of, due to.

2. 당신은 예약해야 한다 그 시험을, 말까지 by/전에 before/말에 at, 이번 달의 of.

after 를 억지로 끼워 넣는 것보다, at the begining of next month 가 좋겠습니다.

3. 이것(to 이하)은 비용이 든다 너무 많이, 가는 것은, 어딘가로, 택시로 by, 호주/일본에서 in.

4. 어디에 있었나 당신은, 자정과 여섯 시 사이에 between, 이번(오늘) 아침?

5. 무엇을 도대체 당신은 말 하고 있나, 관하여 about (당신은 도대체 무슨 말을 하고 있는가)? 그는 있지 않았다 그곳에. 그는 있었다, 나와 with, beside, next to, 그 시간에 at.

6. 유감스럽습니다, 일어난 일에 관하여 about, 그러나 당신이 만들었습니다, 당신의 침대를, 그리고 당신은 누워야 합니다, 그것에 on. (당신이 저지른 일은 당신이 책임을 져야 합니다) Ex 7

이제 한글 해석을 보고 영어로 말해 볼 차례입니다.

Figurative Expressions (Sayings, Proverbs & Colloquial expressions)

You could hear a pin drop to say that a place was extremely quiet

'들을 수 있었다, 핀이 떨어지는 것을' 이 직역입니다. 무게가 얼마 나가지 않는 핀이 바닥에 떨어지는 소리를 들을 수 있을 정도로 '주위가 매우 조용했다' 라는 의미입니다. 항상 과거의 상황을 표현하며, you 를 다른 주어, 예를 들어 he, we 따위로 바꿀 수 없습니다. 주의 하세요.

• *When she finished telling her story, you could hear a pin drop.*

• *Nobody said anything. You could hear a pin drop.*

• *When he told about his secret past, you could hear a pin drop. Everyone was shocked.*

• *그녀가 마쳤을 때 말하기를, 그녀의 이야기를, 주위가 매우 조용했다.*

• *아무도 말하지 않았다 아무것도. 주위가 매우 조용했다.*

• *그가 말했을 때 그의 비밀스러운 과거에 관하여, 주위는 매우 조용해졌다. 모든 이가 충격 받았다.*

Konglish   돈까쓰

'카츠돈' 이라는 일본어가 한국에 들어와서 '돈까쓰' 가 되었습니다. 여하간, 둘 다 올바른 영어식 표현은 아닙니다. 우리가 흔히 말하는 돈까쓰는 어느 정도 두께로 얇게 썰어, 빵가루를 입혀, 기름에 튀긴 돼지고기를 말합니다. 그래서 튀기기는 튀긴 것인데 기름에 깊이 담가서 튀겼으니 deep-fried, 돼지고기는 pork, 잘라진 고기는 cutlet 이 됩니다. 이들을 모두 합쳐 deep-fried pork cutlet 이라 합니다.

• *Have you ever tried Japanese style deep fried pork cutlets?*

• *Korean Bulgogi is a kind of **marinated** beef cutlet.*

• *당신은 지금껏 드셔본 적이 있습니까, 일본식 기름에 깊게 튀긴 돼지고기 자른 것들을?*

• *한국 불고기는, 일종이다, **양념에 재워진** 쇠고기 자른 것의.*

pork cutlet

(Japanese style) deep-fried pork cutlet

Conjunctions

1. _____ you go, you will meet Koreans these days.

2. The car _____ I bought from John is so far so good.

3. Three walls are green _____ one is white.

4. I know _____ you drink every night.

Prepositions

1. Is there any mail _____ me?

2. Can we talk _____ it _____ a coffee/a beer?

3. Ann was wearing a white T-shirt _____ a red jacket.

4. Everyone got _____ the train _____ Central Station.

5. There is a bus station _____ the shopping centre.

6. Please let me know the location _____ the furniture store (that) you were talking _____ last week.

Conjunctions

1. 어디를 당신이 가든지 *wherever*, 당신은 만날 것이다 한국인들을 요즘에.

2. 그 차, 내가 산 *(that, which)* 존으로부터,는 지금까지 꽤 좋다.

3. 세 벽들(삼면의 벽)은 녹색이다, 반면에 *while*/그러나 *but*/그리고 *and*, 하나(하나의 벽)는 흰색이다.

whereas(formal)를 쓰기에는 위 문장은 너무 구어체적입니다.

4. 나는 안다, 왜 당신이 술을 마시는지 *why*/무엇(술 종류)을 마시는지 *what*/어떻게(잔에 따라서 마시는지 아니면 나발을 부는지, 혹은 안주는 무엇인지, 또는 어떻게 술을 조달해서 마실 수 있는지) 마시는지 *how*/술 마신다는 사실을 *that*, 매일 밤.

Prepositions

1. 있습니까 어떤 우편물이, 나를 위한 *for*?

2. 우리 이야기 할 수 있습니까 그것에 관해 *about*, 한 (잔의) coffee/맥주 마시면서 *over*. (시간에 걸쳐서라는 의미)

3. 앤은 입고 있었다 흰 티셜을, 그녀의 붉은 자켙 아래에 *underneath, under*/자켙과 *with*.

취향이 독특한 경우는 on 도 가능합니다. ^^;

4. 모든 사람들이 내렸다 *off*/탔다 *on*, 열차에서/로, 중앙역에서 *at*/전에 *before*/후에 *after*/중악역으로 가는 *to*/중앙역으로부터 오는 *from*.

5. 있다, 하나(의) 버쓰 정류장이 쇼핑쎈타 바깥에 *outside*/앞에 *in front of*/맞은 편에 *opposite*/옆에 *beside, next to, by*/뒤에 *behind*/근처에 *near*/아래에(지하) *under, below*/와 함께 *with*/위에 *on*(매우 드문 경우지만 옥상에).

6. 허락하세요 내가 알게 (나에게 알려 주세요) 위치를, 가구점의 *of*, 당신이 말하던, 관하여 *about*, 지난 주.

이제 한글 해석을 보고 영어로 말해 볼 차례입니다.

Speak English
VERY WELL

(Exercises 1 - 200 + 동영상 강의)

1st edition

This photo was taken in Dec 2006 with year 7 students of Armidale High School

머리 속에 떠오르는 접속사라고는 and, but, so, because 등이 모두이고, 나라나 대도시 앞에 올 수 있는 전치사는 in, 요일 앞에는 on 뿐이라고 아직도 생각하고 있다면 당신의 영어 실력은 더 이상 늘지 않습니다!

독자와의 약속 : 교재 사용법 대로 이 책을 공부한 후, 독자께서 지금까지 구입한 모든 영어 교재중에, 이 책이 독자의 영어 실력을 향상 시킨 top 3 안에 들지 못한다고 느낀다면, 본 저자는 더 이상 영어를 가르치지 않겠습니다! Seungwoo Han

Grammar in Real Life - GIRL

(Units 1 -15) 동영상 강의

1st edition

This photo was taken in Dec 2006 with year 7 students of Armidale High School

GIRL??? -> 문법을 위한 문법 NO!   예외 규정 많은 문법 NO!   문법을 배우고도 말과 글이 나오지 않는 문법 NO!

GIRL 의 목표??? -> 영어권 사람들이 생활에서 실제로 사용하는 핵심 문법만을 공부한 후, 영어다운 영어로 말하고 쓰기!!!

독자와의 약속 : 교재 사용법 대로 이 책을 공부한 후, 캠브리지 대학에서 출간된 Grammar in Use 보다 당신의 말하기 및

쓰기 실력 향상에 도움이 되지 않았다고 느낀다면, 본 저자는 더 이상 영어를 가르치지 않겠습니다! Seungwoo Han

대상

- "뭔 놈의 문법 용어가 이렇게 많아?" "아이고 머리 아파라, 용어 뜻 이해하다가 볼 장 다 보겠다!" 하시는 분들
- "문법 규칙, 복잡한 것만으로도 머리가 아파 죽겠구먼, 예외는 뭐 이리 많다냐" 하시는 분들
- 문법책을 한 권 다 떼었음에도 문장 하나 말하고 쓰려면 벙벙 떠시는 분들
- 혹시라도 영어로 대화할 기회가 생기면, 수년간 공부했던 문법은 전혀 적용되지 않는 '단어 나열' + body language' 로만 승부를 보시는 분들
  그래서 아래와 같이 되고 싶으신 분들
- 중, 고교때 공부했던, 또는 공부하는 기본 단어만으로 단순 여행 영어를 벗어난, 다양한 상황에서 실전 영어를 구사하고 싶은 분들
- 어학 연수나 유학 떠나기 전에, 실전 문법을 마스터하기 원하는 분들
- IELTS, OPIC, TOEIC/TOFEL Speaking 과 Writing 에 탄탄한 기본기와 고득점을 원하시는 분들

책의 특징

- 복잡한 문법 용어 없이 영어권 사람들이 생활에서 실제로 사용하는 핵심 문법 99%를 간단 명료하게 정리합니다.
- 단순히 정답을 찾거나 빈 칸을 채우는 연습이 아니라, 2000여개에 이르는 문장을 직접 말하게 합니다.

저자 소개

한승우 선생은 호주의 New England 대학에서 언어학과 외국어 교육학을 전공하였습니다. 호주 New South Wales 주 교육부 소속 교사로, Armidale High School 에서 4년간 근무 후, 2007년부터 호주 브리즈번에서 IELTS 및 실전 영어를 강의하고 있습니다.

집필 동기 및 기간

한 동안은 대한민국에 넘치고 넘치는 문법 강의와 교재들속에 굳이 새로운 문법책을 쓴 이유를 찾지는 못했었습니다. 하지만, 2013년 초, "대한민국에 있는 어떤 문법책으로 공부를 해봐도, 영어로 말 한마디, 문장 하나 쓰기가 어렵더라" 라고 투덜거리던 분이 집필의 계기가 되었습니다. 필자가 강의시에 사용하는 문법 사항들을 우선 큰 틀로 정리했습니다. 물론 이 틀도 자료를 정리하면서 여러번 커졌다 작아졌다를 반복했습니다. 좀 더 자연스럽고 다양한 문장들을 만들어내기 위해서, 가지고 있는 모든 자료(ABC News, Reader's Digest, IELTS, 각종 신문 및 잡지 기사들, 팝송 가사들, 영화 수업 자료 + 필자의 다른 책)를 검토하면서, 수 많은 문장들을 문법 사항별로 응용했습니다. 이 부분이 아마도 가장 머리가 아픈 부분이 아니었나 싶습니다. 매일 4시간씩, 1년 반 정도가 걸렸네요. Speak English VERY WELL 의 4년에 비하면, 그리 오래 걸리지는 않았습니다. 여하간, 이왕 만든것 제가 가지고 있는 모든 Know-how 를 넣어서, 정말 읽기 쉽고, 효과 있는 문법책, 즉 캠브리지 대학의

Grammar in Use 능가하는 문법책을 만들려고 노력했습니다. 감히 (?)말씀드리지만, 목표는 이룬듯 합니다. ^^;

고마운 사람들

실력 있고 사명감 있는 영어 교사가 되겠다는 꿈을 안고 한국을 떠난 때가 1996년 이었습니다. 낳아주시고 길러주신 부모님께 먼저 감사를 드립니다. 집필 기간 동안 힘들었음에도 열심히 도와준 아내, 분야는 매우 다르지만, 음악으로 쉽지 않던 공부기간 동안 마음의 위로가 되어주었고 pro 라는 것이 무엇인지를 보여준 두 소리꾼, 김광수, 이승호님, 그리고 이 교재가 나오기까지 아낌 없는 성원과 기여를 해주신 저의 학생들, 이 모든 분들께 진심으로 감사 드립니다.

동영상 강의 + 책 무료 다운로드

구글에서 Han's English School 을 검색하시면, 동영상 강의를 시청하실 수 있고, Grammar in Real Life - GIRL (Units 1-15) PDF 파일을 무료로 다운로드 하실 수 있습니다.

본문 MP3 음성 files

온라인 서점의 본 책 독자 서평란에 서평(review)을 남겨주시는 모든 분들께, 본문 MP3 음성 files을 무료로 드립니다. 긍정적 서평이든, 부정적 서평이든 상관 없습니다. review 작성후, Han's English School 블로그(구글에서 검색)에서 신청하시기 바랍니다.